KB025273

직업을
얻는다는 건

GETTING A
VOCATION.

직업을 얻는다는 건

펴낸날 2019년 7월 31일

지은이 최석규

펴낸이 주계수 | **편집책임** 이슬기 | **꾸민이** 유민정

펴낸곳 밥북 | **출판등록** 제 2014-000085 호
주소 서울시 마포구 양화로 59 화승리버스텔 303호
전화 02-6925-0370 | **팩스** 02-6925-0380
홈페이지 www.bobbook.co.kr | **이메일** bobbook@hanmail.net

© 최석규, 2019.
ISBN 979-11-5858-572-3 (13190)

※ 이 도서의 국립중앙도서관 출판시도서목록(CIP)은 e-CIP 홈페이지(http://www.nl.go.kr/cip)에서 이용하실 수 있습니다. (CIP 2019028607)

삶이 우리에게 주는 고도의 기다림

직업을 얻는다는 건

VOCATION

GETTING A

직장이 아닌 업(業)의 시대!
직업을 얻어야 하는 진짜 이유에 대한 이야기

최석규

밥북
B·OO·K

프롤로그

직업을 얻는다는 건 무엇일까?

 직업은 우리가 인생을 살아가면서 갖게 되는 삶의 일부분이다. 직업은 영어로 Job으로 표현되기도 하고 Occupation, Vocation으로 표시하기도 한다. 이 책에서 이야기하는 직업은 돈을 벌고 생계를 유지하는 job의 의미를 벗어나 우리가 본디 가지고 있는 소질(Calling), 소명(Vocation)의 관점으로 보았다.

 Vocation은 '부름'이라는 신의 부르심, 천직, 사명감, 직업, 생업, 적성, 재능의 뜻을 포함하고 있다. Vocation의 어원은 '부르다'란 의미의 라틴어 '보카레(Vocare)'에서 유래되었는데, 이런 관점에서 이 책은 직업을 얻는다는 건, 직업의 본질, 직업을 얻기 위한 기회의 장으로 구성되어 있다.

 사람은 자신의 소질에 맞는 일을 할 때 인생의 큰 성취감과 행복을 얻게 된다고 한다. 우리는 직장에서 삶의 대부분의 시간을 보내며 살아간다. 그런데 하루 종일 일하는 직장에서 우리는 과연 행복한가?

 나는 15년간 커리어코치로 일을 해오면서 직업을 얻는다는 건 기다림, 공허함, 열등감, 작은 목표를 이루는 습관, 자존감, 외로움, 희망, 꾸준함 뒤에 얻는 행복이라는 사실을 깨닫게 되었다. 나는 장교로 제대 후 직업을 갖기 위해 새벽에 우유 배달을 해가며 일과 공부를 병행하며 직장을 15번이나 옮겨 다녔다.

직업을 얻는다는 것과 갖는다는 것은 어떤 의미가 있을까?

직업을 얻는다는 건 자신이 본디 가진 잠재적인 소질과 삶을 깊이 있게 되돌아본 후 우리에게 주는 메시지를 들을 수 있을 때 주어지는 것이다. 하지만 우리는 우리 자신을 잘 알기 위해 애써 노력하지만 삶의 방향을 정해놓고 간다 해도 인생의 길을 잃는 경우가 많다. 단순히 입신양명을 위해 일하는 사람은 돈을 얻을지 모르지만, 자신에게 주어진 일에 대한 근본을 알고 소명의식으로 일하는 사람은 행운과 마주친다. 운이 좋은 사람은 기다리기만 하지 않는다. 때로는 고통과 어려움, 외로움을 넘어서야 기회가 찾아오고 우리에게 행운이 온다.

직업을 얻는다는 건 아무리 목표의식을 갖고 살아간다 해도 개인 의지와 상관없이 발생하는 우연에 의해 영향을 받는다. 사람은 우연을 기회로 받아들여 활용하기도 하지만, 우연을 행운으로 취급하여 로또 당첨이 되는 것처럼 생각하고 기대한다면 우리에게 우연은 없을지도 모른다. 계획된 우연을 기회로 만들기 위해서는 독한 마음가짐이 필요하다. 계획된 우연은 기다림과 기회를 얻기 위한 모험을 즐길 때 찾아온다.

이 책은 '직업을 얻는다는 건 무엇일까?'라는 질문으로 시작한다. 직업을 얻는다는 건, 부름의 메시지에 귀 기울여 자신의 본디 타고난 소질, 인생의 명을 따라야 하는 소명의식, 업에 대한 본질을 이해하는 것에서부터 시작한다. 또한, 직업을 얻는다는 건 기다림과 역경을 통해 기회를 얻는 과정이다. 직업을 얻는다는 건 고도의 기다림 속에서 얻어진다. 이 책은 직업이 우리에게 주는 즐거움, 행복, 감사, 몰입, 비움, 통찰, 기다림 등의 관점에서 독자들과 함께 직업을 얻어야 하는 이유에 대해 질문해 보고 우리가 알아야 할 직업의 본질을 깨닫는, 기회의 장을 제공하고자 한다.

2019년 여름에, 최석규

·차 례·

제1장 직업을 얻어야 하는 이유에 답하다

제2장 업(業)의 본질을 말하다

직업을 얻어야 하는 이유에 답하다

| 직업을 얻는다는 건 질문을 통해 시작된다

직업을 얻는다는 건 무엇일까?

직업은 끊임없는 실패와 경험을 통해 얻어지는데 우리는 왠지 자신에게 딱 어울리는 직업이 정답으로 정해져 있는 것처럼 직업을 가지려고 한다.

'진로(進路)'는 '나아갈 진(進)'과 '길 로(路)' 자가 합쳐진 단어이다. 우리는 멀고 긴 인생을 살면서 수많은 경험과 인생의 쓴맛, 단맛을 체험하며 살아간다. 직업은 그런 과정에서 얻어지는 것이 아닐까?

직업이란 개인이 일정 시기에 계속적으로 수행하는 경제적이며, 사회적인 활동을 의미한다. '직(職)'이란 관을 중심으로 하는 직무라는 '관직(官職)'의 뜻과 '직분(職分)'을 맡아 이행한다는 사회적 역할과 책임의 의미가 내포되어 있다. '업(業)'에는 생계를 유지하기 위해 자신의 가치와 적성에 따라 어느 한 가지 일에 몰두하여 전념한다는 의미가 담겨 있다.

그렇다면 직업을 얻는다는 건 무엇일까?

직업은 영어로 Job으로 표현되기도 하고 Occupation으로 표시하기도 한다. 이 책에서는 이야기하는 직업은 돈을 벌고 생계를 유지하는 Job의 의미를 벗어난 진로의 큰 틀 안에서 우리가 본디 가지고 있는 소질(Calling), 소명(Vocation)으로 보았다.

Vocation은 '부름'이라는 신의 부르심, 천직, 사명감, 직업, 생업, 적성, 재능의 뜻을 포함하고 있다. 소명(vocation)의 어원은 '부르다'란 의미의 라틴어 '보카레(vocare)'에서 유래되었다. 미국의 한 연구에서도 사람의 직업과 행복감에 대한 연구결과를 조사한 바가 있다. 연구결과에서 사람들은 직업을 찾고자 할 때 자신의 소질과 소명의식으로 직업을 얻고자 하는 사람은 인생의 큰 성취감과 행복도가 높다는 연구가 있다.

미국의 조직행동 분야의 에이미 제스니브스키 교수는 직업과 행복과의 관계는 밀접하다는 가설을 세우기도 했는데 우리는 직업소명을 갖고 살아갈 때 인생의 성취감을 얻을 수 있다고 한다. 다음은 행복가설을 위한 세 가지 질문이다. 당신은 어떤 가설을 지지하는가?

① 만약에 당신이 일을 하기 위한 직업을 찾고자 한다면 당신은 돈을 얻을 것이다.
② 만약에 당신이 진로(career) 즉, 경력을 쌓기 위해 직업을 찾고자 한다면 인생의 큰 목표를 이룰 것이다.
③ 만약에 당신이 소질, 소명(Calling)을 얻고 이를 위해 일을 해 나간다면 인생의 성취감을 갖게 될 것이다.

좋은 직업을 갖기 위해 여기저기 기웃거리기도 하고, 자신의 적성과 흥미에 맞는 직업을 찾기 위해 수많은 노력을 들여 좋은 일자리에 들어가려고 한다. 직업은 결국 행복하기 위해 자신이 본디 타고난 소질과 소명의식(calling)이 있을 때 얻어지는 것이며 행복도 더불어 찾아오기 마련이다. 그런데 우리는 왠지 더 부유하고 근로조건이 좋으면 좋을 직업이라고 생각하여 찾으려고만 한다. 우리는 인생을 살아가면서 수십 번, 아니 셀 수 없이 많은 직업을 선택하기 위한 기회 속에서 선택의 기로에 놓인다. 직업을 얻는다는 것과 직업을 갖는다는 것에 익숙하지 않다면 선택하는 데 어려움을 겪을 것이다.

심리학자인 배리 슈워즈는 그의 저서 〈선택의 심리학(The Paradox of Choice)〉에서 사람들의 행동을 방해하는 사례를 제시하였다.

연구주제는 다양한 선택이 소비자의 구매에 어떤 영향을 미치는지에 관한 것이다. 사람들의 행동을 방해하는 요인은 선택권이 많을 경우에 발생한다. 식료품점에 두 개의 테이블을 놓고 사람들이 잼을 시식할 수 있는 코너를 만들었다. 한쪽엔 여섯 개의 잼을 나열하고, 다른 한쪽에는 스물네 종류의 잼을 높이 쌓아 두어 시식하게 했다.

사람들은 이왕이면 여러 종류의 잼이 놓여진 테이블에 관심을 가져 더 잘 팔리지 않을까 생각한다. 하지만 실험결과 여섯 종류의 잼을 올려놓은 테이블의 잼이 더 많이 판매되었다.

우리는 직업을 선택하기 위해선 다음과 같이 질문해 보자. '지금 하는 일이 나에게 어떤 의미가 있을까?', '내가 하고자 하는 일이 내가 평생 즐겁고 행복하게 할 수 있는 일인가?'라고 질문해 보자.

우리는 현재 하는 직업이 미래 발전 가능성이 낮고 주변 체면에 도움이 되지 않아 미래를 보장받지 못한다는 생각으로 더 나은 미래에 도전하지도 않는다.

대학생들을 대상으로 진로상담을 주로 하다 보니 학생들의 상담주제 역시 당연히 직업 결정에 대한 문제들이다. '아직 무엇을 좋아하는지 모르겠어요'라는 이야기를 자주 듣는다. 그럴 때면 학생들에게 꼭 이렇게 주문한다. 학교 교실 안에서만 답을 찾으려고 하지 말고 교실 밖에서 기회를 많이 가져보라고 강조한다.

학점을 잘 받기 위해 교실에서 자신을 가두어 놓고 대학생활을 보내는 학생들이 많다. 또는 지방대학생이라는 이유로 생각이 자유롭지 못한 학생들이 안타까울 때가 있다. 저들도 유치원, 초등학교 시절에는 호기심과 열정을 갖고 어른이 되면 훌륭한 사람이 될 것이라고 스스로 용기를 주었을 것이다. 때론 성장하면서 정답만을 말해야 하고, 정답이 아닌 것을 말하거나 생각하는 것은 사치라고 느끼기도 한다. 자신의 생각을 말하거나 다른 사람과 다른 길을 선택하는 것은 왠지 잘못된 것이고, 괜히 나섰다가는 다른 사람의 시선에서 자유롭지 못할 것이라 생각한다. 부모님에게 질타도 받는다. 마치 모든 사람이 살아가는 평균에 맞춰 나도 그래야 한다는 생각으로 살아가게 되고 선택하게 된다.

우리나라 진로교육 환경의 문제점은 '진학'과 '진로'가 혼돈되어 사용된다는 것이다. 좋은 대학에 들어가게 하는 것이 좋은 '진로지도'라고 생각한다. 그래서 인문, 사회, 문학 등 취업의 기회를 얻기 힘든 전공은 선택하지 않는다. 최근 뉴스를 보니 다시 대학생으로 돌아간다면 공대생이 되고 싶다는 기사를 봤다. 또한, 석사학위가 있지만 현재 다니는 직장이 불안하여 부모님의 권유와 주변의 충고로 공무원 준비를 하는 20~30대 직장인의 기사도 보았다. 직장인들의 노동시장 환경이 얼마나 어려운지 보여주는 대표적인 예이다.

나의 20대는 직업군인으로 살아왔지만, 30대는 득과 실이 오가는 나침반 없는 삶이었다. 적성과 흥미에 맞는 일을 택해서 일한다는 것은 내게 머나먼 이야기였고 누구도 그런 조언을 해주지 않았다. 먹고 살기 위해 하루하루 살다 보니 꿈도 없고 나아가야 할 방향조차 몰랐다. 일하는 것과 직업을 얻는 것의 의미에 대해 질문조차 하지 않았다.

직업은 '왜'라는 질문에서 시작해 끊임없는 시간과 노력을 통해 자신이 좋아하고 잘할 수 있는 일이 무엇인지 타협하다 보면 얻어지는 것이다.

물론 인생이라는 것이 정답이 있는 것은 아니기 때문에 늘 변하는 우리의 마음과 생각에 질문해봐야 한다. 한 가지 확실한 것은 지금 직장에 다니면서 자신의 삶의 가치와 스스로에 대한 존중, 그리고 직업을 얻는다는 건 무엇일까? 질문을 해보면서 그 직업을 확장해 나가고 탐험해 보라는 것이다. 그런 후 자신의 변화된 삶의 가치가 무엇인지 알게 된다면 당신이 얻고자 하는 직업은 멀리 있지 않다는 사실을 알게 될 것이다.

| 직업을 얻는다는 건 기다림이다

'수저계급론'이라는 말이 나오면서 노력해봐야 소용없다는 의식이 많아졌다. 특히, 청년세대의 취업상실감은 더 크다. '개천에서 용 난다'라는 말은 이제 옛말이 되어 버렸다. 우리는 인생을 성공과 실패로 나누어 생각의 틀에 갇혀 살아간다. 성공은 돈 많고 집안 내력이 좋은 사람만이 할 수 있다고 아예 체념해 버린다.

돈이 있어야 인맥으로 좋은 직장에도 들어가고 승진도 보장되는 시대이다. 착하게 노력해서 능력을 갖추면 뭐하는가? 이런 노력을 알아주는 사람도 없는데. 이제는 돈이 있어야 자식들 학원도 보내고, 남부럽지 않은 수입차를 몰고, 평수가 넓은 집에서 체면을 세우며 살아가는 시대로 바뀌었다. 직업은 사회적 위치와 지위를 부여하여 사회적 체면을 갖도록 해준다. 그렇기에 우리는 이를 얻기 위해 몸부림친다.

경제학자 백커(Becker)의 인적자본이론에서는 개인이 교육훈련에 대한 투자를 많이 할수록 기업 생산성이 높아진다고 말한다. 즉, 높은 교육적 배경과 수준을 갖춘 금수저들은 흙수저보다 취업이 유리하고 성공 가능성이 높다. 그렇지 않을 경우도 있지만 말이다.

우리나라의 경우 대학 졸업이 주는 기대수익이 크기 때문에 대학은 누구나 다 가는 곳이라고 생각한다.

그런데 한번 생각해보자.

우리가 높은 학력과 명예로운 직업을 가지려고 몸부림친다고 해서 남부럽지 않은 기회가 주어지고 성공이 이루어질까?

직업의 세계는 두 가지 세계로 나뉜다. 하나는 자신의 가치와 즐거움 속에서 행복을 찾아 일하는 세계이며, 다른 하나는 주변 체면, 위세, 물질적 풍요로움을 찾아 일하는 세계이다. 남들이 가진 것을 갖지 못했기 때문에 억울하고 늘 흙수저로 살아갈 것인가? 오늘날 행복한 삶의 기준은 '성공했느냐 아니냐'로 갈린다. 왜 흙수저와 금수저로 나뉘어 비교당해야 하는가? '노력하며 너무 착하게 살지 마라. 노력이라는 이데올로기는 실패했다'는 말이 있다. 체념해야 할까? 아니면 꾹 참고 견뎌봐야 할까?

직업을 얻는다는 건 꾹 참고 견뎌내는 용기와 도전, 열정에 달려 있다.

우리가 살아가는 세상은 보이는 것만 바라보고 사는 세상과 보이지 않지만 자신의 있는 모습을 그대로 살아가는 세상이 있다. 사물을 있는 그대로 보는 눈과 보이지 않는 것도 볼 줄 아는 눈이다. 눈이 밝아진다는 의미는 세상의 지식을 알게 된다는 것이다.

우리가 보는 것은 머릿속에 저장해 놓은 지식이다. 사람마다 다른 환경에서 자라기 때문에 지식도 다르게 와 닿는다. 그래서 사람의 생애공간은 이미지와 같다고 한다. 상이라는 것은 동양 지식에서는 형상만을 의미하지 않는다. 코끼리 상(象)과 모양 상(像)은 의미가 다르다. 형상이라는 말은 사물의 생긴 모양이나 상태를 의미하는데, 여기에서 상은 모양을 의미하는 모양 상(像)과 코끼리 상(象)으로 사용된다. 코끼리 상은 중국의 한자에서 기원을 찾아볼 수 있다. 전설에 의하면 순(舜)이라는 현명한 농부가 부모에게 효도를 잘하여 코끼리가 감동받아 농사를 지을 때 와서 밭을 갈고 잡초를 없앴다고 한다. 후에 그가 사람들의 지도자가 되었다는 전설이 있다. 코끼리 상(象)은 무형을 의미하는 것으로 현상(現象), 상징(象徵) 같은 단어에 사용된다. 반면에 모양 상(像)은 유형적인 것으로 가상(假像)처럼 현재에 있는 것을 형상화할 때 사용한다.

우리는 알고 있는 지식만 믿고 살아간다. 멋지게 성공한 사람은 여건과 주변 환경이 좋았기 때문이라고 생각한다. '나는 왜 항상 일이 꼬일까?'라고 푸념하는 사람은 인생을 패배자로 여기는 사람이다. 지금은 힘들지만 인생의 참된 승부는 긴 안목을 가진 사람이며 남들이 보지 못하는 삶을 살아가는 것이다.

브라질 말에 이런 말이 있다. '희망은 가장 늦게 죽는다.'

우리가 살아가면서 직업을 얻는다는 건 개인이 살면서 갖게 된 기다림의 결과물이다. 직업을 얻는 과정은 끊임없는 기다림을 통해 맺는 수확의 열매다. 어려울 때 늘 기다려보지 않았는가? 그다음에 소나기가 지나간 것처럼 화창한 날이 왔다는 사실이 떠오르지 않는가? 직업을 얻는다는 건 소나기가 지나가는 것처럼 언젠가는 화창한 날도 온다는 의미다.

농부가 땀 흘려 일한 결과는 바로 수확이다. 뜨거운 태양과 바람, 비를 먹고 자라야 과일, 채소 등 열매를 얻을 수 있기 때문이다.

장모님은 8년 전 대전에서 무주 시골로 내려가셨다. 물 좋고 공기 좋은 시골은 복숭아, 땅콩, 고구마, 감자, 아로니아, 각종 채소들로 풍성하다. 갈 때마다 자연 속에서 나를 되돌아보는 시간과 밭이 주는 수확의 기쁨으로 감사함을 느낀다.

당신의 삶도 긴 여정 속에서 수확의 기쁨을 느껴 본 적이 있는가?

수확은 그냥 얻어지는 것이 아니라 땀과 인내하며 얻어지는 기다림의 산물이다. 그래서 힘들고 어렵지만 시간의 터널을 벗어나는 순간 바라던 빛을 얻는다. 시간의 터널을 벗어나기 위해서 무엇보다 중요한 것은 기다려야 함을 아는 것이다.

| 부름의 메시지에 귀 기울여라

BTS를 키운 빅히트엔터테인먼트의 방시혁 대표는 서울대 연설에서 기성세대인 자신이 꿈 없이 살아왔던 지난 시절을 스스럼없이 말해갔다. 서울대 법대 점수가 미달하여 미학과에 입학하였는데, 서울대학교에 입학한 것은 꿈과 열정이 아니라 학교 이름만 보고 입학한 것이라고 한다. 그러다가 방식혁 대표는 미학에 재미를 느끼고 어찌하다 보니 음악프로듀서의 길을 걷게 되었다.

방시혁 대표는 음악 뮤지션이나 가수가 되고자 하는 사람들 중 음악에 대한 꿈과 소명조차 없는 모습을 보면 화난다고 한다. 그러면서도 꿈이 없다고 실망하지 말라고도 이야기한다. 그는 지금 꿈이 없어도 최선을 다하라고 말한다. 또한 자신의 삶을 파괴하는 욕망을 이루는 것을 행복이라고 생각해서는 안 된다고 강조하였다.

우리는 직업을 얻는 과정을 '무엇이 되어야 한다'는 생각과 동일시한다. 하지만 직업을 택할 땐 무엇이 되는지가 아니라 무엇을 하고 싶은지가 더 중요하다. 학교에서 진로교육을 하다 보면 첫 사회에 나가야 할 시기인 4학년들조차 자신은 꿈이 없다고 많이 걱정한다. 자세히 들어보면 학창시절에 무엇을 하고 싶은지 고민을 해보지 않았고 열정을 다해본 경험이 없다고 한다. 졸업이 주는 기쁨보다는 자신의 지난날을 후회하며 나는 그동안 무엇을 했나? 한숨만 쉬게 된다.

'당신은 인생에서 무엇을 얻고 싶은가?', '나는 어디로 향하고 있는가?' 우선 이 질문에 답해야 한다.

직업을 얻는다는 건 직업이 우리에게 주는 부름에 귀를 기울여 듣는 것이며 들음을 통해 일에 대한 인간다운 가치를 발견하는 것이라고 본다. 모든 직업은 가치와 숭고함이 있고, 모두 사회에 영향력을 미친다.

아주대학교 이국종 교수는 집안 형편이 어려웠지만 주변의 도움과 친구의 도움으로 외과 의사가 되어 지금은 의사로서 사람을 살리는 일이 얼마나 가치 있고 중요한지를 강조한다. 이국종 교수는 대학 시절 집안 사정이 좋지 않아 학업을 계속할 수 없었다고 한다. 결국 형편 때문에 해군에 입대했고, 학업을 중단하려던 차에 군대 원사의 직언으로 다시 마음을 바꾸고 의과대학을 마쳤다고 한다. 원래 이국종 교수는 삶의 질이 보장되는 서저리(성형외과, 안과)를 지망했었다고 한다. 그 당시 외과 분야는 목숨과 연관된 분야이고 삶의 질을 보장받기 어려운 분야였기 때문인데, 지금의 외과 의사는 바라던 꿈이 아니라 그 당시 외과에서 죽을 고생을 하던 친구의 제안을 받았기 때문에 지원한 것이라고 한다. 하지만 지금, 〈골든아워〉에서 이국종 교수는 이렇게 직업의 소명의식을 강조한다.

"더 많은 사람을 구할 수 있는 의료 시스템을 구축하는 일은 쉽지 않은 일이지만 꼭 해야 하는 일이라는 것이다."

- 이국종, 〈골든아워〉

다른 사람에게 영향력을 미치는 것은 의사뿐만이 아니고, 모든 직업은 일을 통해 개인과 사회에 영향력을 미치게 된다.

소질(素質, Calling)은 사람이 태어나면서부터 갖추고 있는 잠재적인 능력이며, 어떤 일에 대한 재능이나 바탕, 근본을 말한다. 소질은 개인적 삶의 목적을 실현하고 사회적으로 의미 있는 일을 하게 만드는 개인의 성질이다. 모든 직업은 다른 사람들에게 건강한 삶을 유지하고 회복하도록 돕고, 사회적 소속감과 생계유지, 살아가는 삶 전부에 영향을 미친다.

그래서 직업이란 자신의 가치관, 정서, 성격, 포부, 성장 배경에 따라 사회적 역할을 다하는 것이라고 볼 수 있다.

결국, 직업은 무엇이 되고자 하는 일차적인 의미를 지닌 것이 아니라 무엇을 하고 싶은지에 대한 부름의 메시지에 귀 기울여 자신이 본디 가지고 있는 성질, 근본을 깨달아 삶이 우리에게 주는 명령을 다하는 것이라고 볼 수 있다.

그래서 직업은 소명(Vocation)의 의미를 포함하고 있으며 소명은 곧, 인생의 미션이며 임금이 신하를 부르는 명령, 부름에 대한 미션을 다하는 것이다. 소명은 부름에 응답하여 얻는 것이고, 사명은 소명 받은 자의 과업이라고 말할 수 있다. 그러므로 소명 없이 사명 없고, 사명감이 없는 자는 당연히 부름에 응답하지 못하고 소명 없이 직장을 찾게 된다.

따라서 직업을 얻는다는 건 본디 타고난 소질에 따른 바람(Wishes)과 가능성(Possibility) 간의 타협(Compromise)으로 볼 수 있는데, 사람은 유년 시절에는 비현실적인 꿈을 갖지만, 청소년기를 거치며 현실이라는 벽에 부딪혀 타협하면서 인생의 미션 즉 과업을 달성하는 과정이라고 볼 수 있다.

단순히 돈이나 입신양명을 위해 일하는 사람은 삶에서 돈과 명예는 얻지만 자신에게 주어진 일에 소명의식(Vocation)을 갖고 일하는 사람은 주변 사람에게 선한 영향력을 미친다. '뭐 그렇게 열심히 일해?', '적당히 살아! 최 교수'라고 주변에서는 늘 적당히 살지 그렇게 열심히 하면 몸도 상할 텐데 뭐하러 학교 일에 그렇게 열심이냐고 한다. 방학에도 학교에 나오지 않는 교수들도 많은데, 집에서 쉬면서 적당히 하라고 한다.

　그래도 난 일복이 많아서인지 늘 해야 할 일이 생긴다. 누구나 자기에게 주어진 일을 하지만 그 일에 임하는 자세는 사람마다 다르다. 어떤 마음가짐과 자세, 소명의식을 갖고 일하느냐에 따라 그 사람의 품격이 달라진다. 이제 직업을 얻기 위한 소명을 가져야 한다. 직업은 무엇이 되고 싶은지가 아니라 무엇을 하고 싶은지에 대한 부름을 받아 소명을 갖는 것이다. 직업 소명은 '내가 살아가면서 하고 싶은 일이 무엇인가' 부름의 메시지에 귀 기울일 때 얻어지는 것이다. 누구나 평생 살아가면서 업(業)을 이룰 직업을 선택해야 하며 그에 따른 본분을 다해야 한다.

　직업은 개인의 생애(Life)에서 그려진 1회적인 행위, 즉 단일결정이 아니라 이전에 경험했던 모든 과정이 장기간에 걸쳐서 계속적으로 이루어지는 일련의 결정체이며, 우리가 살아가는 매일 매일의 삶에서 이루어지는 개인의 인생사에서 부름을 받아 내적중심의 삶으로 들어가 거듭남으로 귀환이라고 볼 수 있다. 우리는 한 번뿐인 내 인생을 행복하게 살기 위해 일을 해야 한다. 인생의 부름에 귀를 기울이지 않고 매일 매일 먹고 살기 위해 무엇이 되려고 직업을 찾지 말고 무엇을 하고 싶은지 부름의 메시지에 귀를 기울여 소명(Vocation)을 가져야 한다. 오늘 하루, 지금 여기 최선을 다해 일할 수 있는 직업을 얻는다는 것 행운이다.

| 방어적인 소명의식에서 벗어나라

우리 주변에는 매사에 개인적이고 늘 방어적인 사람이 있다.

방어적인 사람이란 문제가 아닌 것도 문제로 받아들이고, 편견을 가지고 모든 걸 바라본다.

다른 사람들을 존중하고 그들과 어울려 살지 않고 늘 한 걸음 물러나 벽에 기대 서 있는 사람이 있다. 자존감이 낮고 심리적으로 성숙하지 못하며, 늘 현실에 안주하려고 하고 방어적인 생각을 가지고 있다. 이런 사람들의 특징은 어떤 말이나 행동도 방어적으로 받아들인다.

학교 학생경력개발센터 겸직교수로 일하고 있는 나는 부서 팀장님과 직원들과 함께 밤을 새워가며 제안서 작업을 한 적이 있다. 제안서를 작성할 때면 각자가 맡은 분량을 작성해야 하기 때문에 하나의 목적을 이루기 위해 각자가 책임감과 헌신하는 마음이 필요하다. 매년 초가 되면 늘 하던 일이 정부 제안서 작성에 참여하는 일이었다. 취업진로팀 팀장님과 직원들은 모두 한결같이 제안서를 종합하고 밤을 함께 새워가며 일한다. 하지만 힘들다는 생각보다 늘 학교에 헌신하고 학생들을 위한 좋은 프로그램을 제공하고자 하는 마음이 더 크다. 지금도 팀장님과 직원들은 한 부서에서 꾸준히 일하면서 자신의 일에 몰두하는 열정적인 분들이다. 그래서 학교가 돌아가고 학생들이 좋은 서비스를 제공받을 수 있다.

반면에 늘 눈치만 보고 자신의 무능력함을 가리기 위해 이리저리 이익이 되는 것만 골라 일하는 직원과 교수들이 있다. 그런데 더 안타까운 것은 그런 부류의 사람들은 마치 학교와 조직에 관심이 있는 것처럼 행동한다. 그리고 그런 행동으로 학생들과 직원들로부터 인정을 받는다는 것이다.

말하려는 요점은 인정받기 위해서 자신에게 이익이 되는 것만 하기 위해 방어적인 사람이 되지 말라는 것이다. 정말 능력 있고 자기개념이 성숙한 사람은 인정욕구에서 태연하다. 무능력자일수록 기회가 오면 수단과 방법을 가리지 않고 강자 앞에 비굴해지고 약자를 휘두르기 위한 온갖 행동을 서슴지 않는다.

당신은 지금 속해 있는 직장에서 어떤 존재로 인정받기를 원하는가?

인정받고자 하는 욕구는 자신의 무능력함이 남들에 들킬까 봐 노심초사하는 심리적 현상이다. 자신을 가치 없는 존재로 보거나 무능력한 사람으로 인식하는 것을 용납하지 못하고 미리 두려워하기 때문이다. 착각이다. 그보다는 진심을 다해 일하고 남들이 인정해줬을 때 '고맙습니다'라고 다정하게 대하는 성숙한 모습이 참 소명의식을 가진 사람이다. 인정받으려고 노력할 필요가 없다. 직업에 대한 소명의식이 없는 사람들의 경우 직업에 대한 물질적 사고방식에서 벗어나지 못하거나 자칫 순간적인 이기심과 승리욕구로 조직에서 쓸모없는 사람이 되어 버린다. 그래서 사회생활을 하다 보면 능동적인 사람과 방어적인 사람이 늘 존재하기 마련이다. 능동적인 사람은 목적의식이 뚜렷한 사람이지만 방어적인 사람은 자신이 하고 싶은 것이 없고 늘 막연한 생각으로 살아가며 자신에게 이익이 되는 것만 추구한다. 반면에 능동적인 사람은 시키지 않아도 알아서 일을 수행하며 자발적으로 목표를 세워 일한다. 경험에서 나오는 것일 수도 있고, 단순히 꿈일 수도 있지만 무언가를 위해 목표도 세우고 계획을 세워 회사가 달성해야 할 목표를 위해 노력하는 사람들이다.

방어적인 사람은 남이 시키는 일을 하고 자기 이익만 추구한다. 방어적인 사람은 직업소명의식이 부족하여 직업은 단지 직장을 구하여 일을 하고 일에 대한 대가를 받는 것으로만 생각하고, 일을 하면서도 즐거움과 여유가 없다. 목표가 없는데 어떠한 일을 한다는 것 자체가 상당히 곤욕스러운 일이다.

　마치 끝없는 42.195km 마라톤을 달리는 기분일 것이다. 달려도 숨만 차고 힘겹기만 하다. 달리는 것 자체에 목적이 없고 운동에 대한 능률조차 찾을 수 없다. 직업을 얻는 과정도 마찬가지다. 졸업하면 당연히 남부럽지 않은 직장에 들어가야 한다고 생각한다. 이왕이면 괜찮은 직장에 들어가서 동창회에 나가면 멋진 명함 한 장을 돌려보는 게 낙이라고 해야 할까?

　우리는 공부하고 대학 가고, 직장에 취직하고, 높은 연봉에 남부럽지 않은 집을 마련하고, 초고속 승진 후 정년까지 무사히 버티는 것이 최고라고 생각할 수 있다. 우리가 이렇게 생각하는 것은 직업을 단지 직장에서 책임을 맡아 생계유지를 하는 것으로 보는 발상에서 비롯된 것이다. 직업은 자기방어적인 의식에서 벗어나 자기 소명(Vocation)의식이 우선이어야 한다.

　당신이 만약에 대나무나 소나무라고 생각해보자. 태풍이 불면 나무가 흔들리게 되어 있다. 바람이 더 강하게 불면 결국 대나무든 소나무든 뿌리째 뽑혀 날아가 버린다. 바람이 불면 나무가 흔들리듯이 직업을 얻는다는 건 때로는 바라는 대로 일이 잘 풀리지 않거나 어려움이 닥칠 수도 있다. 삶의 바람이 거세면 때로는 흔들릴 수도 있지만 흔들리는 것이 두려워 숨어 버린다고 해서 해결되는 것은 아니다. 바람에 기대어 잠시 흔들려 보면 결국 바람은 잔잔해진다.

　그래서 직업을 얻는다는 건 거센 바람과 같은 어려움이 닥칠 수 있다. 잠시 흔들려 보면 좋은 날도 오기 마련이다. 방어적인 직장생활을 하는 사람들의 결말엔 자신의 상처만 남는다. 사람들과 소통하지 않고 수동적으로 일하려는 자세는 결국 자신을 불신감 있는 사람으로 만들어 버린다. 방어적인 소명의식에서 벗어나야 할 사람들은 대학을 졸업하고 직장을 알아봐야 하는 청년, 지금 직장에서 다른 직장으로 이직을 생각 중인 근로자, 결혼 후 경력이 단절되어 새로운 직업을 구해야 하는 여성, 퇴직 후 인생 2막을 위해 직업을 선택해야 하는 은퇴자에게 해당한다. 단지 직장에서 일을 하기 위해 직업을 찾지 말고 방어적인 소명의식에서 벗어나야 한다. 직업을 얻는다는 건 일에 대한 사랑이며 애착이 있어야 얻을 수 있기 때문이다.

| 직업을 넘어 천직을 발견하라

'인간은 무엇을 할 때 행복할까?'라는 질문은 심리학에서 연구되어 온 가장 중요한 주제이다. 누군가 무엇을 잘했을 때, 우리는 그 사람의 재능의 가치를 높게 평가해 '참! 소질 있다'라고 말한다.

소질(Calling)은 가지려고 해도 소유할 수 없는 개인의 독특한 성질이다.

그렇기 때문에 직업은 소질을 발견하여 본디 타고난 재능과 능력을 십분 활용하도록 할 때 우리에게 주어지는 것이다. 그래서 소질은 뛰어난 성적표가 아니라 개인의 잠재된 능력이다.

TV 프로그램에서 영재발굴단을 보면 정말 놀라울 정도로 다른 아이보다 특별한 재능을 갖춘 아이들이 많다. 그런데 의문점을 갖고 보면, 영재는 그처럼 하루아침에 만들어지는 것이 아니라는 사실이다. 타고나기도 하지만 만들어지기도 하는 것이다. 대부분 영재를 보면 부모님 중 누군가에게 긍정적 강화를 받았거나 가정환경에서 긍정적 환경에 노출되어 학습된 결과가 많다.

로(Roe)는 인간의 진로발달이론을 주장하면서 초기 아동기의 경험은 진로발달에 중요한 영향을 미친다고 하였다. 특히 아동기의 경험 중 부모와 자녀의 상호작용은 태도, 흥미, 능력, 욕구충족 방식 등을 형성하게 하여 진로 선택에 영향을 미친다고 보았다.

김연아 선수에겐 어렸을 적 타고난 스케이팅 선수가 되기 위한 소질이 있었다. 그 소질을 발견하게 도와준 사람은 바로 어머니이다. 우연히 아이스

링크장에서 스케이트를 탄 것이 인연이 되었다.

2018년 평창 올림픽 스키 분야에서 은메달을 딴 이상호 선수는 스노보드 분야의 건국신화로 불린다. 스노보드 분야에 뛰어난 소질이 있다고 인정받는다. 강호 유럽 선수들만의 종목에서 메달을 딸 정도로 소질이 뛰어나다고 전문가들은 말한다. 영재발굴단에 출연한 그는 자신은 중학교 시절 우연히 탄 스노보드로 국가대표로 성장할 수 있었고, 그 비결은 영재로 태어난 것이 아닌 노력이라고 말한다.

부모님들은 어릴 적부터 자식들의 소질을 키우기 위해 학교를 다녀오면 태권도, 미술, 음악학원 등 다양한 경험을 하도록 하게 한다. 물론 맞벌이로 인해 어쩔 수 없이 아이를 학원에 보내기도 하지만, 대부분 부모들은 아이들의 소질이 미술, 음악, 운동, 영어, 과학 등 같은 영역에 있을지 모른다는 생각에 일찍이 재능을 발굴해, 어려서부터 자식들만큼은 고생하지 않고 성공하기를 원하기에 자식들을 위해 투자한다.

그럼 소질은 계발되는 것인가? 타고난 영재의 기질일까?

소질이라는 것은 광의적 개념으로, 선천적인 자질에 의한 후천적인 환경과 교육의 영향을 받는 것이라고 하며, 협의의 소질은 천부적인 것으로 개성과 품성에 대한 정태적인 것으로 정의된다. 소질은 '타고난 어떠한 것에 대한 성질과 능력, 기질'을 말한다. 즉, 소질은 개인의 생각으로 보면 타고난 것이며, 이를 발견하도록 하여 자신의 소질을 활용 가능한 것으로 전환하는 과정이라고 볼 수 있다.

CJ E&M의 나영석 PD는 평범한 어린 시절을 보냈다고 한다. 만화책과 비디오 보기를 좋아했고 공무원이 장땡이라는 아버지의 권유로 대학에 진학하여 우연치 않게 연극반에서 자신의 꿈을 발견하게 되었다고 한다. 자신의 소질을 발견하기 위해 연출, 코미디 작가의 꿈에도 도전해 보았으나 결국 자신의 상상력과 아이디어, 기획력을 발휘할 수 있는 프로듀서의 길을 걷게 되었다고 한다. 〈1박 2일〉, 〈삼시 세끼〉, 〈윤 식당〉 등의 프로그램은 자신의 소질을 십분 활용하여 만들어 낸 결과이다.

당신에게 천직이란 무엇인가?

남부럽지 않게 여유 있고 안정적인 직장생활이면 그것이 천직인가? 아니면 자신의 소질 즉, 본디 타고난 성질을 발견하여 재능과 능력을 발휘하는 것이 천직인가? 천직은 하늘이 명한 소명에 따라 주어진 일을 하기 위해 자신의 독특한 성질을 활용하여 힘써 일하는 것을 말한다.

2011년, 나는 진로분야의 프리랜서로 일하다가 우연히 공공기관에 입사하게 되었다. 내가 일하는 본부는 인사조직 컨설팅을 하거나 프로젝트 전반에 대한 예산, 행정관리 등을 수행하는 사무원이 대부분이었다. 조직 특성상, 현장에서 컨설팅 사업을 효율적으로 관리하기 위한 내부 사무직은 주로 남자보다 여자들이 많다. 그들의 학력 수준을 보면 대부분 서울 유명 대학을 나온 친구들이고 남부럽지 않은 지식과 능력을 갖추고 있다.

대부분의 직원들은 현재 하는 일에 대한 성실함으로 인정받는 직원들이었고, 그중에는 지방대를 나와 일하는 친구들도 있었다. 학력과 재능에 상관없이 일 잘하는 직원의 경우 내가 실수 없이 일을 잘해야 우리 팀과 기관이 잘 될 거라고 생각하며 사명감으로 일하는 친구들이다.

하지만 늘 사적인 업무에 관심만 갖고 소속감과 조직에 대한 열의가 없는 직원은 매일 지각을 채우기 위해 오전 반차를 사용하는 경우를 본다. 매일매일 실수투성이라 다른 사람들에게 피해를 주는 직원들도 있다.

자신의 소질과 소명의식에 따라 일을 하느냐 마느냐가 우리 인생을 좌우

직업을 얻는다는 건

한다. 그러나 가야 할 삶의 방향을 정해놓고 간다 해도 길을 잃을 경우가 많다. 무작정 여행을 떠나라. 인생은 여행과도 같은 것이다. 여행은 우리에게 새로운 경험과 자신의 소질을 발견할 확률을 높여주고 사명감으로 일하도록 하게 한다. 아무것도 하지 않고 움직이지 않고 얻는 것은 환상일 뿐이다.

천직이란? 자신의 소질이 무엇인가를 깨우쳐 그 일에 매진하는 것이다.
직업은 9시에 출근해서 6시에 퇴근하는 생계유지와 직책, 위치만을 말하지 않는다. 이제 직업을 넘어 천직을 발견해야 한다. 천직은 소명의식으로, 하늘이 준 소명(Calling)에 따라 일을 해 나가는 것이다. 남들이 만들어 놓은 길만 가려고 하지 말고 직장을 넘어 천직을 발견하라.

| 직업은 얻고자 하는 사람에게 주어진다

사람에겐 인생을 살아가면서 무언가를 얻고자 하는 욕망이 있다.
그것은 돈, 명예, 사랑, 건강, 그리고 직업이다.
남이 소유하고 있는 것을 부러워하면 욕심이 생기는 법이다.

명심보감에 이런 말이 있다.
'大廈千間이라도 夜臥八尺이요 良田萬頃이라도 日食二升.'
'큰집이 천간이라도 밤에 눕는 것은 여덟 자뿐이요 좋은 밭이 만경이라도
하루 먹는 양식은 두 되면 족하느니라'라는 말은 우리가 사는 데 필요한 적
당한 돈, 명예를 가졌다면 살아가는 데 지장이 없다는 말이다.

직업을 얻는다는 건 살아가는 데 지장이 없을 정도의 명예와 돈을 가지
고 살다 보면 주어지는 것이다. 연예인들도 드라마나 영화에서 인기를 누리
다가 한순간에 이목이 닿지 않는 곳에서 은둔생활을 하다 보면 자신에게
주어지는 역할을 맡게 된다.

성경에도 이런 구절이 있다. 바로 달란트의 비유이다. 1달란트와 2달란
트, 5달란트를 각각 세 사람에게 준 주인은 그 세 사람이 그 돈을 어떻게
관리하는지 지켜보았다. 2달란트와 5달란트를 받은 두 사람은 각자 그것
을 가지고 장사해서 두 배로 늘렸고 1달란트를 받은 사람은 그 돈을 쓰지
않고 묻어 둠으로써 1달란트를 유지하는 어리석음을 보였다.

1달란트를 유지한 어리석은 자에게 주인이 이렇게 대답한다.

"악하고 게으른 종아. 나는 심지 않은 데서 거두고 헤치지 않은 데서 모으는 줄로 네가 알았느냐. 그러면 네가 마땅히 내 돈을 취리하는 자들에게나 맡겼다가 내가 돌아와서 내 원금과 이자를 받게 하였을 것이니라 하고 그에게서 그 한 달란트를 빼앗아 열 달란트 가진 자에게 주라. 무릇 있는 자는 받아 풍족하게 되고 없는 자는 그 있는 것까지 빼앗기리라. 이 무익한 종을 바깥 어두운 데로 내쫓으라. 거기서 슬피 울며 이를 갈리라 하니라(마태복음 25:26~30)."

직업을 얻는다는 건 인간이 본디 타고난 소질에 따라 힘써 행함으로 얻어지는 것이기 때문에 자신의 능력과 재능을 가만히 둔다고 얻어지는 것은 아니다.

당신이 가진 달란트는 무엇인가?

리처드 와이즈먼 박사도 실험을 통해 행운을 맞이하는 사람과 행운을 쫓아내는 사람의 차이를 연구하였다. 운이 좋은 사람은 늘 기회를 계속 만나려고 힘써 노력하고 그것을 통해 자기발전에 기여한다는 것이다. 그렇기 때문에 운이 좋은 사람은 늘 기회를 얻을 수 있다고 한다.

학생들을 가르치다 보면 우연치 않게 좋은 성적을 받는 학생은 없다. 시험공부를 열심히 하고 수업시간에 집중하고 몰입하여 수업의 중요내용을 정리한 학생, 그리고 늘 뒷자리에서 집중하지 못한 학생의 차이는 분명하다. 또한, 교수님에게 늘 질문하는 학생은 수업에 관심을 보이는 학생들이기에 성적에도 영향을 미친다. 그들은 어떤 수업이든지 새로운 경험에 대해 개방적이고 사람들과 교류하는데 어색함이 없다. 무엇보다 여유와 느긋함이 있고 졸업 후 자신이 하고자 하는 일에 대한 목표가 뚜렷하다.

사회적으로 성공한 사람의 특징은 30%의 노력과 땀을 통해 행운을 누린다고 한다. 진로상담 수업에 학생들의 미래 로드맵을 작성하게 하여 발표하도록 하는데 스스로 자신의 미래 로드맵을 그려 발표하다 보니 자신의 타고난 소질과 강점을 알게 되어, 미래에 자신이 어디로 가야 할지? 어떻게 가야 할지 깨닫게 된다.

　자신의 진로에 대해 많은 학생 앞에서 발표해야 하는 부담도 있지만 발표 준비를 하면서 자기 자신을 발견하고 다른 학생이 발표하는 내용을 듣고 도전을 받기도 한다. 무엇보다도 직업은 욕심에 따라 소유하는 것이 아니라 자신의 투입한 노력에 따라 얻어진다는 것을 강조한다.

　진로수업을 수강했던 한 남학생이 기억난다.

　아버지가 청소부이고 자신의 꿈은 진로상담 교사가 되는 것이었다. 다른 학생들처럼 늘 평범하게 수업을 듣던 학생이었고 수업시간에 질문과 발표를 열심히 하여 눈에 띄는 학생이었다.

　발표를 하는 대부분의 학생은 자신의 이야기를 솔직히 말하는 것이 부담스럽다 보니 늘 '내가 ~을 했다'고만 발표를 하고 끝낸다. 그런데 유독 그 학생의 발표내용이 남달랐다. 학생은 자신의 아버지를 청소부라고 소개하면서 상담교사가 되기 위해 그동안 준비했던 발자취를 소신 있게 발표하였다. 나도 그렇지만 모든 학생이 발표에 몰입하여 내용을 듣고 있었다. 발표를 마치고 모든 학생이 박수를 보내고 분위기는 더 뜨거워졌다.

　그런데 열심히 준비했지만 졸업 후에 상담교사 임용고시를 보고 낙방하였다. 물론 첫 임용고시라 만만치 않았던 모양이었다. 1년 뒤 학생은 상담교사에 임용고시에 도전하여 합격하였고 중학교에 배치되었다는 소식을 들을 수 있었다. 실패가 그 친구를 노력하게 만들었고 애써 노력하면 직업

　직업을 얻는다는 건

은 우리에게 주어진다. 운은 부지런히 움직이는 자에게 찾아온다. 산전수전을 경험해보고 뜨거운 사막에서 목이 말라야 오아시스의 소중함을 알게된다.

예쁜 꽃 중에 장미를 좋아하는 사람을 많을 것이다. 하지만 사람들은 가시를 보지 못한다. 아름다운 꽃이라는 것만 기억하고 보려고 한다. 직업을 얻는다는 건 운이 있는 사람에게 찾아온다는 말은 행운을 맞이하기 위해 노력한 사람에게 해당하는 말이다.

우리의 고민은 대게 '좋아하는 일을 해야 할까요? 잘하는 일을 해야 할까요?'에 대한 의사결정 문제이다. 이 질문에 정답은 없다. 하지만 직업을 얻는다는 건 자신이 무엇을 하든지 일평생 일하는 일터에서 남에게 보탬이 되어야 한다. 보탬이 되는 사람은 어려움을 이겨낼 수 있는 소명의식과 사명감이 있다. 즉, 직업을 얻는다는 건 가지려고 한다고 해서 얻어지는 것이 아니라 수많은 어려움과 고통 속에서 얻어지는 것이다. 지금 당장은 내가 해야 할 일이 막연하거나 또는 지금 다니는 직장이 맘에 들지 않더라도 당장에 급한 마음에 직장을 구하지 말고 직업을 얻기 위해 견디고 견디다 보면 자신이 하고자 하는 일을 찾게 되고, 자신이 좋아하고 잘할 수 있는 직업을 얻게 된다.

| 아마추어처럼 꿈꾸라

TV 프로그램 〈서민갑부〉에 방영된 20대 가발갑부 청년의 이야기를 본 적이 있다. 연 매출 6억을 달성한 청년 갑부의 이야기는 학창시절부터 탈모가 시작돼 고통을 겪었던 한 청년이 20대 초반에는 탈모로 인해 우울증과 대인기피증이 있었지만, 이를 극복하고 직접 가발 사업에 뛰어들어 본인이 겪어온 고통을 바탕으로 다양한 가발을 써보면서 창업으로 성공한 이야기이다.

우리의 인생은 아마추어처럼 무언가를 즐기는 사람이 되어야 한다. 가슴 뛰는 삶을 살기 위해서는 바로 자신에게 주어진 삶을 즐기려는 자세가 필요하다. 가발로 성공한 청년은 다음과 같이 성공신화를 이야기한다.

"내가 탈모가 있기 때문에 누구보다 고객의 니즈와 원하는 가발을 파악할 수가 있다."

그는 자신의 삶을 극복하여 다른 사람들에게 용기를 줄 수 있는 긍정적 삶을 개척해 나가는 자세가 중요하다고 강조한다. 이 말은 우리 인생이 일만 하면서 살아가는 삶이 된다면 우리가 만난 세상의 전부가 일로 도배되어 버릴 수 있다는 말과 같다. 그래서 우리는 직업에 대한 애착과 남다른 소명이 있어야 한다. 지금 자신의 삶이 막막하고 앞이 보이지 않는 길을 가야 할 때 뭔가에 푹 빠져 몰입하다 보면 남다른 의미를 찾을 수 있다.

그래서 우리가 평소에 즐기는 취미는 부담 없이 즐기며 해볼 수 있는 것이어야 하며 취미는 삶의 활기를 가져다준다. 취미를 즐기다 보면 몰입하게 되는데 프랑스 후기 인상파 화가 폴 고갱(Paul Gauguin)은 35세라는 늦은 나이에 인상주의 화가들의 작품을 취미로 수집하면서 선물 중개인을 그만두고 화가의 반열에 오르게 되었다고 한다. 처지가 자식이 병들어 아프고 이혼까지 해 무일푼임에도 불구하고 화가로서 활동하겠다고 결정한 용기는 어디서부터 나오는지? 밤새 책을 읽으며 일에 대한 애정과 몰입이 얼마나 중요한지 깨닫게 된다.

내가 고갱의 상황이었다면 자신의 소명인 화가를 할 수 있었을까?

취미를 통한 인생의 몰입은 고갱뿐만 아니라 물리학자 아인슈타인의 바이올린 연주, 영국의 정치가 윈스턴 처칠의 짧은 낮잠을 통한 스트레스 해소 등 무수히 많다.

일을 하다 보면 어쩔 수 없이 일이 많을 때 새벽 5시까지 일하는 경우가 자주 있다. 한 번은 연구를 진행하면서 내가 맡은 보고서 분량을 채우기 위해 꼬박 밤을 새워가며 일한 적이 있다. 마침 장모님이 집에 오셨던 날이라 나를 보고 놀라 걱정하셨던 일이 생각난다. 나 또한, 스스로 '일 중독이구나!' 생각할 정도였으니까. 그래서인지 지금은 취미활동을 하면서 나에게 회복과 충전의 시간을 주려고 노력한다. 이는 신체적으로나 정신적으로 여유를 갖게 하고 또 다른 삶의 열매를 맺게 하기 때문이다.

물론 밤새도록 일하는 것과 취미활동을 통해 몰입하는 것은 고통이라는 감정의 유무에서 차이가 있다. 밤새워 일하는 것은 아무리 즐거운 마음으로 일한다 해도 결국 일을 끝마쳐야 한다는 압박감으로 스트레스를 받기 마련이다. 하지만 결과물에 상관없이 취미생활을 하면 우리는 머릿속에 가득 차 있던 고통과 스트레스를 비울 수 있게 된다. 심리적 여백은 우리를 스트레스와 압박감에서 해방시켜 주는데 그것이 자아를 사라지게 하기 때문이다. 자아가 잠시 사라지는 것은 취미생활을 통해 몰입하는 과정에서 이루어진다.

그만큼 취미활동은 우리에게 큰 생명력을 불어넣어 주는데 이는 당신이 미치광이처럼 무엇인가에 몰입했을 때 이루어진다. 많은 학자가 이를 두고 희열(Bliss), 절정경험(Peak Experience), 텅 빈 마음 등으로 정의한다.

아마추어(Amateur)라는 말이 있다. 프로와 아마추어의 차이는 대가가 있고 없고의 차이에 있다. 아마추어는 라틴어의 아마토르(Amator)에서 유래되었다고 한다. 이 말은 '사랑하는 사람'이라는 뜻을 지니고 있는데 아마추어는 뭔가의 대가를 위해 일하지 않고, 스스로의 자유를 통해 기쁨을 위해 행동하는 사람들을 의미한다.

공자의 말에도 '즐기는 자는 좋아하는 사람을 이길 수 없다'는 말이 있다.

> "아는 사람은 좋아하는 사람을 이길 수 없고, 좋아하는 사람은 즐기는 사람을 이길 수 없다."
>
> - 공자

직업을 얻는다는 것도 아마추어처럼 즐길 수 있는 일을 할 때 주어진다. 어쩔 수 없이 일해서 돈을 벌어야겠다고 생각하는 사람은 하루하루의 삶이 지루하고 지겨울 것이다. 일에 대한 자유와 기쁨의 여백이 없기 때문이다.

대학생들의 경우 자아정체성이 혼란스러운 시기가 2학년이라고 하는데 대2병이라는 신조어가 나올 정도로 우리는 지금까지 살아오면서 가슴 뛰며 몰입을 하지 않았던 삶의 기억상실증에 빠져 있다. 대입수능 준비로 인해 딱딱한 교실에서 공부만 했던 학생들이 대학교에서 와서 스스로 뭔가 도전하고 열중하라는 주문을 받는 것은 사춘기 학생에게 '지성인이 되어라'라고 강요하는 것과 똑같다. 내가 순수한 마음으로 열중하고 살아왔다면 그것이 바로 당신의 소망일 가능성이 높다. 소망은 곧 부름의 메시지로 직업소명을 갖게 한다.

소망엔 욕망과는 다른 차이가 있다. 욕망은 결과지향적이고 소망은 과정지향적이다. 욕망은 활활 타오르다가 식어가는 모닥불 같아서 금세 공허해지지만 소망은 지금, 여기에 집중하여 삶을 살아가는 과정에 의미를 더 중요하게 생각하여 늘 몰입의 기쁨으로 우리에게 힘을 더해 준다.

내가 진로상담을 하면서 만났던 대부분 학생들의 공통점은 자신이 학창시절을 보내면서 즐거움으로 몰입했던 경험을 써보라고 하면 없다고 한다. 직업을 얻는다는 건 여러 가지 길로 우리에게 다가오는데 아르바이트, 독서, 세미나, 소중한 선배와의 만남 등 다양한 경험을 통해 몰입하고 열중할 때 주어지는 것이다.

당신이 가장 질리지 않고 즐길 수 있는 일은 무엇인가?

직업을 얻는다는 건 아마추어처럼 뭔가의 대가를 위해 일하지 않고, 스스로의 자유를 통해 기쁨으로 일하는 사람에게 주어지는 것이다. 자신이 하는 일이 좋아야 하고 평생 즐길 수 있는 일이어야 한다. 단지 어쩔 수 없이 일해서 돈을 벌어야겠다는 생각으로 직업을 선택하지 말고 하루하루의 삶이 자유와 기쁨의 여백으로 채우기 바란다.

| 감정과 마주할 수 있는 용기를 가져라

"The world is full of suffering but it is also full of people overcoming it
(세상은 고통으로 가득하지만, 그것을 극복하는 사람들로도 가득하다)."

- 헬렌 켈러

직업을 얻는다는 건 순간순간 공허한 감정과 마주할 수 있는 용기를 갖는 것이다.

우리는 직장생활을 하면서 사람들과 어울리며 하루하루를 보내게 된다. 때로는 사람들로 인해 상처도 받고 억울함을 호소하기도 한다. 살다 보면 우리에게 어울리지 않는 삶을 살고 있는 모습을 보고 억울해하고 밤을 지새워 감정과 마주하기도 한다. 결국에는 찾아 헤매던 감정의 여행에서 다른 운명을 받아들이기도 한다.

우리가 다른 사람에 대해 싫어하는 감정을 갖게 되거나 다른 사람을 존경하는 감정을 갖게 되는 것은 예상을 할 수도 없고 자신의 감정을 솔직하게 바라보지 못한다. 자신에게 전혀 예상치 못한 사건으로 인해 갖게 되는 감정을 뒤늦게 깨달을 때, 잠시 시간을 내어, 자신이 싫어하거나 억울해하는 감정을 받아들일 수밖에 없다는 사실을 인정하라.

당신도 아마 직장생활을 하면서 동료와 직장상사의 행동으로 직장을 그만두고 싶을 정도의 허무한 감정을 느껴 봤을 것이다.

우리는 학교에 다닐 때 선배, 동기들과 스터디 활동을 하거나 조별 수업 과제를 해야 할 때 어느 한 사람의 무책임한 행동으로 인해 서로 상처를

직업을 얻는다는 건

받게 된다. 그래서 대학생들이 가장 싫어하는 활동은 팀 프로젝트라고 한다. 직장생활을 하는 직장인들도 마찬가지일 것이다. 직장에서 동료 및 상사들과 일을 하면서 사소한 감정 등으로 억울하고 공허한 감정을 가져 본적이 있을 것이다. 원하는 직장에 들어가려고 애써 노력했음에도 불구하고 매번 감정과 마주쳐야 할 때가 많다.

학교에 있다 보면 교수들과 함께 연구를 수행하거나 학생들을 대할 때 허무한 감정을 갖게 되기도 한다. 한 학기 동안 자신이 공부를 하면서 얻은 점수에 대해 성찰하고 부족한 점은 무엇인지 깨달아 다음 학기를 위해 준비하는 게 이의신청 기간이다.

하지만 한 학기가 끝나면 성적 이의신청을 받게 되는데 요즘은 온라인으로 이의신청을 받고 바로 답변을 해주게 되어 있다 보니 학생들 입장에서는 교수에게 그동안 서운했던 이야기를 어렵지 않게 하게 된다. 성적에 대한 불만을 토로하는 학생도 있지만, 그저 성적에 대한 아쉬움을 내게 말하고 싶어 하는 학생도 있다. 또 이의신청하는 학생도 종종 있지만 대부분은 성적에 대한 자세한 평가결과를 듣고 싶어 한다. 그때, 학생과 교수 간에 얼굴을 맞대고 말하지 않다 보니 서로 쉽게 생각을 글로 뱉어 낸다. 동료 교수들은 수업을 진행하는 것보다 성적처리 과정이 더 힘들다고 말한다. 힘들다는 것은 곧 학생과 교수 간에 느껴지는 자연스러운 감정이 아닐 수 있다. 물론 늘 이런 부자연스러운 감정만 있지 않다.

어느 학생의 과제를 채점하면서 부모님이 신장으로 수술받아야 하는 상황에서 자신의 장기를 이식했던 여학생의 이야기를 알고, 가슴이 아프기도 하면서 그 상황을 받아들여야 하는 학생이 얼마나 힘들었을까 감정으로 마주하게 된다. 학생이 어려운 상황에서도 부모를 생각하는 마음은 때로는 외롭고 이겨낼 힘조차 없었을지 모른다는 생각이 들었다. 그런데 우리가 알고 있는 어려움과 외로움의 감정은 더 강하고 튼튼한 감정을 갖게 하기 위한 밑거름이 된다.

이런저런 학생을 만나고 헤어지면서 또다시 혹독한 겨울을 지나 새로운 봄이 찾아오듯 새로운 만남에서 아무렇지도 않은 것처럼 새로운 학기가 시작되고 새로운 프로젝트를 하면서 다른 사람과 마주치며 살아간다.

스피노자의 《에티카》에서는 인간의 본질적 감정을 솔직하게 이야기하는데 삶을 살아가면서 외롭고, 공허하다고 해서 이러한 감정의 상태를 불완전성이라고 말할 수 없다고 말한다. 사람이 살아가면서 갖게 되는 큰 감정이 바로 기쁨과 슬픔 아니던가?

누군가 나에게 공허한 마음을 갖게 했더라도 내가 다른 사람으로부터 받은 감정이 이전에 있었던 완전한 감정을 박탈하는 것도 아니라는 사실이다.

우리는 직장생활을 하면서 수많은 기쁨과 슬픔의 감정을 갖게 된다. 기쁨의 감정이라는 것은 외부의 영향으로 인해 우리 신체의 활동능력이 증가될 때 생기는 신체능력 증가분을 말하고, 이는 곧 '정신이 더 큰 완전성'으로 이행함을 의미한다. 또한 공허함은 개인이 갖게 되는 슬픈 감정의 하나인데, 마찬가지로 외부의 영향으로 인해 우리 신체 활동능력이 감소할 때 신체능력의 감소분에 해당하는 감정이 바로 슬픔이다. 즉, 스피노자는 현실 속에 인간이 느끼는 모든 감정(기쁨, 슬픔)은 작은 감정에서 더 큰 감정으로 이행하는 과정이라 보았다.

우리는 살아가면서 직업을 갖고, 사람들과 어울려 일하다 보면 때로는 상처를 받기도 하고 억울할 때가 있다. 인간이 갖게 되는 모든 감정은 기쁨이라는 감정만 있지 않고 슬픔의 감정이 존재한다. 우리는 더 큰 감정으로 자신을 성장시켜 나가기 위해 발버둥 치며 다른 직장을 찾아 나서고 새로운 사람과 다시 어울려 살게 된다.

공허한 감정은 스스로 이겨내야 한다. 직업을 얻는다는 건 공허한 감정에서 더 큰 감정으로 성장할 때 주어진다. 우리가 뭔가를 보고 듣는 모든 사건은 받아들여야만 한다. 우리 자신을 등지거나 남을 증오하는 것은 우리에게 결코 도움이 되지 않는다. 상처도 받고 슬픔과 보람이라는 기쁨의 감정을 맛보기도 하면서 소소한 경험과 사건 속에서 무엇인가 새로운 변화를 꿈꾸며 살아간다. 마음먹은 대로 되기도 하지만 그렇지 않고 오랜 기간 준비하고 노력했던 일이 잘 풀리지 않는 경우도 많다. 우리는 잘 풀리지 않은 사건으로 인해 때로는 여러 감정에 얽혀 살아가게 된다. 더 중요한 것은 사람들과 일을 하면서 갖게 되는 공허함은 자신의 감정을 깊이 있게 성찰할 수 있도록 하여 삶의 의미를 부여해 준다는 것이다.

자신의 현재 감정과 생각을 늘 성찰하지 않고 살아가는 사람들은 인생의 고독이라는 감정을 단순히 불안정한 감정으로만 받아들이게 된다.

직업을 얻는다는 건 우리가 자신에게 진실 된 마음을 갖고, 우리의 어두운 감정을 은폐하지 않을 때 주어진다. 삶이 우리에게 들려주는 메시지를 듣고, 자신의 감정에 충실하여 더 큰 감정을 갖기 위해 마주해야 한다.

| 안전지대에서 벗어나야 진짜 안전하다

"Anyone who has never made a mistake has never tried anything new
(한 번도 실수한 적이 없는 사람은 한 번도 새로운 것에 도전해 본 적이 없는 사람이다)."

- Albert Einstein

'한 번도 실수한 적이 없는 사람은 한 번도 새로운 것에 도전해 본 적이 없는 사람이다'라는 말이 있다.

나는 15번 직장을 옮겨 다녔기에 이를 바라보는 사람들 입장에서 볼 때 안 좋게 생각할 수 있다. 인사담당자가 볼 때도 왜 이리 직장을 옮겨 다녔는지 좋지 않은 시선으로 본다. 2008년 커리어컨설팅 기업에서 일하다가 직장을 그만두고 대학 시간강사 일을 하게 되었다. 여기저기 강의를 하기 위해서 쉴 새 없이 일거리를 알아봐야 했다.

이런저런 강의 거리를 알아보다가 진로 관련 강사 모집 공고를 보고 지원하여 면접을 본 적이 있다. 사실 난 여러 분야의 일을 하다 보니 경력이 일관되지 못하는 말을 자주 듣는다. 그러다 보니 대학 청년 진로상담, 탈북자 진로상담, 여성층, 퇴직자, 인사조직컨설팅 등의 경력이 오히려 장점이 아니라 목표가 뚜렷하지 않은 사람으로 보일 수 있다. 이런저런 질문을 받다 보니 결국 면접에서 떨어졌다.

우리는 늘 안전한 지대에서 벗어나면 위험하거나 비정상적인 것으로 생각한다. 자신이 하는 일 외에 다른 분야에 대한 경력이 있을 경우 목표가 뚜렷하지 않은 사람처럼 본다. 지금은 경력의 다양성 시대이다. 자신의 일을

직업을 얻는다는 건

확장하여 역량을 발휘할 수 있는 많은 현장경험과 노하우가 필요한 시대이다. 물론 안전지대를 벗어나면 실패도 해보고 고생하기 마련이다. 수입도 일정하지 않기 때문에 불안하기도 하고 가장으로서 어려울 수밖에 없다.

이런 이유 때문일까. 그 당시 짧은 경력으로 프리랜서 강사를 계속하기란 어려웠다. 나는 프리랜서를 그만두고 여기저기 일할 수 있는 곳을 알아보다가 평택 쌍용자동차 전직지원 컨설턴트로 일하게 되었다. 그 당시 평택 쌍용자동차 해고사건으로 직장을 잃고 일자리를 찾아야 하는 퇴직자들이 많았던 시기였다. 프리랜서 강사활동을 하다 보니 수입도 일정하지 않아 고정적인 수입도 필요했다. 그렇게 나는 또 새로운 분야의 일을 하게 되었고 몇 번의 직장을 옮겨가며 교수로 일하게 되었다.

진로상담을 하다 보니 대부분의 사람들은 직장을 구할 때 안정성과 보수 수준을 먼저 생각할 수밖에 없다. 젊은 청년들의 취업 관련 기사를 읽어보면 대학을 포기하고 고등학교 졸업 후 바로 공무원 시험을 준비하는 청년들이 많아졌다고 한다. 청년들이 공무원이 되고 싶은 이유는 어찌 보면 당연한 것이 아닐까? 나도 장교 제대를 하고 안정적인 직장을 위해 공무원 시험을 준비해 본 경험이 있으니까.

뉴스나 TV를 보면 노량진 고시촌에서 만난 청년들의 이야기를 자주 접한다. 공무원 시험을 준비하는 대상은 대학 청년들만이 아니다. 부모의 도움을 받기도 하지만 대부분은 직장을 다니다가 모아둔 적금을 쪼개 생활비를 마련하고 공무원 준비를 하는 20, 30대 직장인들도 보게 된다. 상당수가 낮은 임금과 비정규직의 설움, 대기업의 승진장벽, 일에 혹사당하는 직장인들이 뒤섞여 있다. 미래가 불안정하고, 나이가 들수록 실패에 대한 부담감이 크기 때문에 안정적이고 노후가 보장되는 공무원에 몰릴 수밖에 없다.

하버드 대학 합격률이 한국의 공무원 시험 합격률보다 높다는 이야기도 있을 정도로 공무원에 합격하기란 낙타가 바늘귀를 통과하는 것처럼 어렵다고 한다.

일부 청년들의 경우 중소기업에 다니며 주말에도 일해야 하는 열악한 환경에 누가 일하겠느냐고 이야기한다. 공무원 준비를 하는 데에는 월 100만 원 수강료에 생활비 및 방세까지 200만 원 이상의 비용이 필요하다. 먹지도 못하고 잠도 아끼면서 고생하면 인생의 안전지대가 펼쳐진다고 생각한다. 그렇게 3년 동안 공무원 시험 준비를 하다가 실패를 하더라도 포기하지 못하는 이유는 다음에는 꼭 좋은 기회가 올 거라는 생각에 선뜻 포기하지 못하게 된다. 그런데 최근에는 어렵게 합격한 공무원을 그만두는 청년들이 늘고 있다. 경직된 조직문화와 미처 생각하지 못한 보수수준, 끝없는 야근 등이 이유이다.

과연 직업의 안전지대가 존재할까?

우리는 사회적으로 잘 알려진 직업을 탐색하거나 이미 이전에 유망한 직업에 대해 너무 익숙해져 버렸고 새로운 도전의 기회가 오더라도 더 편하고 안정적인 직업에 관심을 갖게 된다. 그런데, 우리가 평생 안정적이고 편안하게 느낀다면 안전지대가 도대체 무슨 의미가 있을까? 우리가 생각하지 못하는 사이 직업의 안전지대는 어느 순간 우리의 위험지대가 되어 버렸다.

만일 당신이 매우 하고 싶었지만 현실이라는 사건 속에 너무 두렵고 막막하여 하고 싶었던 일을 못 했다면 어떨까? 또는 내가 정말 좋아하고 잘하는 일을 하기로 했다면 어땠을까?

직업을 얻는다는 건

무슨 일이든 어렵더라도 시작해 보고 끝을 맺는 것은 우리 마음에 달려 있다. 직업의 안전지대는 자신이 원한다고 해서 얻을 수 있는 것이 아니다. 무슨 일이든지 위험지대가 따른다. 빌 게이츠는 이를 두고 위기감이라고 말한다.

"네가 인식하지 못하는 것이 있다. 바로 위기감이다.
할 수 없는 것이 아니라, 하지 않고 있다는 안도감. 너만은 실패할 리 없다는 안도감.
하지만, 이대로 가면 넌 실패한 수많은 사람들 중 한 명이 될 것이다."

- 빌 게이츠

인생은 또한 야구경기와도 같다. 야구에서는 '9회 말 2아웃에서부터 야구는 시작된다'는 말도 있잖은가? 새로 시작하는 직업을 선택하거나, 다른 직장을 옮겨 갈 때 늘 안전지대만 있지 않을 것이다. 안전지대는 위험지대를 건너야 갈 수 있기 때문이다. 늘 안전하다는 것은 결코 존재하지 않는다. 새로운 삶을 시작할 때는 늘 진짜 직업의 안전지대에서 있어야 성공할 수 있다. C. S. 루이스와 같은 사람도 늦은 나이에 작가가 되었다.

"새로운 목표를 세우거나, 새로운 삶의 꿈을 꾸기 위해, 결코 늦은 때란 존재하지 않는다."

- C. S. 루이스

우리가 안전지대에서 벗어나면 당신에게 인생의 변화를 가져올 진짜 안전지대가 나타날 것이다. 지금 와서 생각해보면 직업이라는 안전지대에서 벗어나 다양한 경험을 할 수 있었던 것은 무모한 도전이 있었기 때문이다. 미래는 열정과 용기, 모험과 이상을 겨냥한 개인의 신념을 지키는 사람들의 것이라고 생각한다. 미래는 현재에 만족하는, 자신의 잠재된 능력에 무관심한 사람들, 과감한 프로젝트와 새로운 아이디어에 소심하고 두려워하는 사람들의 것이 아니다. 자신이 얻고자 하는 인생의 참다운 가치가 무엇인지 한 번쯤은 생각해보자. 진짜 안전지대는 위험을 두려워하지 않고 할 수 있다는 신념과 가치관을 통해 부끄럽지 않은 도전을 통해 수확을 얻는 기쁨이 있는 곳이다.

〈안전지대에서 벗어날 수 있는 다섯 가지 방법〉

1. 망설이는 마음을 버려라
2. 새로움에 도전해 볼 수 있는 법을 배워라
3. 몇 번이고 실패할 수 있는 용기를 가져라
4. 좌절할 만큼 시도해 봐라
5. 첫 발자국을 떼어 어려움과 마주하라

직업을 얻는다는 건

| 직업은 한 번의 경험으로부터 시작된다

인간은 어떠한 어려움과 고난이 닥쳐도 이겨낼 수 있는 잠재력을 가지고 있다.

해외 고용서비스 정책연구를 위해 베트남 해외출장을 다녀오면서 과일 장사로 성공한 청년을 만난 적이 있다. 우연히 만났던 청년 사장은 허름한 작업복을 입고 방문하는 고객들에게 주문을 받고 일하는 평범한 직원처럼 보였다.

가까운 카페에 가서 방문목적을 설명하고 어떻게 베트남에서 과일가게를 정착시켰는지 물어보았다. 그는 베트남에서 창업하기 위해 IT 스타트업을 준비하다가 우연치 않게 베트남에 무작정 몇 달 살아보기로 했던 게 지금 유통 사업을 하게 된 계기가 되었다고 말했다. 수입도 꽤 괜찮고 바쁘게 살아보니 보람이 있다고 했다. 무작정 베트남에 와서 베트남어를 몰라 현지인들과 대화하려고 노력하다 보니 짧은 시간에 익숙해졌다고 했다. 그러면서 청년 사장은 해외취업이든 한국에서 취업하든 경험을 한번 해보는 것이 가장 중요하다고 강조했다. 무슨 일이든 한 번에 자기에게 잘 맞을 수는 없지 않은가? 한번 경험을 해보기 위해 부딪쳐 보기 위한 용기가 중요하다고 이야기했다. 또한 자신이 정말 좋아하고 잘할 수 있는 일을 발견하기 위해서는 일단 해보면서 좋아하고 잘하는 일인지 스스로 자기 자신을 성찰해 보라고 말한다.

그렇다. 직업은 한 번의 경험으로부터 시작해야 한다. 한 번의 도전과 경험은 실패를 두려워하지 않게 만들고 우리가 살아가는 동안 어떤 어려움이 있어도 할 수 있다는 자존감을 갖게 해준다.

행복에 대한 연구를 통해 생존과 짝짓기의 개념을 구체화한 〈행복의 기원〉의 서은국 교수는 인간은 사람으로 인해 슬퍼하고 쾌락을 느끼며 행복감을 느끼게 되고 이 행복과 만족감은 인간이 살아가는 단순한 생존의 도구라고 설명한다.

TV 드라마를 보면 어려운 환경에서도 중소기업을 이끌어 성공했던 CEO, 직장인의 이야기를 접하게 된다. 예전에 KBS 〈강연 100℃〉를 통해 어려움을 극복하고 도전하는 사람들의 이야기를 들어 본 적이 있다. 물은 임계점에 도달하면 끓기 시작한다. 물이 끓기 위해서는 뜨거운 열이 있어야 한다. 우리는 시도해 보지 않고 지쳐있는지도 모른다. 그런데 우리는 늘 어려움 속에 세상을 이겨냈던 사람들의 모습을 보고 감동하고 도전을 받으며 살아간다. 하지만 그러면서도 일이 뜻대로 잘 풀리지 않으면 몇 번의 시도와 실패로 인해 다른 사람이 정해놓은 틀에 의해 인생의 임계점에 다다르지 못하고 주저앉게 된다.

요즈음 대학생들은 1학년을 지나 여름방학이 되면 고민이 더 깊어지는 듯 학교를 그만두거나 1학년을 마치고 전과하는 학생들을 자주 본다. 대학에 들어오기 전까지는 대학에 가면 모든 것이 이루어지고 당당한 자신을 만들어 갈 것이라고 생각했건만 대학에 들어오는 순간 주변의 많은 성공기준과 자신을 비교하게 된다. 자신이 선택해 나갈 인생, 일에 대한 자신만의 가치보다는 주변 사람들이 정해놓은 규정과 기준에 따라 자신을 비교하다 보니 초라해지는지 현실에서 벗어나고자 자신만의 선 긋기를 한다. 현재 자신의 잠재력과 가능성을 과소평가하여 자기 자신을 임계점 이하로 내려 버리는 것이다. 물을 끓일 수 없는 임계점 아래의 상태는 좌절과 상실감이다.

지금 확실하지 않은 안갯속에서 무조건 포기하고 걱정하는 것보다 자신의 숨겨진 가능성을 믿고 달려보라. 달리다 보면 몇 번이고 포기하고 싶고 흔들리는 순간이 있을 것이다. 인생도 흔들려 봐야 앞으로 일할 직장, 현재 일하고 있는 직장의 소중함을 알게 된다.

지금 자신의 모습이 전부가 아니다. 해볼 수 있다는 가능성과 자신의 본디 타고난 소질을 발견하여 경험해 보고 부딪쳐 보면 된다. 과거 자신의 부끄럽고 후회스러운 나날을 기억하지 말고 현재 자신의 모습에 충실하기를 바란다. 이 글을 읽는 사람은 대학 청년, 가정에서 사회로 나갈 준비를 하는 경력단절 여성, 회사에 다니다가 다시 새로운 출발을 하려는 청년, 직장 내에서 어느 정도 위치에 올라가야 하는 중년 등 다양할 것이다. 누구든 상관없다.

스스로에 대한 존귀함과 소명의식을 가슴에 품고 자신을 발견해 나가다 보면 자기 자신을 긍정적으로 평가해줄 날이 올 것이다. 지나친 욕심과 기대감은 인간의 기본적인 생존 욕구일 뿐이다.

"가장 치명적인 감정인 교만과 자기멸시는 자신에 대한 가장 무서운 무지입니다."

- 스피노자

어렵게 박사학위를 취득한 선배로부터 이런 말을 들은 적이 있다. "학위를 받으면 모든 환경이 바뀌고 나를 인정해줄 날이 올 줄 알았는데 돌아오는 것은 한 장의 학위일 뿐 변한 것이 없다."

남들이 잘 되는 모습을 보고 자신의 초라함을 고백하는 사람들은 다른 사람의 기준에 따라 살아가는 '교만'의 노예다. 자기 자신의 가능성과 잠재력을 믿지 못하고 늘 자신이 현재 무엇에 관심이 있고 무엇을 잘하는지 모르는 무지의 고백만 하지 말고 한 번의 시작으로 삶을 다시 시작해보자. 인생을 살아오면서 언제 가장 기쁨으로 가득했는지 기억하는가? 실패를 여러 번 겪고 나서 다시 실패를 이겨내고 자유로움을 느껴 본 적이 있는가? 자유는 기쁨을 느끼는 지금 이 순간이고, 당신이 지금 어렵고 힘든 환경을 이겨내려는 용기의 결과가 바로 기쁨이고 자유이다.

그래서 직업을 얻는다는 건 행복하게 살아가려는 인간의 의지이며 동기이다. 부모로부터 물려받은 것도 아닌 자신이 그렇게 여기는 기준에 따라 정해놓은 것이다. 남부럽지 않은 직장에 다니면서 자유롭지 못하여 불평하는 이유는 바로 자신이 그곳에서 자유를 느끼지 못하기 때문이다. 쉽게 말하자면 지금 이 순간 내가 일하고 있는 일터가 기쁘지 않기 때문이다. 기쁘지 않은 인간의 감정은 삶을 수동적으로 살아가게 한다. 우리는 직업을 갖기 위해 '욕망의 또 다른 욕망에 의해' 살아간다. 그래서 직업을 얻는다는 건 바로 한 번의 경험으로부터 시작하여 우리가 일하는 자유와 기쁨을 얻는 것이다. 그래서 우리는 능동적인 욕망에 의해 우리의 삶이 움직이게 되고 자신이 이루고자 하는 목표를 달성하기 위해 욕망의 동아줄처럼 엮어가는 게 아닐까?

| 고생은 하지 말고 경험을 사서 하라

사람들은 인생을 편하게 살기를 원한다. 아무 일 없이 순탄하게 사는 것이 최고라고 생각한다. 마음 가는 대로 살아가는 인생은 나중에 불행과 고통이 더 크다. 젊어 고생은 사서도 한다는 말은 진리이다. 좋은 일만 있을 수 없다. 실패를 각오하고 살아라. 실패는 곧 당신이 도전하고 시도한 결과물이지 않은가?

'反水不收(반수불수)'란 엎질러진 물은 다시 주워 담을 수 없다는 뜻으로, 이미 지난 일을 후회해도 아무 소용이 없다는 뜻이다. 남부끄럽지 않게 사는 것은 인생을 후회 없이 살아가는 것이다. 진짜 후회는 아무것도 하지 않고 나태할 때 온다.

인생을 편하게 살려고 회사에서 눈치 보고 요령만 피우는 사람을 보면 불쌍해 보인다. 대게 그런 사람들은 나이 들어 나약한 패배자가 된다. 주변에서 인생을 편하게 살려다가 인생이 꼬이는 사람들을 종종 보게 된다.

> "여유 있는 환경에 놓이지 못한 사람은 본능적으로 살아남는 방법을 찾게 된다. 의식의 한쪽에는 항상 '살아남아야 한다', '반드시 잘 살아야 한다'는 생각이 있고, 그것은 이 세상을 살아가는 이유이자 열심히 살아야 하는 이유가 된다. 고생이 남겨주는 것은 이처럼 돈을 주고도 살 수 없는 교훈이다. 그리고 그것은 인생 전반에 걸쳐서 분발할 수 있는 강력한 동기를 부여해 준다. 이보다 더한 재산을 물려받을 수 있겠는가."
>
> - 공병호

예전에 다녔던 회사의 CEO는 매년 새해가 되면 본사 및 지사의 모든 직원들과 함께 여명을 보기 위해 청계산 등산을 했다. 당시 입사한 지 얼마 되지 않아 새해를 맞이하여 등산을 했는데, 눈이 엄청 많이 왔다. 보통 등산하면 아침 일찍 일출을 보러 가는데 여명을 보기 위해 등산하는 것은 처음이었다.

여명이란 새벽에 밝아오는 희미한 빛을 일컫는 말로 새벽보다는 좀 더 희망의 의미가 강한 말이다. 일찍 일어나서 산에 올라가지 않으면 볼 수 없는 장면이다. 여명은 새벽을 알리고 희망을 주어 활기찬 하루를 시작하게 한다.

사람은 어려움을 겪어야 튼튼해진다. 인생의 보물을 얻기 위해서라도 포기하지 마라. 고난과 역경은 우리를 깊이 있게 통찰하게 만들고 몸과 마음을 튼튼하게 하여 직업소명을 갖게 한다. 직업소명은 꿈을 이루게 하는 힘이고 인생이란 마라톤과 같은 기나긴 고생의 연속이다.

고생한다고 부끄러운 것도 아니다. 고생은 아이들에게 희망이 무엇인지 알게 한다.

우리 집 딸과 아들은 고등학생과 중학생인데 내 어릴 적 어려웠던 이야기를 종종 해준다. 하지만 아이들에게 아빠와 엄마의 이야기는 옛날이야기로만 들리는 모양이다. 그럴 때면 아이들은 이렇게 말한다. '뭐하러 고생을 하며 결혼을 해요?' 아이들 입장에서 보면 뭐하러 아빠, 엄마처럼 고생하며 살아야 하는지 이해하기 어려울 것이다.

우리는 직업이라는 단어에 해이해진 자신의 감정과 정서를 다시 정상에 올리기 위해 시도해야 한다. 문제가 생기면 쉬운 일만 하려고 하고, 시도조차 하지 않는 실패자의 인생을 살지 않기 위해서다.

조직 입장에서 보면 모든 사람이 조직에 충성하는 것은 아니다. 지금 이

직업을 얻는다는 건

책을 읽고 있는 당신도 직장생활 2년이 지나면 매너리즘에 빠지게 된다는 것을 알고 있을 것이다. 대략 2년에서 3년 차 직원들은 보면 업무에 숙련되어 다른 업무를 해야 하거나 책임이 주어지는 직책을 수행해야 하는 경우가 많다. 회의에 끌려다니고 회사 사정을 잘 알다 보니 경영진 입장에서 생각하고 일을 감당해야 하는 시기가 온다.

그만큼 자기 몸값이 올라가면 더 욕심이 생기기 마련이고 옆에 있는 동료까지 밟고 올라가야 하는 상황까지 온다. 그럴 때 오래 일한 직원이 회사에 기여하고 기회를 잡기 위해 노력해야 하는데, 눈치만 잘 보며 고생하지 않고 쉽게 승진하거나 어렵지 않은 업무에 배치받기 위해 노력한다.

조직에서 늘 성공하는 사람을 보면 두 가지 부류가 있다. 늘 긴장을 늦추지 않고 불타는 열정으로 경쟁하는 분류와 '이 정도면 됐지, 적당히 하자'는 적당주의의 부류가 있다. 전자는 늘 실패의 연속을 통해 성공을 만들어가는 사람들이고 후자는 '월급만 받으면 그만'이라는 식의 매너리즘에 빠져 있는 사람들이다.

나도 괜찮은 직장을 다니면서 2년을 채우지 못하고 자주 이직하였다. 물론 그 당시 나는 사회적 대인관계 능력이 부족하여 이직한 경우도 있었고 좀 더 더 나은 회사에서 성장하고 싶은 욕구와 조급함이 마음속에 솔솔 올라오기 시작해 이직한 경우도 있었다. 그런데, 특별한 이유도 없고 나를 괴롭히는 사람도 없는데 초조함과 불안함으로 다른 직장에 옮겨 갈 생각을 한다면 일도 손에 잡히지 않는다. 이미 마음이 떠난 사람인데 일이 잘될 리 없을 것이다. 새로운 환경과 직장에 들어가면 왠지 이곳보다 더 인정받고 잘할 수 있을 것이라는 착각이라는 마약을 먹은 것처럼 말이다.

그래서 학생들을 지도하면서 늘 이야기하는 것 중의 하나가 바로 회사를 옮기기 전에 처음 입사하여 고생했던 일을 기억하라고 강조한다. 동료들과 고생하면서 야근하고 힘든 역경을 거치면서 함께했던 그 시간들. 이곳을 벗어나면 고생이 없는 환경에 갈 것이라는 착각의 늪에 빠지지 말라고 늘 강조한다.

그러기 위해서는 우선 고생하지 않으려는 직업의 망상에서 벗어나 경험을 보겠다는 마음가짐이 중요하다. 일은 우리에게 행복을 주는 원천이다. 행복은 일이 가져다주는 인간다운 가치와 먹고 살기에 아주 충분하지는 않더라도 꿈을 펼치기에 필요한 돈이 있다면 멀리 있지 않다. 젊어서 한 번의 실패를 고생이라고 생각하는 사람은 늘 불행하다. 직업을 얻는다는 건 고생을 즐길 줄 알고 경험을 사서 하는 사람들의 것이다.

| 수술대 위에 서보면 알 수 있다

"건강은 노동으로부터 생기며, 만족은 건강으로부터 생긴다.
배우지 못한 무식한 사람도 병약한 지식인보다 행복한 법이다.
건강의 고마움은 앓아 보아야 절실히 느낀다.
늘 명랑한 마음, 긍정적인 생각, 절제하는 생활을 유지하도록 하자."

- W. 피트

수술대 위에 서보면 건강하게 일하는 게 얼마나 감사한지 새삼 알게 된다. 아침에 일어나 건강한 몸과 마음으로 출근할 수 있다는 것은 큰 행복이다. 지나친 욕심과 스트레스에서 벗어나면 병으로부터 멀어지고 건강한 몸을 유지하게 된다.

감기, 비염 등 몸이 건강하지 못했던 나는 어려서 엄마 손을 잡고 병원에 자주 갔던 기억이 난다. 가족들 또한 건강하지 못해서 늘 병원 신세를 져야 했는데 대학 시절을 위암이셨던 어머니를 돌보며 거의 병원에서 보냈다. 결혼 후에는 뇌출혈로 쓰러진 아버지를 모시고 병원에 가는 일이 참 많았다.

나도 3개월에 한 번 당뇨 진료를 받고, 5년 전에 갑상선암 수술을 해서 지금은 6개월에 한 번 검사하고 호르몬제를 처방받기 위해 병원에 정기적으로 간다. 몇 번의 수술경험과 가족의 수술경험을 자주 보았지만 지금도 수술실 앞에 가면 가슴이 뛴다. 걱정과 두려움이 크기 때문일까?

2013년, 건강검진을 받다가 갑상선암 진단을 받고 갑상선 제거를 위해 서둘러 수술을 받아야 했다. 사람이 병원에 누워있으면 가장 먼저 생각나는 것은 가족이다.

그 당시 초등학생이었던 딸과 아들은 아빠가 암이라는 사실을 잘 몰랐다. 아내는 아이들이 충격받지 않도록 가벼운 수술이라고 안심시켰다. 수술대 위에 올라가 보면 살아 있는 것에 대해 감사하며 이 순간을 소중하게 생각하게 된다. 수술에 대한 두려움보다 밖에서 나를 바라보고 기다리는 가족이 있어 더 고통스러웠다. 5시간의 수술을 마치고 나와 보니 반겨주는 것은 가족이었다.

'만고풍상(萬古風霜)'이라는 말이 있다. 아주 오랜 세월 동안 겪게 되는 고생을 말한다. 우리가 살아가는 직장생활도 늘 평탄하지만은 않다. 특히, 건강으로 인해 일하고 싶어도 하지 못하는 경우가 있지 않은가?

우리는 일을 하다 보면 밀린 업무를 하기 위해 야근을 해야 하기도 하고, 직장에서 요구하는 실적을 채우기 위해 부랴부랴 일을 하느라 자신을 되돌아볼 겨를이 없다. 대학생들도 수업시간에 제출해야 할 과제가 매주 주어지다 보니 자신이 정작 하고자 하는 일에 대해 생각해 볼 겨를이 없을 뿐만 아니라 자신의 건강도 신경 쓰지 않는다. 일도 공부도 건강할 때 하는 것이다.

내가 이렇게 병원 신세를 지게 된 것도 다 나를 돌보지 않았기 때문이다. 천년, 만년 살 것처럼 평소 회사에서 일하던 서류를 집에 가져가서 마무리할 정도로 일이 내 삶의 전부였다. 오늘 할 일을 내일로 미루고 싶지 않은 성격도 있지만 한번 주어진 일은 다른 사람에게 피해를 줘서는 안 된다는 절대적인 생각이라고 할까?

주어진 일에 대해서는 마감 시간을 꼭 지켜주기 위해 일하는 자세는 누구나 갖추어야 할 일에 대한 예의이다. 나만 그렇게 생각하는 건가?

그런데 일은 우리에게 욕심껏 일하라고 명령한 적이 없다. 일은 우리에게 삶의 의미를 불어 넣어 주기 위해 하루를 빌려준 것이다. 그런데 일에 대한 욕심, 자존심, 승부욕, 완벽해야 한다는 생각은 우리 삶을 피폐하게 만든다.

지금도 한 학기가 끝나면 수업만족도 결과에서 학생들이 요구하는 부분을 체크해서 부족한 것이 무엇이지 고민하고 방학 기간을 이용하여 다음 학기를 준비한다. 학생들의 눈높이에 맞추기 위해 조금 무리가 되더라도 일을 끝내 놓고 내가 할 일을 하게 된다. '무리해서 일을 하면 모든 일이 잘 될 거야'라는 믿음은 많은 것을 잃게 한다. 그러다 보면 서서히 몸도 마음도 온전하지 못하게 된다.

영국 유니버시티 칼리지 런던 연구팀은 '잦은 초과 근무를 하는 사람들은 정상 근무를 하는 사람보다 심질환이나 뇌졸중에 걸릴 위험이 더 높아진다'고 보고했다. 심 질환과 뇌졸중이 없었던 사람을 약 몇 년간 추적 조사한 결과 주당 55시간 이상 근무하는 사람은 정상 근무자보다 관상동맥질환이 13%, 뇌졸중이 33% 더 발생하는 것으로 나타났다.

프리랜서 강사로 활동하는 분 중에 전국을 강의하며 다니는 분을 종종 본다. SNS를 통해 그 삶을 보고 있자니 과거의 내 모습을 보는 듯하다. 젊었을 때는 밤을 새우는 것이 기본이었고 매일매일 전국을 다니며 강의하거나 컨설팅을 할 때면 내가 할 일에 대해서는 철저해지고 싶었다.

내가 하는 일에 대해 철저 하고자 하는 것은 내 자존심이다.

지금도 주어진 일에 대해서는 철저하게 마무리하려고 하지만 한 번도 '내 삶이 힘들거나 무기력하다'라고 생각해 본 적이 없다. 공공기관에서 일할 때는 지방 출장을 자주 가야 하는 일이 많아도 힘들지 않았다. 오히려 기차 안에서 즐기는 여행의 즐거움이라고 할까.

교수들과 해외출장을 가야 할 경우 일을 목적으로 가야 하는 일정이지만 관광을 하지 않더라도 지나치는 모든 것이 여행이고 즐거움을 맛볼 수 있어 좋다. 어찌 보면 일을 철저하게 하려는 것은 일이 끝난 다음에 누릴 수 있는 여유로움, 가족들과의 시간, 운동, 취미를 즐기기 위한 것이다. 물론 직장생활과 삶을 균형 있게 만들어야겠다는 의지에도 불구하고 갈수록 가족과 함께하는 시간이 줄어드는 건 사실이다.

게다가 아내 역시 진로상담 분야에서 6년간 일을 해 왔고 겨우겨우 경력을 쌓아 어느 정도 만족하며 일하다 보니 집안일도 자연스레 분담하게 되었다. 특히 방학이면 집에 있는 시간이 많아 공부하는 애들과 일하는 아내가 조금이라도 힘들지 않도록 쓰레기 분리수거, 설거지, 화장실 청소 등을 돕는다. 방학이 되면 집안일을 돕기도 하지만 나를 위한 시간을 갖기도 한다. 논문을 쓰거나, 책을 읽고 글쓰기, 체력보강을 위한 운동 등은 나를 재충전하게 만든다. 드라마를 좋아하는 아내와 함께 가끔은 드라마를 같이 보다가도 시간을 아껴 급한 일을 먼저 하기 위해 책장에 앉아 늦은 시간까지 노트북을 켜놓고 일할 때가 많다. 이렇게 직장과 집에서도 바쁘게 사는 게 불행하다고 생각하지 않는다. 일할 수 있다는 직장과 가족이 있어 감사하기 때문이다. 바쁘게 살다 보면 힘들다는 생각보다는 내가 어딘가에 필요한 사람이라는 생각으로 늘 감사하게 된다.

직업을 얻는다는 건 직업이 우리에게 주는 인간다운 가치를 발견하고 힘써 일할 때 주어지는 것이다. 일에 대한 지나친 욕심, 자존심, 완벽해야 한다는 강박관념 등은 자신을 피폐하게 만들고 출근하는 게 힘들고 지치게 된다. 우리는 주어진 일에 대해서 철저해져야 하지만 일이 주는 삶의 의미를 먼저 생각하고 감사해야 한다. 진짜 인생의 수술대 위에 올라가 보라.

일할 수 있는 직장이 있고 가족들과 함께할 수 있는 지금이 얼마나 소중하고 행복한 시간인지 알게 될 것이다.

| 더위는 하늬바람을 맞으며 피하라

2018년 여름은 역대로 더위 기록을 세운 해였다.

에어컨이 없으면 살 수 없을 정도라고 전국이 난리도 아니었다. 옛날엔 여름이면 대나무 돗자리를 깔고 이겨냈지만 보통 더위가 아닌지라 대나무 돗자리도 소용이 없었다.

다산 선생이 말한 더위를 없애는 법에 '송단호시'(松壇弧矢)'라는 말이 있다. '소나무 그늘 아래 삼삼오오 모여 활을 쏘는 것으로 더위를 피한다'라는 의미이다. 호시(弧矢)는 '상호봉시'(桑弧蓬矢)의 줄임말로 천지사방을 경륜할 큰 뜻을 말한다. 옛날에 사내아이가 태어나면 뽕나무로 활을 만들어 문 왼쪽에 걸고 봉초(蓬草)로 화살을 만들어 사방에 쏘는 시늉을 하며 웅비할 것을 기대했던 풍습이 있었다. 다산은 소나무 우거진 곳에 과녁을 세우고 술동이를 준비하고 자리를 만들어 길손을 맞이하여 활쏘기를 하면 뜨거운 여름도 보낼 수 있다고 하였다.

지금도 그렇지만 옛날에도 여름은 무더웠다. 냉방기가 전혀 없는 시절 더위를 피해 바람을 맞으며 산으로 바다로 가 더위를 식혔다.

선조들도 그랬지만 더운 여름을 에어컨보다 더 시원하게 보낼 수 있는 방법은 바로 나무 그늘에서 쉬는 것이다. 작은 바람 속에서 시원함을 느낄 수 있기 때문이다. 에어컨 바람은 잠시 더위를 식혀줄 뿐 마음속에 시원함까지 주지는 못한다.

여름을 따라서 오는 바람인 하늬바람은 서쪽에서 부는 서늘하고 건조한

바람이다. 하늬바람은 상쾌함을 불어 넣어 주고 바람의 기운을 맛보게 만들어 주기 때문이다.

우리의 인생도 마찬가지이다. 여름을 참고 견디면 시원한 가을이 다가오고 곧 겨울이 된다. 덥다고 참지 못하는 사람은 조금만 더워도 에어컨을 돌린다. 이마에 바람의 기운을 느껴보라. 바람은 그늘에서 여유를 부릴 수 있는 사람만이 느낄 수 있다. 직업을 얻는 과정엔 늘 이기지 못할 여름만 있지 않다. 아무리 덥다 해도 때로는 시원한 하늬바람을 맞으며 여름을 이겨낼 수 있다.

대학교 4학년 때 돌아가신 어머니는 살아 계실 적 늘 자식들에게 어려움을 견디는 법을 알려 주셨다. 집이 넉넉하지 않았지만 항상 강하고 성실하게 살아야 한다고 강조하셨다. 그렇게 살지 않으려고 해도 새벽기도에 낮에는 일을 나가시고 집안 살림까지 하시는 어머니의 삶이 그러셨기에 나는 그 모습을 보고 강하게 자랄 수 있었다.

장교로 훈련받을 때 뜨거운 여름훈련 과정에서도 소금물을 먹으며 버티던 생각이 난다. 뜨거운 여름을 잘 보낼 수 있는 여유와 힘은 어디서 올까? 그것은 스스로 끝까지 인내하는 정신에서 나온다. 가만히 앉아서 더위가 지나가기를 바라는 사람보다 이마에 구슬땀을 흘리며 일하는 사람이 여름을 더 시원하게 보낼 수 있다. 견디고 이겨내면서 앞으로 나아가다 보면 더 시원한 하늬바람을 맞을 수 있고 남들이 느끼지 못하는 희망을 가질 수 있기 때문이다.

사람은 각자마다 인생을 견디고 살아가는 나름대로의 색깔을 그리며 살아간다. 색깔이 어떻든 상관없다. 화려하든 화려하지 않든 그림을 그리나갈 수 있으면 된다. 그림을 그릴 때 우선 유명한 그림을 그려야겠다고 생각하는 사람은 없다. 자신의 영감에서 나오는 그림이야말로 자신만의 그림이라고 볼 수 있다.

> "앞을 보며 점과 점을 연결할 수는 없다. 뒤돌아볼 때만 가능하다. 그러니 당신은 미래에 언젠가 점들이 연결될 거라고 믿어야 한다. 무언가를 믿어야 한다. 당신의 직감, 운명, 삶, 카르마, 뭐든지. 이 접근법은 한 번도 나를 실망시킨 적이 없고, 내 삶의 모든 것을 이뤄내게 해주었다."
>
> - 스티브 잡스

하찮은 사람은 늘 무엇이 되고자 한다. 하지만 현자는 무엇을 하고 싶은지 잘 알고 있는 사람이다. to do형 인간의 특징은 실망하지 않는 삶을 살아간다. 자신이 살아가는 이유를 명확히 알며 그런 사명감을 갖고 끝까지 인내하고 인생을 그려나가는 사람이다. 인생은 60대부터라는 말이 있지 않은가? 60세면 정년을 맞이하는 시대는 지났다. '정년이라서 이제 인생은 끝이야'라고 생각하는 사람은 늘 뜨거운 여름을 시원하게 보낼 수 없다. 태양은 늘 뜨겁고 빛나야 제 역할을 한다. 그것이 태양의 역할이듯이 사람의 인생도 늘 더위에 허덕이는 삶만 있지 않다. 때로는 여름이 지나면 가을이 되어 시원한 맛을 보며 살게 되어 있다.

무슨 일이든 작은 일에도 감사하고 최선을 다하려는 사람은 시원한 하늬바람의 기운을 맛볼 수 있다. 인생이 늘 여유로운 삶으로 이어지고 잘될 수는 없다. 시원한 바람만이 불 리가 없기 때문이다. 인생의 여름은 늘 또다시 다가온다. 더위를 이기는 방법은 자신과의 싸움이다. 평생 편하게 일할 수 있는 직업을 갖고자 하는 생각은 직업을 얻는다는 것에 대한 오만이다. 편하게 살려는 행동은 실패의 연속이다. 실패의 연속은 누군가에게는 패배의 지름길로 가는 것이다. 하지만 실패는 다시 일어설 수 있는 신호일 뿐이다. 실패와 패배의 차이는 고통과 어려움을 견뎌낼 수 있는지에 대한 마음의 자세이다.

라틴어 말에 '메멘토 모리(Memento mori)'는 '자신의 죽음을 기억하라', '너는 반드시 죽는다는 것을 기억하라', '네가 죽을 것을 기억하라'를 뜻한다. '전쟁에서 승리한 장군이 전쟁에서 승리했다고 해서 너무 우쭐대지 말라. 오늘은 개선장군이지만 언젠가는 죽는다. 그러니 겸손하게 행동하는 마음의 자세를 가져라'는 의미를 담고 있다.

늘 잘 나가는 인생과 환경을 조심하라. 잘 나가는 인생도 더운 여름을 이겨내야 하는 계절과 마주쳐야 한다. 이는 자신을 자만하게 하고 실패를 패배로 만들기 때문이다. 패배하지 않으려면 남들이 하는 생각에서 벗어나서 자신이 꾸준히 해왔던 생각과 행동에 집중하라. 그것이 실패하더라도 자신이 가고자 하는 사명이라면 가보는 것도 나쁘지 않다. 가다 보면 실패가 눈앞에 다가올 것이다. 실패를 두려워하지 말고 패배를 두려워하라. 직업을 얻는다는 건 어려움을 겸허히 받아들이려는 마음이 있어야 하며 실패가 두려워 패배자가 되지 말아야 한다. 직업을 얻는다는 건 더운 여름을 하늬바람을 맞으며 피하는 것과 같으며 자신이 어떻게 살아가느냐에 달려 있기 때문이다.

| 마음은 당신을 움직이게 하는 거름이다

"By failing to prepare, you are preparing to fail
(준비에 실패하는 것은 실패를 준비하는 것이다)."

- Benjamin Franklin

'준비에 실패하는 것은 실패를 준비하는 것이다'라는 말은 우리가 살아가는 모든 일은 우리 마음에서부터 시작된다는 말이다. 우리 마음은 즐거움과 행복을 자라나게 하는 토양이다. 그런데 우리 마음은 늘 즐겁고 행복한가?

우리나라는 10대 자살률이 1위인 나라로 우리 사회의 교육환경과 생활형편은 좋아졌지만 10대의 자살은 사회적 문제로 떠오르고 있다. 자살에 대한 이유는 주로 성적문제가 가장 크고, 성적이 진학에 영향을 미친다는 마음의 부담감으로 스스로 목숨을 끊는 것이다.

학교 교실은 마치 새장과 같다. 반별로 정렬되어 있고 수업하는 모습도 앞에 있는 선생님의 수업내용을 열심히 받아 적는 것이 대부분이다. 심지어 언젠가부터 중학생들은 학원에서 미리 수업내용을 익혔기에, 이미 아는 내용을 다시 듣고, 학원에 가면 고등학교 수업내용을 미리 마스터한다. 새가 모이를 먹듯이 매일 반복되는 수업과 자율학습의 연속이다. 이렇게 하다 보니 학교환경도 그렇지만 교육에 대한 시스템이 변화하지 못하고 학생들의 고민을 줄일 방법을 찾지 못하고 있다.

삶의 무게를 견디지 못하는 것은 '~해야만 한다'는 마음 때문이다. 학교성적과 진학에 대한 부담을 짊어진 청소년 세대에게는 특히 더 그렇다. 직업을 얻는다는 건 절대적 믿음만으로 얻을 수 없다. 좋은 성적을 내야 인정받고 사랑받아야 인정받는 기대감은 우리를 상실케 한다. 지나친 기대감은 자신의 소명의식을 상실하게 하여 긴장감을 유발하고 의기소침하게 만든다.

대학생 수업의 경우도 그렇다. 수업을 진행하다 보면 진로와 취업에 대한 이야기를 주로 강조하다 보니 어느 누구에게든 도움은 되지만 일부 학생들에게는 걱정만 늘어나는 수업이 되어 버린다. 그 이유는 아직 진로와 취업에 대해 생각해보지 않았고 누구도 자신의 적성과 흥미에 대해 신중하게 이야기해 주지 않았기 때문이다. 4학년이 되어서도 사회에 나갈 준비가 되지 않아 두려움과 지나친 걱정으로 상담치료를 받는 학생도 있다.

어느 여학생의 사례이다.

진로수업을 듣고 무사히 1학년을 마치고 우연히 2학년이 되어 만났다. 상담예약을 하고 만난 학생은 얼굴이 차가워 보였다. 따뜻한 차를 준비해 주고 학생의 어려움을 듣다 보니 학생은 눈가에 눈물이 가득 찼다.

죽고 싶을 만큼 자신의 상황이 어렵고 힘들다고 했다. 학교생활을 하면서 1학년을 잘 마쳤지만 늘 부모님은 자신에게 더 많은 기대를 하다 보니 칭찬보다는 꾸지람을 듣고 자라야 했고 그런 자신의 처지가 늘 원망스럽고 서럽다고 한다. 부모님으로 인해 병원에서 치료받은 적이 있는데 가정 형편이 좋지 않아 치료를 중단하였다고 한다. 1학년 수업에서는 다른 학우들과 활기차게 잘 지내던 모습이 기억나는 학생이었지만 한순간에 의기소침해져 버렸다.

직업을 얻는다는 건 의기소침했던 자신을 되돌아보고 죽고 싶을 만큼 어려운 순간을 이겨낼 수 있는 마음을 가질 때 행복과 행운이 따르게 된다.

행복은 늘 우리에게 다가오다가 다시 되돌아가기도 한다. 그래서 행복은 변덕스럽기도 하지만 우리가 좋아하는 일과 잘하는 일을 하다가 살다 보면 불운이 오기도 하고 다시 비가 그치듯이 행운이 찾아와 행복하기도 하다. '~해야만 해'라고 생각하거나 '무조건 사랑을 받아야 해'라는 식의 절대적 생각과 조우하면 행복은 달아나게 된다.

'악출허(樂出虛)'라는 장자의 말은 즐거움은 텅 빈 것으로부터 나온다는 말이다. 우리가 살면서 듣는 말 중에 '마음을 비우라'라는 말도 그런 뜻과 같다.

인생이란 황금 그릇에 채워질 수도 있고, 질그릇에 담길 수도 있는 것이다. 그것이 황금 그릇에 담겨져 있다고 해서 더욱 가치가 있는 것도 아니며 질그릇에 담겨져 있다고 해서 보잘것없는 것도 아니다.

> "본질은 변하지 않는다. 만일 어떤 사람이 '인생은 참으로 아름다운 것. 나는 이것을 담을 아름다운 그릇이 되리라'고 한다면 그 사람은 삶의 매혹된 사람인 것이다."
>
> – 흔들림 또한 우리가 살아가는 한 모습이다 中

우리의 삶은 마음 먹기에 달려 있다. 어떤 그릇에 담느냐가 중요하지만 황금 그릇이든 질그릇이든 그릇의 종류가 중요하지 않다. 당신이 생각하는 그릇의 크기 즉, 마음의 크기에 따라 달려 있기 때문이다.

> "심령이 가난한 자는 복이 있나니 천국이 저희 것임이요, 애통하는 자는 복이 있나니 저희가 위로를 받을 것임이요, 온유한 자는 복이 있나니 저희가 땅을 기업으로 받을 것임이요, 의에 주리고 목마른 자는 복이 있나니 저희가 배부를 것임이요, 긍휼히 여기는 자는 복이 있나니 저희가 긍휼히 여김을 받을 것임이요, 마음이 청결한 자는 복이 있나니 저희가 하나님을 볼 것임이요, 화평

케 하는 자는 복이 있나니 저희가 하나님의 아들이라 일컬음을 받을 것임이
요(마 5:1~9)."

성경에서 온유한 자는 복을 얻는다고 하였다.

팔복 중 세 번째 복에서 상당수의 사람들은 온유한 사람이 된다는 게 무
엇을 의미하는지 모르는 경우가 많다. 온유하다는 말은 흔히 '약함', '길들
여짐', '용기없음'이라는 뜻으로 생각한다. 그러나 온유하다는 것은 '통제하에
있는 힘'을 뜻한다. 곧 마음이다.

직장에서도 마찬가지이다. 남들과 경쟁해서 빨리 승진해야 하고, 승진하
면 더 높은 성공의 정상을 위해 올라가야 한다고 생각하는 것은 행운과 행
복을 달아나게 한다.

직업을 얻는다는 건 마음에 달려 있다. 마음은 생각을 하게 만들고 생각
은 우리를 움직이게 만들기 때문이다.

직업을 얻는 것은 즐거움이 되어야 하고 즐거움은 마음에서 나와야 한다.
마음은 행복을 자라게 하는 거름이기도 하다. 우리의 마음이 즐겁지 않고
괴롭고 힘들다면 그것은 불행의 여신을 부른다. 모든 일은 완벽한 계획에서
나오지 않는다. 우리가 아는 성공의 결과들도 결코 완벽하지 않은 상황에서
나왔다. 3M의 포스트잇과 HP의 잉크젯, 고혈압치료제가 탈모제로 바뀌는
가 하면 코카콜라의 환타가 인도네시아에 진출한 계기 등은 평범하면서도
늘 불완전한 상황에서 이루어졌다. 아르키메데스는 목욕하다가 "유레카"라
고 외쳤다. 자전거 점포를 하다가 유명해진 라이트형제의 이야기를 보더라
도 늘 완벽한 사람이 성공하는 것은 아닌 게 사실이다.

우리는 뇌를 통제하고 마음을 다스릴 수 있다.

뇌를 편안하게 할수록 학습의 성과가 올라가고 창의력이 높아진다고 과학자들은 말한다. 언제부턴가 복잡한 일이 있으면 주변 산책로를 걷는 습관이 생겼다. 요즘은 미세먼지로 산책하기 어려운 상황이라 아파트 커뮤니티 센터에 들러 운동하다 보면 복잡한 생각이 정리된다. 뇌 속의 알파파는 사람의 긴장이 완화될 때 발생하여 몰입도를 높이고 창의력을 높인다고 한다.

'不患人之 不己之 患其不能也(불황인지 불기지 환기불능야)'라는 말이 있다. 남이 나를 알아주지 않는 것을 근심하지 말고 나의 능력 없음을 근심하라는 말이 있듯이 직업을 얻는다는 건 나를 되돌아보고 마음에 따라 움직이는 삶을 사는 것이다.

매일 매일 출근하는 직장이 행복하지 않은 이유는 지금 상황이 어렵고 불안정하다고 해서 절대적 신념을 버리지 못하고 여유 있는 마음이 없기 때문이다.

| 후회는 직업의 밑거름이다

"Never regret yesterday. Life is in you today, and you make your tomorrow.
(어제를 후회하지 마라. 인생은 오늘의 나 안에 있고, 내일은 스스로 만드는 것이다)."

- L. Ron Hubbard

삶은 후회의 연속이라는 말이 있다. 어제 일을 후회해 봤자 전혀 좋아지는 게 없다. 우리가 살아가는 미래도 당신이 만들어 가는 것이니까.

우리가 사는 삶은 후회하는 삶의 연속이다.

우리가 후회하는 것들은 학업에 대한 후회, 친구나 부부간 말다툼으로 인한 후회, 직장 동료와 상사와의 다툼에서 오는 후회, 참지 못하고 하지 말아야 할 행동을 했을 때, 소중한 물건을 잃어버렸을 때 등이다. 하지만 후회는 과거에 나약했던 내가 더 나은 삶을 이겨낼 수 있도록 하는 힘이 될 수 있다.

아이돌 그룹으로 활동하다가 포기하고 쇼호스트라는 제2의 직업을 택한 장성민 씨는 아이돌을 그만둔 것을 후회하지 않는다고 한다. "내가 엄청나게 많은 재능이 있고 회사의 기획력이 있고 운까지 따라준다고 해도 아이돌의 성공은 될까 말까 한 일"이라며 당시를 회상하며 나답지 못하게 살아간다는 것은 한 단계만 더 올라가면 성공할 수 있을 것 같은 기대 때문에 포기하지 못하며 후회하는 것이라고 이야기한다. 장성민 씨는 사람은 후회하기 때문에 더 나은 삶을 살 수 있는데 실패가 두려워 후회하는 삶을 산다고 말한다. 그리고 아이돌로 성공은 실패했지만 그는 또 다른 꿈을 찾았다고 말한다.

후회하지 말고 반성하라는 말도 있다.

> "후회보다는 반성을 통하여 내일을 계획하여야 한다. 당신은 지금도 후회를
> 하고 있는가? 후회보다는 반성을 통하여 내일을 설계할 수 있는 것이 세상을
> 사는 데 훨씬 유익한 일이다. 후회를 한다고 해서 과거의 일이 되돌려지는 것
> 이 아니다.
> 살아오면서 후회를 불러오는 일은 이제 머릿속에서 지워버려라. 후회보다는
> 자기반성과 자가검토를 하라. 그리하여 삶을 살아가는 데 있어 힘쓰고 노력하
> 라. 하루에 한 번쯤은 엄숙한 마음으로 진지한 자기반성과 자기 검토의 시간
> 을 가진다면 삶은 발전을 위한 큰 걸음을 내딛게 된다."
>
> - 이신화

아무것도 하지 않으면서 잘되기를 바라는 건 욕심이다. 무작정 행운이
오기만을 기다리는 사람은 후회한다. 많은 청년들이 사회에 나가 '학창시절
조금만 더 자격과 능력을 갖추기 위해 노력했더라면' 하고 후회하거나 내가
선택한 첫 직장에 대해 아무런 생각 없이 선택했다가 후회하는 경우를 종
종 본다.

철학자들은 후회란 스스로 느끼는 연민과 안타까움이라고 말한다. 개인
의 과거 잘못된 선택에 대해 느끼는 감정이다. 후회라는 것은 과거 당신의
역량이 미약하여 그 상황에서는 그렇게 행동할 수밖에 없었던 어쩔 수 없
는 과정일 뿐이다. 후회가 잘못된 것은 아니다. 후회라는 것은 과거의 시행
착오를 거쳐 오늘 상황을 당당하게 이겨낼 수 있도록 해준 감사의 대상이
며 축복이다. 직업선택에 있어서 무엇이 중요하겠는가? 따뜻한 격려와 앞

으로 달려갈 수 있는 용기를 주는 것이 더 중요하다. 후회는 살아가면서 늘 우리에게 다가온다. 많은 직장인들이 학창시절을 보내고 사회에 나가 일하다 보면 대학 시절 열심히 학점 관리하지 못하고 여행 한번 제대로 가지 못한 것을 후회한다.

후회는 부족한 나의 역량으로 인해 당시 상황에서는 생각하지 못했던 것을 훗날 어렵고 힘든 상황이 생길 때, 보다 현실적이고 지혜로운 길을 선택하도록 인도해주는 소중한 성찰이 될 것이다.

> "우리에게 필요한 건 기억이 아니라 망각이다. 우리의 일반적인 생각과 달리, 기억은 병이며, 망각은 치유다."
>
> – 니체

누구나 선택하고 나면 미련이 남고 후회한다. 하지만 과거 자신의 능력은 아주 작은 수준에도 미치지 못하는 기대치를 가지고 있었으니 후회도 하는 것이다. 우리는 이런 후회를 경험하면서 성장하고 자신을 되돌아볼 수 있는 성찰의 시간을 갖는다.

직업도 마찬가지 아닐까? 아무리 좋은 스펙을 갖췄다고 해도 자신이 잘할 수 있는 일과 좋아하는 일은 선택하는 과정엔 늘 후회가 따르게 되어 있다.

직장을 자주 옮겨 다녔던 나에게도 직장을 나와 사회생활을 하다 보니 '이전 직장 사람들과 왜 잘 지내지 못했을까? 좀 더 협조적이고 그들 입장에서 더 일했더라면' 하는 후회와 아쉬움이 남을 때가 있다. 함께 일하던 동료와 상사, 지인들에게 조금만 말을 조심했더라면, 회사를 나올 때 밥이라도 한 끼 먹고 나왔더라면, 아니 회사를 나올 때 '그동안 덕분에 많이 배웠다고' 말이라도 하고 나올 걸 후회한다.

"명성을 쌓는 것에는 20년이란 세월이 걸리며 명성을 무너뜨리는 것에는 5분도 걸리지 않는다. 그걸 명심한다면 당신의 행동이 달라질 것이다."

– 워런 버핏

구성원들이 화합하여 움직이게 하고 행동하게 만드는 힘은 건강한 욕망에서 시작된다. 인생이 후회스럽던 적이 있는가? 나이가 적든 많은 사람들에게 후회스러운 행동을 한 적이 있는가? 욕망의 실체에 대해 강조했던 스피노자도 육체와 정신은 하나라고 주장하면서 심신평행론을 주장했다. 인간은 인간이 가진 욕망 안에서 늘 자신이 완벽해야 하고 후회하지 말아야 한다는 실패에 대한 거부감이 있다. 우리의 욕망은 우리의 의지에 따라 통제된다. 자신의 욕망에서 자유로워지는 것도 수업시간에 배운 이론을 머릿속에 저장해 놨다가 의식적으로 꺼내 쓰는 것이 아니라 무의식적인 데에서 온다. 몽상에서 깨어나기 위해서는 현실이 결여된 헛된 생각인 직업을 가져야 한다는 꿈에서부터 자유로워져야 한다.

직업을 얻는다는 건 과거의 나약했던 나를 미워하지 않는 용기를 갖는 것이다. 후회가 밑거름이 된다는 말은 사업에 실패했다거나, 시험에 낙방했다거나, 시험 결과가 좋지 않았거나, 취업에 실패했다 해도 우리는 후회하면서 더 당당하게 나아갈 수 있는 힘이 있기 때문이다. 자신을 미워하면 다른 사람을 사랑할 수 없다.

직업을 얻기 위해서는 자신의 가치를 발견하고 중심을 잡아야 한다. 패배자의 특징은 다른 사람이 만들어 놓은 삶에 휘둘려 자기중심을 잡지 못하는 데 있다. 못생겼으면 못생긴 대로, 남들이 알아주지 못하는 직장에 다닌다고 해도 담담히 자신을 받아들이고 만족하며 살아가는 것이 행복이다.

열등감에서 벗어나 행운의 날개를 달아라

자존심이 상하는 순간 우리는 상대방과 거리감을 갖는다. 이런 심리적 거리감은 곧 열등감이라는 녀석인데 우리는 열등감을 내려놓고 자신의 감정을 존중하고 자기 욕심에서 벗어나야 한다.

당신은 행운의 날개를 달 준비가 되어 있는가?

행운의 날개를 다는 비법은 우리가 살아가는 삶의 과정을 자신의 감정에 충실하게 살아가는 것이다. 자신에게 충실한 사람은 주변의 체면과 멸시, 어려움에도 불구하고 열심히 할수록 행운을 얻으며 살아간다. 하지만 자존심 때문에 예민하거나 열등감에 가득 차 있는 사람은 행운을 달아나게 만든다.

> "나는 운을 신봉하는 사람이다. 그리고 더 열심히 일하면 할수록 더 많은 운을 갖게 된다는 것도 잘 알고 있다."
>
> - 토머스 제퍼슨

열등감은 개인적 의미에서는 자신이 만든 기준에 못 미친다고 규정하는 것이며, 사회적 의미에서는 남들이 만들어 놓은 기준에 못 미친다는 수동적 의미를 동시에 지닌다. SNS를 하면 잘 알려진 분이나 지인 중에 자신의 글 속에 자존심이라는 예민함을 드러내는 사람들이 많다.

SNS에서 다른 사람들이 잘 되는 모습을 보면 그런 생각이 들지 모르겠다. 자신의 모든 상황과 고유한 특성을 무시한 채 다른 사람이 만들어 놓은 퍼즐 속에 자신을 끼워 맞추려고 고생하는 것을 자주 본다. 자존심이

상해서 참고 기다리다가 자신의 감정이 끓어오르면 결국 열등감이라는 가장 밑바닥에 있는 녀석이 샘솟게 된다. 자신의 뛰어난 학력과 명예심은 곧 자존심이 아니던가?

명예심이라는 것은 곧 남들에게 칭찬과 존경을 받기 위해 다른 사람에게 "내가 이런 사람이야"라고 아첨하는 것이다. 자신의 생각이 다른 사람과 다를 경우 자신의 생각이 틀렸다 하더라도 절대적 진리인 양 언행을 굽히지 않는다.

직장생활을 하다 보면 자존심에 민감하여 열등감을 보이는 사람들을 자주 본다. 그런 사람들은 멀리 있지 않다. 당신이 함께 일하는 사람들 속에서 쉽게 발견할 수 있다. 왜냐하면 자존심은 사람과 사람 사이에서 샘솟는 감정이기 때문에 늘 나와 관계되는 사람들의 모습 속에 나타난다. 특히, 부부간, 직장 동료, 친구 관계에서 서로 감정을 주고받을 때 나타난다.

함께 일하는 동료들 사이에서 농담을 하더라도 상대방의 말 속에서 늘 자존심이 샘솟아 얼굴이 붉어진다. 자존심이 무너지는 순간 당사자는 열등감에 사로잡힌다. 자신의 고유한 특성과 능력이 다른 사람과 비교해 볼 때 못 미친다고 생각하는 순간, 일어나는 감정이다. 자존심을 감추기 위해 노력한들 결국 자신의 열등감이 노출되어 어떠한 노력을 하더라도 감정의 기억은 우리 머릿속에 기억되어 당신의 고유한 신념을 망가지게 한다. 모든 일이 그렇듯이 사소한 감정이 부메랑처럼 자신에게 대물림된다는 사실을 기억하라. 조금 손해를 보더라도 자신이 소중하게 생각하는 행복의 기준에 따라 살아가는 게 최고이다.

그렇다고 자존심에 가득 차 있는 사람에게 관심을 갖지 말고 내버려 두라는 말은 아니다.

인생을 살아가면서 행운의 기회와 마주치기 위해서는 자신의 고귀함을

직업을 얻는다는 건

인식하고 참다운 나를 찾으려는 간절함이 필요하다. 우리 인생을 좌우하는 것은 능력이 아니라 간절함이기 때문이다.

어렸을 적 자전거를 배우기 위해 어른용 자전거를 타고 수없이 넘어졌던 기억이 난다. 손잡이는 꽉 잡고 있는데 페달을 밟아야 한다는 생각을 하지 못하고 넘어졌다. 페달은 자신의 자존감을 되찾는 과정이다. 밟지 않으면 언젠가 넘어진다. 자전거의 손잡이는 우리의 자존심이고 열등감이다. 페달을 잘 밟고 가는 자전거는 넘어지지 않는다. 누가 이론적으로야 자전거를 타는 방법을 모르겠는가?

TV 드라마를 좋아하는 난 주말 드라마를 챙겨보곤 한다. 드라마의 내용을 보면 대부분 남자주인공과 여자주인공 사이에 자존심이 문제이다. 그런 상황 속에서 등장인물들 사이에 서로 다툼이 일어나고 시기와 질투가 일어난다. 드라마가 재미있는 이유는 바로 우리의 감정이 화면 속에 그대로 보이기 때문이다. 그럼 이런 상황 속에서 행운의 주인이 되기 위한 방법은 무엇일까? 그것은 바로 자존감을 찾는 것이다.

자존감은 자신의 고유한 특성과 신념에 따라 생각하고 행동하는 것이며 남들이 규정해 놓은 기준에 자신을 비겁하게 여기지 않는 것이다. 직업을 얻는다는 것도 마찬가지이다. 살다 보면 자기 뜻대로 잘 풀리지 않을 수도 있고 때로는 술술 잘 풀리는 일도 있다. 직업을 갖기 위해 부단히 노력하여 남부럽지 않은 직장에 들어간들 자신이 정말 좋아하는 일이 아니라면 진정한 기쁨과 행운은 찾아오지 않는다.

요즈음 대학생들이 대학에 들어오면 자신의 적성과 흥미에 상관없이 어떻게 하면 덜 고생하고 안정적인 직장에 일을 할까에 대해 관심이 더 많다. 공무원, 공기업에 합격하거나 취직하면 순간적으로 우쭐해질 수 있지만 매일 매일 야근하고 자신의 성격에 맞지 않는 일을 억지로 평생 해야 한다고 생각하면 감옥에 들어가 있는 것처럼 고역스러운 일이다. 반면 젊은 청년들이 자신이 좋아하고 자신을 기쁘게 할 수 있는 일을 자주 접해보면 그 일이 왜 자신에게 애착이 가는지 알 수 있을 것이다.

아침에 출근하기 싫은 직장에 다니는 것보다 자신이 즐겁게 일할 수 있는 직장에서 일하는 것이 행복이다. 지금은 은퇴하셨지만 모 대학에서 근무하던 시절 팀장님께서 늘 하시던 말이 있다. 아침에 일어나면 출근할 수 있는 일터가 있다는 것에 감사하라고 말이다. 그때는 자전거를 타고 도시락을 가방에 메고 달리는데 자전거에 휘파람 소리가 들릴 정도로 늘 일할 수 있다는 사실에 감사했다. 지금도 난 지금 일하고 있다는 사실에 감사하고 내 일을 다른 어떤 것과 비교하지 않는다. 나를 바라보는 학생들, 나를 바라보는 직원들을 보며 내가 할 수 있는 일이 있다는 것이 얼마나 감사한지 모른다.

그런데 젊은 청년들이 졸업하면 당장 직장을 구해야 한다는 부담감을 갖는 것이 안타깝다. "너희들도 고생하고 인내하면 다 잘 될 거야, 기다리고 기다려봐"라고 이야기하지만 어디 말 한마디에 위로가 되겠는가? 졸업하면 버림받을 수 있다는 노동시장의 현실에 두렵기만 한 것이 청년들이다. 청년들뿐인가? 직장인들도 성과에 따라 평가받아야 하고 회사 사정이 여의치 않아 언제 다른 일터로 옮겨 다녀야 할지 모른다는 막막하고 두려운 현실에 살아간다.

자신의 인생은 누가 대신 살아가게 만들어 주지 않는다. 개인의 독특한 자아가 아닌 사회가 만들어 놓은 높은 퍼즐을 맞추기 위해 명예, 돈, 성공에 집착하게 된다면 진정한 자아가 없는 남들의 시선에 따라 인정받고 체면에 갈급하며 목말라 하며 살아가게 된다. 열등감에 사로잡혀 자신을 잃

직업을 얻는다는 건

어버리는 삶을 살지 말고 행운에 날개를 달자. 직업을 얻는다는 건 열등감을 버리고 자신에게 충실한 사람에게 찾아오기 때문이다.

| 기다리며 자족하는 삶

'자족(自足, Self-Sufficiency)'이란 '스스로 넉넉함을 느낌, 스스로 만족하게 여김'이라는 뜻이다. '자족'은 헬라어로 '아우타르케스'라는 말이다. 이 말은 '모든 조건에 완전하게 맞출 수 있는 마음'이라는 의미를 지닌다. 자족이란 어떤 상황이나 여건에서도 억지로 힘들게 맞추어가는 것이 아니다. 자족이라는 마음으로 어떤 상황이나 여건에서도 완전하게 맞추어가는 것이다.

그럼 자족하는 삶과 직업을 얻는다는 건 어떤 관계가 있을까?

자족은 곧 지금 이 순간 행복하게 삶을 사는 것을 말한다. 행복은 더운 여름을 식혀주는 달콤한 아이스크림과 같다. 아이스크림을 먹다 보면 달콤하지만 어느새 녹아버리기에 더위를 없애는 것은 한순간뿐이다. 우리는 행복이 지속가능할 것이라고 믿는다. 좋은 대학에 가거나 괜찮은 직장에 들어가기만 하면 그 모든 게 행복의 끝인 것처럼 말이다. 행복은 사막 한가운데서 갈증을 해소하는 생수 한 병과도 같다고 한다. 돈, 건강, 외모, 명예 등 행복을 맛보는 그 순간은 찰나이다.

미국 텍사스주 성인남녀를 대상으로 다양한 활동과 행복에 관해 한 재미있는 연구가 있다. 사람들이 느끼는 행복감의 순위를 보면 1위가 섹스, 2위가 사교활동이다. 먹고 떠드는 시간은 가장 행복하고 짜릿하다고 한다. 그런데 직장에 출근하거나 일할 때 사람들은 가장 행복하지 않다고 한다.

삶의 질에 관한 연구도 있는데 뉴욕 주립대학에서는 '내가 (   )이 아니라서 기쁘다'라는 괄호 쓰기 문장을 완성하기 실험을 관찰하였다. 가령 '백수

78

가 아니라서 기쁘다. 환자가 아니라서 기쁘다. 고아가 아니라서 기쁘다' 등 이 과정을 다섯 번 되풀이했다. 대부분의 사람들은 이 과정을 통해 삶의 질이 이전보다 훨씬 좋아졌다고 한다.

또 다른 실험에서 여러 사람에게 '내가 ( )이라면 좋을 텐데…'라는 문장을 완성하라고 실험을 해보았다. 가령 '로또에 당첨되면 좋을 텐데, 멋진 미인이라면 좋을 텐데, 스트레스나 고난이 없다면 좋을 텐데' 등과 같은 일을 다섯 번이나 반복하여 관찰하게 되었다. 이 실험결과에서는 이전에 했던 실험보다 삶에 대해서 오히려 커다란 불만을 가지게 되었다고 한다.

똑같은 상황인데 물이 반밖에 남지 않았다고 생각하는 사람이 있고 물이 반이나 남았다고 생각하는 사람이 있다. '월급이 이 정도밖에 안 돼?'라고 생각하는 사람이 있고 '이 정도 월급이면 참 감사해'라고 생각하는 사람이 있다. 어떤 것과 비교하느냐에 따라서 행복의 조건이 바뀐다. 성경에서도 바울은 '어떠한 형편에든지 자족하기를 배웠노라'라고 했다.

자족이란 더 잘하려고 하는 마음, 자기가 원하는 것을 쟁취하려는 마음, 더 나은 것을 원하는 마음이 아니다. 자족이란 지금 상황이 아무리 부족해도 또 후에 어떤 상황에 처해도 행복하고 감사하는 태도이다. 행복은 멀리 있지 않다. 직업을 얻는다는 건 부족한 월급, 체면이 서지 않는 변변치 못한 직장에서 일할지라도 감사하는 것이다. 진정한 행복이란 머리에 있지 않고 우리 마음 깊은 내면에서 우러나는 것이기 때문이다.

우리는 행복하게 살아야 한다고 생각하지만 지금 행복하냐고 물으면 망설인다. 행복은 오랜 기다림 속에 어렵게 얻어지는 결과물이다. 오랜 기다림엔 역경과 인내, 고통이 함께한다. 그래서 기다림 후의 행복은 큰 것이다.

오랫동안 연애하다가 헤어지는 커플이 있다. 오랜 기다림 속에서 서로 간의 쾌감은 처음처럼 설레지 않는다. 우리 인간은 자신의 주관적 감정에 충실하다. 쾌감의 소멸은 또 다른 행복을 가져온다. 늘 새로운 환경과 변화를 추구해 온 나는 현재 몸담고 있는 대학이 가장 오래 일하고 있는 직장이 되었다. 이전까지만 해도 2년을 넘기지 못하고 직장을 옮겨 다녔다. 물론 프로젝트로 인한 계약만료도 있었지만 새로운 환경을 찾아 떠돌며 새로운 일을 하는 것에 대한 만족감이라고 해야 할까? 지금 생각해 보면 사람들 사이에서 에너지를 얻고 미래의 가능성을 갖게 되는 기쁨 또한 갖게 되었던 계기가 되었다.

더 중요한 이유는 생존이다. 어려운 가정환경에 먹고 살기 위해 더 나은 직장을 옮겨 다녔다. 더 많은 물질의 풍요로움을 누리고자 하는 것은 인간의 기본 욕구다. 우리가 인생을 기다리며 얻고 채우고자 하는 것은 인간 본성인 소유의 욕구이다. 아침에 일어나면 밥을 먹고 멋진 옷과 화장을 하며 자신을 꾸민다. 오늘 내가 어떤 모습으로 보일지가 중요하다. 이런 모습조차도 인간이 관심받고자 하는 욕구이다. 직장에 일하며 짧은 시간에 성과를 달성하려는 것도 회사에서 인정받고 높은 연봉과 고속 승진할 수 있다는 기대감 아닐까?

매 학기 수업이 마무리되는 시기면 학생 중 일부는 사라진다. 수업 초반에는 어떻게든 수업을 잘 듣고 한 학기를 보내 보자고 의지를 가졌다 하더라도 시험 결과로 인해 불행이 찾아온다. 진로상담의 주제도 자퇴나 전과 상담이 가장 많다. 대학과 직장은 자신의 인내심을 확인해 볼 수 있는 곳이다. 누구도 인내심이 없다고 지적하지 않는다. 그래서 우리가 공부하는 대학과 하루 종일 일해야 하는 직장은 행복하기 위한 곳이 아니라 생존을 위한 곳이다. 자기 자신을 철저하게 절제하고 인내하여 생존경쟁 시대에 살아남아야 한다.

기다림 후에 무지개는 금방 사라진다 해도 또 다른 기다림을 기다려라. 그럼 무지개는 다시 살며시 나타난다. 순간순간의 작은 행복을 맛보는 즐거움을 누려보라. 행복을 과대평가하지 말라. 행복을 얻기 위해 살지 말고 오늘 이 순간 후회 없는 삶을 살기 위해 기다림의 행복을 맛보고 기다림 후에 오는 기회에서 사람, 돈, 관계, 명예, 건강, 사랑, 대학입학, 취업, 시험, 제대하는 아들 녀석을 만나는 것 같은 만남을 누려보라. 또 매번 오고 갈 짧은 행복의 순간이 지나면 또 다른 자족하는 삶이 기다리고 있다는 사실을 잊지 마라.

나는 이 책을 읽고 있는 당신에게 직업을 얻는다는 것에 대해서만 강조하지 않는다. 직업을 얻는다는 건 기다림을 통해 설렘, 소명, 성찰, 관계, 갈등 해결, 행복을 가져오는 과정이기 때문이다.

행복은 그럼 어떤 사람에게 찾아올까?

지금 일하는 상황이 아무리 막막하고 부족해도 어떤 상황에 처하든 스스로 넉넉함으로 자족하는 삶을 사는 사람에게 찾아온다. 행복하고 매 순간 감사하는 마음을 지녀라. 취업을 앞두었거나 진로가 막막한 청소년, 직장을 옮겨야 하는 직장인들은 지금 이 순간 자신의 미래를 그려나갈 수 있다는 상황에 감사하면 행복은 찾아온다. 행복은 지금 이 순간 기다리며 자족하는 삶에서부터 찾아오기 때문이다.

| 자족을 움직이게 만드는 힘

영화 〈국가부도의 날〉을 보며 1997년을 되돌아본다. 나는 장교로 임관
하여 장성 상무대에서 장교 훈련을 받던 때라 당시 IMF는 실감이 나지도
않던 단순한 역사 속 이야기이다. 우리나라같이 어렵고 힘든 역사는 개개
인의 행복과 삶에 영향을 미칠 수 있다. 〈국가부도의 날〉을 보며 양날의
칼을 보듯이 개인의 이익을 중요하게 생각하는 주인공과 국가와 국민을 위
한 다른 사람들의 삶의 가치를 중요시하는 주인공을 볼 수 있었다. 부도는
개인이 이익을 추구할 때 나타난다. 공동의 목표는 응집력과 어떤 어려움
이 있어도 이겨낼 수 있다는 힘을 준다. 물론 우리나라는 집단주의 문화에
묻혀 있다. 직장생활을 하다 보면 다른 사람의 시선과 행동에 먼저 신경이
쓰인다. 정치라는 것도 하나의 개인적 집단주의에서 발생하는 현상들이다.
나는 정치하면 별 관심이 없고 전문가도 아니지만, 요즘은 보수적이든 개
혁·혁신적이든 지나친 개인의 감정에 묻혀 온갖 SNS를 통해 집단적 성향
을 갖게 만든다. 그렇기에 옳고 그른 것을 따지지 않고 자신의 집단적 성향
에 무조건 돌진하는 사람들을 주변에서 많이 본다.

자족하는 삶은 개인의 심리적 자유에서 온다. 그런데 대부분의 정치처럼
우리 주변의 직장문화를 보면 다른 사람이 우선시되는 경향이 있다.
회식하면 2, 3차는 기본이었던 시대가 있었다. 3차까지 가지 않으면 아웃
사이더가 되었다. 노래방에 가면 상사가 먼저 노래를 시작하고 박수를 치
지 않으면 눈 밖으로 벗어나 버리게 된다. 이것뿐이겠는가? 동창회나 중요

직업을 얻는다는 건

한 사회적 모임에 가지 않으면 조직의 쓴맛을 보기도 한다.

모 기관에 위원으로 활동했던 나도 학교 일로 바쁘다 보니 중요한 자리에 거의 참석하지 못했다. 어느 날 그 기관 담당자로부터 통보가 왔다. 다음부터는 위원활동을 하지 않으셔도 된다고. 이뿐이겠는가? 페이스북이라는 도구도 그렇게 시작된 문화일지 모른다. 아는 지인의 경우 페이스북을 어느 날 탈퇴하였다고 한다. 다른 사람들이 자기 자신에 대한 능력과 학력 등을 과대평가하여 작성하는 글을 보면 그분은 오히려 자신감이 떨어지고, 소외감을 갖게 되었다고 한다.

나도 수업하면서 학생들을 의식한다. 한 학기 수업을 준비하면서도 교수로서 학생들이 나를 어떻게 생각하는지가 중요하다. 왜냐하면 학기가 마무리되면 교수도 점수로 평가되는 시대이기 때문이다. 학생의 눈높이에 맞게 수업하는 것은 교수가 해야 할 가장 큰 역할이다. 하지만 더 중요한 것은 학생과의 진정한 소통이다. 학생들이 한 학기 수업하면서 수업에서 자신의 모습을 깨닫고 되돌아보는 것이 가장 중요한 교수자의 수업 철학이 되어야 한다. 대학이라는 공간은 이제 모두가 타인의 평가를 중요시하는 곳이 되어 버렸다. 학생들도 자신의 진로와 소명이 중요하기보다는 성적과 학점으로 곧 평가되고 취급되는 것처럼 분위기가 바뀌어버렸다. 학점이 낮으면 성실하지 않다는 뜻으로 취급해버린다.

더 심각한 문제는 '나는 소외되었다'는 인식을 갖는 문화이다. 학생들 사이에서도 동아리나 학과활동을 하면서 집단주의 문화로 인해 조직의 화려한 모습으로 정작 자신이 들어갈 공간이 없어 들어가지 못하고 아웃사이더로 전락하는 경우를 자주 본다. 직장문화에서도 새로운 들어온 직원이 적응하려면 조직의 집단주의 문화에 적응해야 하고 세대 차이를 극복해야 하는 경우가 많다. 심지어는 밥을 먹는 집단주의 문화는 서로가 끈끈한 정을 갖게 함에도 불구하고 요즈음 직장문화를 보면 끼리끼리 밥을 먹고 서로 소통하지 못한다. 쉽게 텃새라고 표현하면 맞는 말이다. 진로상담 분야에서도 프리랜서로 활동하는 사람들을 주변에서 자주 본다. 모두 다 그렇지는 않지만 집단주의가 주는 이점도 많다. 서로가 신뢰하고 믿을 수 있어 서로 협력하여 프로젝트를 함께 해 나가는 사람들을 볼 때 느낀다. 하지만 집단주의에서 갖는 단점은 개인의 자유와 마찰이 생긴다는 것이다. 그러다 보면 함께 일하는 사람들끼리도 의견 충돌이 일어나 서로의 것을 주장하며 결국 '너는 너 나는 나'로 헤어지게 된다.

우리가 직장생활을 하다 보면 직업이 주는 즐거움과 행복을 갖게 된다. 즐거움과 행복은 우리가 살아가는 삶의 바탕이 되어야 한다. 그러나 우리나라는 철저하게 집단주의 문화가 형성되어 자신의 생각을 자유롭게 표현하는 문화가 아닌 다른 사람을 의식할 수밖에 없는 환경이다. 하지만 우리의 삶이 타인의 시선에 의해 획일적이고 규격화된다면 얼마나 자유롭지 못한 삶이 될까? 다시 한 번 생각해보자. 우리가 사는 일상엔 개인의 행동에 미치는 다양한 요소들이 있다.

직업은 사람과 사람 사이에서 일어난다. 좋은 사람과 대화하고 손잡고 즐길 수 있는 심리적 거리감을 줄여야 한다. 보통 사람들은 사람 때문에 직장을 그만두고 사람 때문에 일하기 싫고 출근하기 싫어진다.

이 글을 읽는 당신은 어떠한가?

타인의 존재감이 커질수록 개인의 심리적 자유는 박탈당하고 당신의 행복은 낮아진다. 행복이 없는 자아는 직업을 얻는 과정에서 안 좋은 영향을 미친다. 직업을 얻는다는 건 행복과 즐거움으로부터 생긴다. 즐거움은 집단이 주는 이익보다는 개인이 갖는 자유로움에서 얻어진 자신이어야 한다.

직업을 얻는다는 건

요즈음 행복과 즐거움을 챙기기 위해 멈춤이라는 생활습관을 가지려고 노력한다. 타인의 평가를 의식하다 보면 모든 일이 스트레스가 된다. 물론 중요한 일엔 제 역할을 다해야 한다. 하지만 타인에게 좋은 평가를 받기 위해 많은 일을 하려는 것도 자신의 즐거움과 행복을 위한 일인지를 한 번쯤 생각해 봐야 한다.

우리 뇌의 구조는 사회적이라고 말한다. 뇌에서는 생존과 직결되는 타인의 평가가 어떤지가 중요하기 때문에 먼저 센서가 작동하게 된다.

자신을 움직이게 만드는 것은 돈, 명예, 사회적 지위 등 사회적 체면이 아니다. 돈이 부족하면 사람은 돈에 가치를 두고 자신의 행동을 통해 이득이 되는 무엇인가를 하려고 한다. 하지만 돈이 많으면 모든 일은 하찮은 일이 되어 버리고 자신의 행동보다는 안주하는 삶을 살게 된다. 이는 많은 행복의 연구자들이 연구한 결과들이다.

명예와 사회적 체면도 마찬가지다. 명예는 한순간에 내려가게 되어 있다. 그 이유는 자신의 자유로움과 즐거움 자체를 중요시하기보다는 다른 사람의 평가 기준에 자신을 맞춰 살아왔기 때문이다. 그래서 연예인들이나 일부 고위관직에 있는 사람 중 남의 시선에 의해 올려진 탑이 한순간에 내려앉는 일을 종종 보게 된다. 직업을 얻는다는 건 자족하는 삶이다. 자족을 움직이게 만드는 힘은 주어진 삶에 대해 얼마나 즐겁고 행복하게 살아가는지에 달려 있다. 내 눈에 보이는 세상의 관점으로 살아가 보면 어떨까?

| 행복은 구체적인 경험의 산물이다

행복은 good life가 아니라 happy life이다. 이 말은 행복은 생각에서 나오는 개념이 아니라 긍정적 정서에서 느껴지는 쾌감이라는 것이다.

사람들은 가치 있는 삶의 기준을 갖고 있을 때 인생이 행복하고 직업을 잘 선택한 사람이라고 여긴다. 가치는 무엇이 중요한지에 대한 잣대를 필요로 하는데 그 기준은 사람들의 평가와 시선이다. 좀 더 쉽게 말하자면 다른 사람들이 일상적으로 생각하는 삶의 방식, 살아가는 보편적인 생각들이 곧 자신의 가치가 된다.

> "인생은 경험의 연속이다. 그리고 자신이 무언가를 경험하고 있다고 자각하지 못할 때 조차 경험은 인간을 성장시킨다. 우리는 스스로의 자질을 발전시키고, 전진해나가며, 좌절과 슬픔을 이겨내는 법을 배워야 한다."
>
> – 헨리 포드

> "이 세상의 수많은 기술을 습득하려면 경험이 필요하다. 경험에는 특별한 기술이 필요하다. 즉 기회를 잡을 줄 아는 사람만이 경험을 쌓을 수 있다."
>
> – 플라톤

진로수업 시간에 학생들에게 이렇게 가르친다. 직업선택은 자신이 좋아하고 흥미로운 것이어야만 한다고. 그런데 정작 우리는 내가 좋아하는 일보다 타인의 평가에서 벗어나지 못한다. 잘 되거나 성공한 다른 사람을 보

직업을 얻는다는 건

면 왠지 자신이 하려는 일이 초라하게 느껴진다. 매년 진로 수업시간에 학생들의 직업선택 기준이 무엇인지 생각해보는 시간이 있다. 학생들이 종이에 적어 내는 가장 중요한 직업선택 기준은 돈이다. 돈이 자신의 자아실현을 위해서 필요하다고 한다. 이런 현상들은 인간의 기본 욕구인 생존과 번식이라는 생물학적 인간의 모습을 보여주는 현실주의(Lay Rationalism)의 결과라고 볼 수 있다.

우리는 생존을 위해 애써 다른 사람에게 인정받으려고 하고 체면을 세울 직업을 갖기 위해 스펙을 갖춰 가며 애쓴다. 누구는 일주일마다 로또 당첨을 바라고, 어떤 이는 부동산 투자로 한순간에 부자가 될 꿈을 꾸며 살아간다.

직업선택 기준이 돈이라면 우리는 평생 돈의 노예로 살아가게 된다. 돈은 잠시 우리가 살아가는 삶에서 편안함과 여유로움을 가져다줄지 모르지만 평생 동안 즐거움을 주지 못한다.

직업을 얻는다는 건 새로운 경험과 만남으로부터 얻어진다.

인간의 기본 욕구인 관계 욕구를 충족하기 위해서는 새로운 만남에 익숙해야 한다. 인간은 태어나면서부터 관계를 통해 교류하며 살아갈 수밖에 없는 존재이기 때문이다. 그렇기 때문에 사람들과 어울려 살아가는 사회적 관계는 행복의 근원이 된다. 이는 인간관계 속에서 우리는 수많은 갈등과 깨달음을 통해 자신을 성장시킬 수 있기 때문이다.

행복은 순간순간 스쳐 가는 구체적인 경험의 산물이다.

직업이 주는 행복은 내 삶을 스쳐 지나가는 많은 사람과 만나보고 새로운 일이 주어지면 관련 직업경험을 할 수 있기 때문에 얻어지는 것이다.

자식을 키우다 보면 이사문제로 전학 가야 하는 경우가 종종 있다. 우리 아이의 경우 수원에서 살다가 아빠의 직장문제로 아산으로 전학을 왔다. 문제는 아이들의 부적응 문제이다. 낯선 환경에서 친구가 없어 늘 얼굴이 밝지 않아 걱정이었다. 아이가 적응하기까지 몇 년이고 기다려야 다행히 친구도 생기고 적응하는 것을 볼 수 있었다. 아이들도 새로운 환경이 불안하고 어색한 것은 당연한 일이다. 이처럼 행복은 사람과 만남을 통해 얻어지는 산물이다.

사람들과 어울려 인생을 사는 것은 행복이다. 어른이고 애들이고 모두 행복하게 살기 위해서는 자신이 소속되어 있는 조직, 사회에서 얼마나 만족스러운 삶을 사는지가 중요하다. 그것은 생각에서 나오는 개념이나 이론과는 다르다. 인간은 단순한 동물이다. 그래서 행복은 복잡한 것이 아니라 사랑하는 사람과 음식을 먹고, 섹스하고, 좋아하는 사람들과 대화할 때 만들어지는 만족스러움이며, 즐거움이다.

행복은 곧 만남이다. 직업은 늘 새로운 사람과 만나고 일하면서 힘들어하고 만족할 만한 결과에 서로 희열을 느끼는 자리다. 그래서 인간은 사랑하는 사람과 만남을 통해 쾌감이라는 것에 길들여진 만큼 단순함에 쉽게 빠져든다. 우리가 알고 있는 행복이라는 긍정적 정서는 사람과 만나서 먹고 살아가는 것 그 자체에서 나온다. 먹고 살기 위해 일하고, 일해서 결국 자아실현이라는 거창한 행복과 꿈을 갖는 게 아니다. 그런데 거꾸로 인생이다. 먹고사는 것 자체가 자기만족이고 행복이다. 거창한 행복은 기본적인 인간의 쾌감인 성욕과 식욕, 생존 욕구를 실현하기 위해 자아실현을 위한 경쟁사회 속에서 좋은 대학입학, 취업, 승진이라는 전쟁터에서 싸우는 것이다.

결론은 단순하다. 직업이 주는 행복은 아주 거창한 포부와 꿈이 아니라 본능적 욕구에 따라 움직일 때 생긴다는 것이다. 유명한 플라톤, 소크라테스, 아인슈타인의 이론도 가치 있고 인간이 살아가는 데 중요한 삶의 기준이 되는 것은 분명하다. 우리가 살아가며 얻는 많은 기회는 사람과 직결되어 있고, 바로 우리 자신의 기본 욕구인 생리적 욕구에 의해 움직인다.

우리는 사람들과 어울려 밥을 먹을 때, 마음이 맞는 사람들과 이야기를 나눌 때 행복하다고 느낀다. 방학이면 늘 새로운 사람과 만나는 자리에 마음이 설렌다. 교육을 받고, 심사평가 활동을 하다 보면 새로움이라는 설렘에 하루하루 삶이 기대된다. 행복은 매일 매일 하던 일을 벗어던지고 새로운 만남과 경험을 만들어 나갈 때 찾아온다는 사실을 알게 된다.

직업을 얻는다는 건 새로운 만남과 경험의 산물이다.

때로는 여행하면서 행복하며, 때로는 소중한 사람과 오랜만에 만났을 때 행복하다. 아무 고민과 걱정 없이 치맥을 먹으며 소파에 앉아 TV를 보는 것도 행복한 순간이다. 그뿐인가? 우리 인생은 늘 기다리며 새로운 누군가를 만나기를 원한다. 그래서 행복은 이런 사람에게 찾아온다. 매일 매일 같은 사람과 밥을 먹지 않고 새로운 친구와 직장 동료와 함께 먹을 때, 사귀고 있는 애인과 헤어졌지만 또 다른 타인과 만나 밥을 먹으며 이야기할 때 행복을 느낄 수 있다. 새로움은 내 주변에 늘 존재한다. 직업을 얻는다는 건 새로운 만남에 대해 어색하지 않고 스쳐 지나가는 많은 사람과 만나 주어지는 경험에 최선을 다할 때 주어진다.

제 2 장

업(業)의 본질을 말하다

작은 시작의 경험이 진짜 첫 직장을 결정한다

"할 수 있거나 할 수 있다고 꿈꾸는 게 있다면 지금 시작하라.
대담함에는 재능과 마법과 힘이 함께할 테니. 지금 바로 시작하라."

- 괴테

나는 육군 장교, 우유 배달원, 영업사원, 직업전문학교 행정실 직원, 노무법인 임시직, 대학교 컨설턴트, 프리랜서 강사, 공공기관 인사조직 컨설턴트 등 15번의 직장을 옮기며 현재 대학교 교수로 재직 중이다. 나의 30대는 먹고살기 위해 몸부림치며 직장을 자주 옮겨 다닐 수밖에 없었다. 일단 직장을 옮기면 더 좋은 일이 생길 거라는 기대와 일에 대한 소명 없이 돈을 벌고 먹고사는 일에 관심이 있었지 내 인생이 제대로 가는지 세련된 고민은 하지 못했다.

나의 첫 직업이 직업군인이었던 건 직업에 대한 뚜렷한 목표가 있었다기보다는 장교로 나오면 사회생활에 도움이 될 것이라는 막연한 생각이 더 컸던 것 같다. 그렇게 나의 20대는 6년간의 군 생활로 끝나고 30대부터 꽃샘추위가 시작되었다. 봄은 겨울을 이겨낸 후 찾아오는 계절이다. 하지만 나의 봄은 만연한 꽃과 새파란 풀이 자라는 계절이 아닌 꽃샘추위와 이겨내야 하는 봄이라고 해야 할까?

막연히 직장을 구할 수 있다는 생각만으로 장교를 제대하고 6개월이 지나다 보니 처자식을 먹여 살려야 한다는 책임감이 들었다. 그래도 장교 출신인데 뭐든 못하겠나 생각하고 공무원 학원가를 찾아갔다. 2003년 당시 지방직 공무원은 임용인원이 많은 해라 나에게는 큰 기회라고 생각하였다. 공무원 학원에 접수하다 보니 젊은 공시족들이 많다는 사실을 새삼 알게 되었다.

나의 30대는 이제 막 시작하는 20대처럼 새로운 일이 일어날 것이라는 생각에 가슴이 설레었다. 책을 구입하고 수강하면서 점심은 지금 대전역 앞 지하상가 근처 포장마차 거리에서 떡볶이로 배를 채웠다. 혼자 식당에 들어가 밥을 사 먹는 것도 나에게는 사치였다. 그렇게 나는 1년이라는 시간 동안 공부하면서 시험에 응시하였지만 결국 낙방하였다. 1년간의 공무원 시험을 준비하면서 안정된 직장을 구하는 것은 그리 쉬운 일은 아니었다.

1년간의 공무원 시험 준비 생활을 끝내고 직장을 찾기 위해 〈교차로〉를 보며 생산직 자리라도 구할 수 있을 거라 생각되어 매일 아침이면 구직활동을 하는 게 일상이 되어 버렸다. 생활은 점점 어려워지고 받아주는 곳은 없었다. 그때 당시는 무엇이든 할 수 있는 일을 찾는 것이 내겐 중요했다.

그러던 중 대학 동기 중 나와 같이 장교로 지원하여 전역한 친구를 통해 첫 직장을 얻을 수 있었다. 운이 좋았다.

철도청 등 기관 및 기업으로부터 하청받아 도면을 설계하고 책을 재단하는 일이었다. 나는 설계된 도면을 CD에 굽는 일을 주로 하였고 지하에 내려가 책을 재단하고 트럭에 옮기는 일을 하였다. 그런데 군에 있을 때 병사들에게 시켜보기만 했지 CD 굽는 방법을 몰랐다.

옆에 있는 젊은 친구에게 물어보며 결국 작업을 할 수 있었다. 재단 작업도 서툴고 쉽지 않았다. 게다가 밤늦게까지 해야 할 일이 산더미였다. 그나마 집에 늦게 들어가니 마누라와 어린 딸은 남편과 아빠를 기다리면서 반갑게 반겨주었다. 그때 당시 사회 첫 직장생활을 하면서 느낀 점은 매일 매일 늦은 시간까지 일하는 데 적은 월급으로 버틸 수 있을까 먼저 고민이 되었다. 며칠을 고민 후 결국 나는 사회 첫 직장을 1주일 만에 그만두게 되었다. 전역을 하고 첫 일자리를 구해서 일할 수 있게 되었는데 그 당시 나는 일은 사회적 체면과 돈벌이가 되는 게 더 중요하다고 생각했다. 그 후로 나는 몇 번의 직장을 옮겨 다니게 되었고 나의 30대는 20대 대학생이 사회생활을 하는 것처럼 녹록지 않았다.

나의 30대는 성공해야 한다는 생각과 직업은 주변 체면도 어느 정도 필요하다고 생각했던 시기였다. 성공이라는 것은 자수성가하여 부자가 되거나 명예를 통해 유명해져 남부럽지 않게 사는 것이라고 믿어왔다. 15년 동안 한 분야에서 일하다 보니 성공이란 사회적 성공, 체면보다는 일에 대한 소명과 일에 대한 가치를 발견하여 일하는 것이라고 생각하게 되었다. 생각해 보면 지금까지 어려움을 포기하지 않고 작은 시작의 경험으로 페달을 밟아 올 수 있었던 것은 바로 가족과 어려움의 힘이 있었기 때문이다. 아내는 직업에 대한 가치와 소명을 갖는다는 것은 직장을 찾아 일을 하는 것보다 우선이어야 한다는 말을 늘 해주곤 하였다. 물론 그 당시는 소명이 무엇인지도 모르고 단지 어려운 가정환경으로 직장을 구해야 한다는 생각만 했으니까.

결혼하던 해 아버지는 중풍으로 쓰러지셨고, 아내는 12년 동안 시아버지를 모시고 살았다. 언어마비와 한쪽 마비가 와 몸이 불편한 시아버지를 모시면서 한 번도 불평하지 않고 살아와 준 아내에게 늘 고맙게 생각한다. 변변치 않은 직장에 다니면서 적은 월급으로 살기 어려울 때 두 아이의 엄마이자 한 남편의 아내로, 며느리로 살아왔다.

아내는 20대에 일찍 결혼하여 시아버지를 모시고 한때 당뇨와 암으로 누워 있던 남편 때문에 늘 가족에 대한 걱정과 고생만 하고 살아왔다. 그런

아내가 벌써 마흔이 넘었다. 눈가의 주름을 보면 세월이 야속할 정도로 너무 빨리 시간이 지나간다. 가족이 어려우면 더 살아남기 위해 발버둥 치는 것처럼 행복은 평탄할 때 찾아오지 않고 어려움이 닥치면 함께 찾아온다는 사실을 알게 되었다.

고생하며 살던 우리 부부는 서울에 제대로 된 직장을 얻어 진짜 첫 직장을 얻은 것처럼 행복했다. 아내는 그때가 세상에서 가장 감사하고 행복했다고 한다. 그때는 '조금만 고생하면 좋은 날이 올 거야'라는 기대를 안고 늘 삶이 행복했다. 비가 온 후에 날이 개듯이 좋은 일도 있는 법이다. 우리 인생도 마찬가지이다. 이 책은 내가 살아오면서 알게 되었던 직업을 얻는다는 건 무엇일까라는 질문으로 시작해서 업의 본질과 기회를 얻는 것이라는 주제로 이야기를 풀어 놓을 것이다.

나는 직업을 얻기 위한 부름과 소명, 직업의 본질, 기다림을 통한 기회와 행복에 관해 이야기할 것이다. 행복은 작은 것에 감사하고 고통과 어려움 속에서만 얻을 수 있다. 누구나 얻을 수 있는 것이라면 누가 고생하며 인내하겠는가?

'고진감래(苦盡甘來)'라는 고사성어가 있다. '고생 끝에 낙이 찾아온다.' 지금은 어렵고 힘들지만 시간이 지나면 좋은 날도 오는 법이다.

성경에도 이런 말이 있다.

> "내가 또 너희에게 이르노니 구하라. 그러면 너희에게 주실 것이요. 찾으라. 그러면 찾을 것이요. 문을 두드리라. 그러면 너희에게 열릴 것이니. 구하는 이마다 얻을 것이요. 찾는 이가 찾을 것이요. 두드리는 이에게 열릴 것이니라(마태복음 7:8)."

우리 삶은 우리에게 희망을 주기도 하지만 인내해야 할 고통과 어려움을 주기도 한다. 오늘 내 가족이 서로 눈을 마주치고 작은 것에 감사하며 살고 있다는 것이 진정한 행복의 순간이다. 조금 고생한다고 불행해 하지 말자. 나는 지금 이 순간을 놓치고 싶지 않다. 할 수 있거나 할 수 있다고 꿈꾸는 게 있다면 지금 시작하라. 삶이 우리에게 들려주는 부름을 통해 기회와 행복을 얻게 된다.

당신은 일을 통해 얻고 싶은 게 무엇인가?

작은 시작의 경험이 진짜 첫 직장을 결정하게 해준다. 당신도 행복한 삶을 살기 위한 작은 시작을 해보라.

<첫 직장이 주는 행복 메시지>

1. 꿈을 이루기 전 첫 직장이 중요하다

– 첫 직장은 당신이 무엇을 할 때 가장 즐겁고 힘든지 알 수 있으며 당신이 잘할 수 있는 호기심을 발견할 기회다. 호기심이 생기지 않아도 좋다.

2. 일은 배신하지 않는다

– 하찮은 일이라도 배울 게 있다. 직업은 당신이 생각하는 것보다 화려하지 않다. 하지만 일은 우리에게 생계유지를 위한 보상을 주고 먹고 살게 해주는 이상의 가치다.

'젊어서 고생은 금을 주고도 못 산다'라는 속담이 있다. 당신이 선택한 진로가 잘못되었다고 실망하지 마라. 기회는 또 찾아온다. 오늘 잠들기 전 나의 하루를 되돌아보라. 무엇이 나를 이곳까지 오게 했는지.

3. 불확실성엔 강한 힘이 있다

– '내가 남들처럼 잘해낼 수 있을까?' 안정된 직장에서 특별한 변화 없이 불확실성에 노출되지 않고 싶은 것이 인간의 욕망이다. 내일 직장에서 나가야 한다면 누가 두렵지 않겠는가? 오늘을 먹고살 돈이 없다면 누가 두렵지 않겠는가? 당신은 이 질문에 망설이지 않고 두렵지 않겠는가?

불확실성을 멀리하는 것이 인간의 본성이거늘, 하물며 나 역시도 불확실했던 삶이 지금의 나를 만들어 줄 것이라고 생각했겠는가?

쇠가 만들어지려면 뜨거운 용광로에서 달궈져야 하듯이 삶을 너무 편하게 가려고 하지 마라.

| 화려함 속에 가려진 직업의 본질

아이돌 그룹 시장은 1990년대를 시작으로 놀라울 정도로 성장하였다. TV에 나오는 일부 그룹을 제외하고는 이름도 잘 모르는 경우가 많을 정도다. 그만큼 질적, 양적으로 진화를 거듭했다. 하지만 화려함 속에 가려진 아이돌 시장의 모습은 안타깝기도 하다. 실제 한 다큐멘터리 프로그램에서 한 걸그룹이 데뷔 4년 동안 수익이 없어 안타까운 모습을 본 적이 있다. 물론 아이돌 가수 중에는 대중에게 잘 알려져 인기를 누리고 연습생과 신인 시절 투자비용을 모두 회수해 남부럽지 않은 삶을 살며, 가수와 배우를 동시에 하는 아이돌도 있다. 하지만, 연습생이라 해서 언제 신인가수가 되어 데뷔할지 기약은 없다. 아직은 아이돌 가수의 화려함 속에 감춰진 면에서 안타까움을 느낀다.

> "곧으려거든 몸을 구부리라. 스스로는 드러내지 않는 까닭에 오히려 그 존재가 밝게 나타나며 스스로를 옳다고 여기지 않는 까닭에 오히려 그 옳음이 드러나며 스스로를 뽐내지 않는 까닭에 오히려 공을 이루고 스스로 자랑하지 않는 까닭에 오히려 그 이름이 오래 기억된다.
> 성인(聖人)은 다투지 않는 까닭에 천하가 그와 맞서 다툴 수 없는 것이다. '구부러지는 것이 온전히 남는다'는 옛말을 믿어라. 진실로 그래야만 사람은 끝까지 온전할 수 있다."
> - 노자

노자는 사람은 스스로 자랑하지 않는 까닭에 오히려 그 이름이 오래 기

직업을 얻는다는 건

억된다고 하였다. 지금은 힘들고 잘 알려지지 않은 직장에 다닌다 해도 지금 일하는 분야에서 오래 기억되는 사람이 되라.

우리는 '직업은 잘 먹고 잘 알려져 있는 직장에서 남부럽지 않게 살기만 하면 되는 거야'라고 생각하는 사람이 있는 반면에 '직업은 자신의 꿈을 펼쳐나가기 위한 하나의 수단이야'라고 생각하며 일에 대한 가치를 먼저 생각하는 사람들이 있다. 하지만 사람들의 이야기를 듣다 보면 하루하루 먹고 사는 게 힘들고 어려운 게 직장생활이라고 대부분의 사람들이 말한다. 한국사회를 고용빈곤 시대라고 한다. 많이 배우고 가진 자가 더 풍족해지고 매일 먹고 살기 바쁜 사람들은 더 빈곤에 노출된다.

예전에는 한 직장에서 잘리지 않고 잘 버티면 성공한 사람처럼 보였지만 지금은 언제 퇴출당할지 모르는 상황이 되어 버렸다. 게다가 우리나라는 교육 분야에서 세계 1위라고 해도 과언이 아니다. 우리나라는 '부모가 굶더라도 자식 공부는 시켜야 한다'는 교육 열기가 뜨거운 국가이다. 한국의 높은 교육열은 고용의 구조적 문제를 발생시키는 근본적 원인이라고 볼 수 있다.

경제협력개발기구(OECD)에 따르면, 회원국 가운데 성인의 학력 수준에서 부모세대보다 자녀세대 학력이 높거나 같은 경우가 한국은 96%로 가장 교육열이 높은 국가로 발표되었다.

좋은 대학 나와서 돈과 명예를 가지면 성공한 것처럼 생각하는 인식이 팽배하기 때문에 누구나 대학에 들어간다. 결국 대학만 나오면 사회에서 인정받고 출세할 수 있다는 기본 요건이 생겨버렸고 기업 채용담당자도 대학졸업자를 채용하는 걸 당연하게 생각한다.

1990년대 이후 한국에서의 고등교육은 빠른 속도로 증가하였고 고등교육기관으로의 진학률은 세계적으로 높은 수준이다. 대학진학률이 높은 이유는 고등학교를 졸업하여 취업하는 것보다 대학 졸업이 주는 기대수익이 더 크기 때문이다. 과도한 학력구조가 지속될 경우 청년실업 문제는 심각해지고 더 좋은 대학을 나와야 한다는 인식도 더 심각해진다.

특히 한국과 같이 고학력화가 심하고 학력에 따른 고용의 질과 임금 격차가 큰 사회에서 고학력 자녀를 둔 부모라면 당연히 자녀가 사회적으로 인정받는 양질의 일자리에 취업하여 만족스러운 삶을 영위해나갈 수 있을 것이라 기대할 것이다.

그러나 대학졸업자 학력 수준에 따른 노동시장에서 제공되는 일자리에서 모든 대학졸업자가 만족할 만한 일자리에 취업하는 것은 불가능하다. 그래서 더 좋은 곳에서 성공해야 하고 더 많은 돈을 짧은 시간에 벌어야 한다는 성공 강박관념에 빠져 이곳저곳 직장을 옮겨 다니게 된다.

지난 15년간 한 분야에서 계속 일을 해오면서 직장을 자주 옮겨 다닌 나는 자만심으로 나의 몸값을 인정받고 싶었고, 왠지 나를 불러 주는 곳이 많을 것이라고 생각하였다. 실력이 부족하고 더 배워야 함을 인정하지 못한 채 말이다.

우리는 자신의 화려한 학력과 능력이라는 가면을 쓰고 살아간다.

성공의 기준은 남들이 알아주고 인정해주는 것이어야 한다는 생각의 틀이 자리를 잡은 지 오래다. 출세하는 것이 자신의 소질과 적성에 맞지 않아도 지금 최선을 다해 자신이 이루고자 하는 목표를 달성하면 된다는 착각 속에 산다.

성공한 대부분의 사람의 삶엔 성공하기까지의 기나긴 기다림 속에 피와 땀이 들어 있었다. 김연아 선수는 실패하는 동작을 65번 반복하였고, 평창올림픽 스키종목에서 최초의 은메달을 목에 건 배추보이 이상호 선수는

직업을 얻는다는 건

초등학교 1학년 때 스노보드를 처음 타기 시작해 끊임없는 노력으로 58년 만에 피나는 노력으로 한국 스키 분야에서 메달의 기회를 얻을 수 있었다.

직업을 선택하기 위해 청년들이 대학에서 진로 및 취업 관련 유명 인사를 모시고 특강을 듣기도 하고, 진로교과목을 수강하거나 해외연수 과정을 다녀와서 자신의 진로를 탐색해 나가지만 성공에 대한 강박관념 즉, 빨리 진로를 찾아야 하고 남부럽지 않은 괜찮은 일자리에 취업해야 한다는 빠른 성공에 대한 환상이 크다.

직업의 본질은 성공 뒤에 가려지기 쉽다. 직업의 본질은 끊임없이 탐색만 한다고 주어지는 것이 아니라 화려하지 않지만 직장에서 자신의 더 큰 꿈을 위해 모험을 할 때 주어진다. 직업의 본질은 화려함이 아니라 탐험을 통해 거듭나는 것이다. 직업은 화려함 속에 가려져 있지 않고 자신의 끊임없는 땀방울과 실패의 연속에서 찾아오는 행운의 여신과도 같은 것이다.

그래서 우리는 직업은 잘 먹고 잘살기만 하면 된다는 생각에서 벗어나 업 (Calling)의 본질에 귀 기울여 화려함 속에 가려진 직업의 본질을 깨달아야 한다.

| 고도를 기다리며

"Patience is not simply the ability to wait, it's how we behave while we're waiting(인내는 단순히 기다리는 능력이 아니라, 우리가 기다리는 동안 행동하는 방식이다)."

- Joyce Meyer

우리는 늘 누군가를 기다리며 그리워한다. 일반적으로 사람들은 기다림 속에 희망이 있고 보상이 주어질 테니 참으며 인내하라고 말한다. 나 또한 학생들에게 조금만 참으면 더 좋은 일이 있을 거라고 늘 이야기해 주곤 한다. 나 또한 30대 초반에 사회생활을 하면서 그때 당시는 어렵고 힘들었지만 내가 평생 먹고 살기 위한 직업을 찾기 위해 기다리며 그리워하였다.

그렇다면 기다리고 기다리다 보면 내가 원하는 직업을 얻을 수 있을까?

사무엘 베케트의 〈고도를 기다리며〉는 부조리극으로 대표되는 연극작품이다. 수많은 사람이 고도를 신이나 자유, 빵, 희망으로 설명하였지만, 〈고도를 기다리며〉의 줄거리는 한 단어로 설명할 수 있는데, 바로 '기다림'이다.

기다리는 것은 나에게 있어서 아무것도 일어나지 않는 일, 그냥 기다림이었다.

장교 동기의 소개로 일을 하다가 일주일 만에 일을 그만둔 나는 우연히 집 근처에 오피스텔 영업사원 공고를 보고 일하게 되었다. 이력서 한 줄에 장교 출신이 적혀 있어서 그런지 쉽게 영업사원 일을 구할 수 있었다. 집 근

직업을 얻는다는 건

처라 오전 회의만 하고 파트너와 차에 파라솔을 싣고 오피스텔, 아파트를 살 만한 사람이 자주 다니는 거리에서 영업활동을 해야 하는 일이었다. 그 당시 한 달 수입은 120만 원이었다. 혹시라도 큰 계약 성과가 있으면 인센티브가 주어진다.

영업하는 일은 처음이었지만 둘씩 파트너가 되어 일하다 보니 길거리에서 영업하는 일은 어색하지 않았다. 내 파트너는 애가 둘인데 먹고 살기 힘들어 이 일을 시작하게 되었다며 예전에 작은 건의 계약을 해서 돈을 벌었다며 내게 열심히 하면 잘 될 거라고 용기를 주었다.

그렇게 시간을 흘러가고 아무 실적이 없었다. 거리의 사람들은 오피스텔 안내물조차 보지 않고 버려 버렸다. 버려진 안내물을 다시 주어 정리하면서 다시 지나가는 사람들에게 전단지를 나누어 주었다.

왕년에 난 소대장, 참모를 하며 그래도 어려움 없이 월급도 잘 받고 했던 시절이 있었는데 사회에 나오니 한 달 월급 받는다는 게 쉽지 않다는 사실을 알게 되었다. 지나가는 사람들이 오피스텔을 살 것이라고 생각하고 기다리며 전단지를 나눠주는 것은 빵을 먹기 위해 기다리는 고도의 기다림이었다. 기다림은 열정을 갖게 하고 기다림엔 행운과 보상이 주어질 것이라고 믿어왔다. '분명히 기다리며 살다 보면 좋은 일이 있을 거야.' 하지만 이 말은 내게 사치고 오로지 난 내 자존심에 기대어 매일매일 내 삶의 기다림은 큰돈을 벌어 행운의 남자가 되기만을 기다리는 사람이었던 것이다.

그렇게 나는 큰 행운을 기다리다가 한 달을 겨우 채우고 실적도 없이 120만 원을 받고 그만두었다. 내 소질에 맞지도 않았고 큰돈을 벌기에 어렵다고 생각했기 때문이다. 어찌 보면 언제까지 적은 월급으로 살아갈 수 없는 노릇이었기 때문이다. 이런저런 핑계로 일을 그만두고 아내에게 미안한 마음으로 월급을 주고 난 화장실에 쭈그려 앉아 다시 생각해 보았다.

나에게 최면을 걸어 보듯 뭔가 할 수 있다는 생각이 들었지만 한편으로는 세상을 살아가는 게 힘겨웠다. 나이도 젊고 패기와 열정이 있는데 왜 내게 행운이 오지 않을까?

기다림 속에 미래에 대한 너무 막연한 생각으로 가득 차 있었고, 할 수 있는 특별한 기술이 없다는 사실에 한심하기까지 했다.

우리는 어려움이 있으면 참고 견디며 살아가고자 젖 먹던 힘까지 다해 노력한다. 그러면 어려움과 고생은 지나가고 일에 대한 보상을 받거나 일이 잘 풀리기도 한다.

그래서 직업의 본질은 평생 그려나가야 할 영화와 같다. 영화의 한 장면만을 보고 영화를 평가하지 않는다. 영화는 끝까지 봐야 감동을 얻을 수 있다. 우리는 지금 당장 어렵다고 체념하거나 자신을 초라하게만 생각하기 쉽다.

나는 2013년 장교를 전역하고 1년 동안 공무원 시험 준비와 우유 배달원, 영업사원을 하며, 단지 돈을 벌기 위해 일을 하였고, 땀 흘리는 노동의 대가는 돈이 주는 보상에만 급급했다. 하루하루 먹고살기 힘들어지면 무슨 일이든 해야 한다는 생각밖에 들지 않았다. 〈고도를 기다리며〉에서 주인공이 고도가 누구인지, 어떻게 생겼는지, 고도에게 뭘 원하는지도 모른 채 고도를 기다리는 것처럼 나는 직업을 얻기 위해 무엇을 기다리며 살아야 하는지 몰랐다.

'지금부터 조금씩 직장에 들어가 일하다 보면 좋은 직장도 얻고, 월급도 받을 수 있을 거야'라는 기대감은 어디로 갔나? 이런 생각을 하며 하루하루를 교차로, 채용정보 사이트를 보며 일자리를 찾던 중 대전 정부청사에서 9개월간 임시직 자리를 알게 되었다.

이게 웬일인가? 비록 한 달에 90만 원 정도 받지만 오후 반나절 정도 일하는 자리였다. 한동안 쉬던 터라 내겐 더 반가운 소식이었다.

더운 여름에 소나기가 내리는 것처럼 마음이 시원하였다. 입사서류를 준비하고 면접까지 갔다. 난 뭐든 할 수 있다는 자신감에 차 있었고 '기다림은 나를 버리지 않는구나'라는 생각으로 면접장에 들어갔다. 면접관이 3명 앉아 있었고 난 많은 질문을 받았다. 30세가 넘은 가장에 장교 출신으로 왜 이곳에 지원했는지 묻는 질문에 난 갑자기 말문이 막혀 버렸다.

정신을 차려 조심스레 면접관에게 내 이야기를 하였다. '90만 원 급여는 제게 소중한 것입니다. 비록 전 직장보다 월급은 적지만, 최선을 다하겠습니다.' 그렇게 말하고 나왔다. 며칠 뒤 난 합격 소식을 받고 일할 수 있었고 적은 월급이지만 오전에는 여기저기 일자리를 알아보고 오후에는 역대 대통령의 업적을 정리해 나가는 일을 하게 되었다. 1개월이 지나 90만 원 월급을 받고 나니 계속 가정을 꾸려 나갈 수 없는 노릇이었다. 괜찮은 자리를 계속 찾아봐야 했다. 꿈이 있으면 언제가 이루어진다는 말이 있듯이, 난 기다림은 희망이라는 막연한 생각으로 늘 자신감에 차 있었다.

그리고 기회가 왔다. 대전에 있는 모 대학에서 예비군 중대장 채용공고가 나왔다. 나에게도 기회가 찾아오는구나'라는 생각에 지원서를 준비하고 직접 학교에 방문하여 서류를 제출하였다. 그리고 면접 일정이 잡혀 면접장에 대기하는 사이 1명씩 안으로 들어가 면접을 보았다. 앉아 있는 사이 옆에는 지원자들이 7명이나 더 있었다. 면접이 끝나고 서로들 군 이야기를 하며 이런저런 이야기를 하다 보니 나와 같은 학사 장교 출신 동기들이었다. 반가운 대화를 뒤로하고 일주일 뒤 합격자가 발표되었다. 합격자는 나 같은 대위 출신이 아닌 소령 출신이었다. 다리에 힘이 쭉 빠져 버렸다. 사회에 나와서도 계급에서 밀린다는 생각으로 실망하던 차에 학교에서 전화가 왔다.

바로 총무과장의 전화였다. 학교 신설 부서에 조교 자리가 있는데 해볼 생각이 있느냐고 제안하였다. 조교이지만 학교 직원으로 생각하고 일을 해보자는 것이었다. 그 당시 조교 급여는 월 90만 원 정도였는데 한참을 고민할 필요 없이 면접을 보고 바로 출근하게 되었다. 총무과장은 내 자기소개서에 몸이 불편한 아버지를 모시고 있다는 이야기를 보고 성실한 친구 같아서 연락하게 되었다고 했다. '2년 뒤 정규직을 고려해 볼 테니 열심히 하면 기회가 온다'는 말에 '내 인생도 곧 잘 풀릴 거야'라고 생각하였다. 지금 내가 일하고 있는 커리어코치 분야는 모 대학교 종합인력개발센터 조교로 일하면서 알게 되었고 인생의 전환점이 된 사건이 되었다.

기다리는 삶은 우리에게 무엇인가를 가져다준다. 그것은 바로 직업이 주는 희망이라는 단어이다. 직업의 본질은 기다림으로 시작하여 희망이라는 과정을 통해 얻어지는 것이다.

희망은 소망으로 소망은 과정을 통해 얻어지는 경험의 결과물이다. 직업은 소망이며 삶을 살아가면서 지나쳐야 하는 중간과정이다. 중간과정이 없는 결과는 없다. 나 또한 그랬으니까. 중간과정은 고통과 때로는 인내를 필요로 한다. 고통은 물질적, 정신적 고통과 함께 우리에게 희망을 주기 위한 기다림을 요구한다.

우리에게는 이길 수 있는 힘이 있다. 바로 참고 견디는 인내, 열정, 의지 등의 단어들이다.

당신의 고도의 기다림은 무엇을 위한 기다림인가?

직업을 얻는다는 건

| 작은 기다림엔 유통기간이 있다

비가 오고 난 후에 무지개가 보이듯이 기다림엔 유통기간이 있다.

실제 학생을 지도하면서 있었던 상담사례이다. 학생들을 상담하다 보면 집안 형편이 어려운 경우가 많다. 한번은 집안 형편이 어려워 학업과 아르바이트를 해야 하는 한 여학생을 상담한 적이 있다. 아버지가 IMF 때 사업에 실패하고 어머니가 일을 하시지만 동생들 등록금도 내야 하고 해서 장녀인 자기가 돈을 벌어야 하는 사정이라며 졸업 후 진로에 대해 고민을 털어놓았다. 이야기를 듣자 하니 평일에는 수업을 듣고 평일과 주말에는 쉴 새 없이 아르바이트하고 과제를 하다 보면 기숙사에 가서 지쳐 쓰러지기도 한다고 한다. 수업시간에 졸고 있는 그 학생을 보면 안타깝기도 했다. 밤늦게까지 아르바이트하는 상황을 알고 있으니 더 그렇기도 했다. 1년이 지나고 그 학생은 나를 찾아왔다. '1년 전에 교수님이 제게 조언해 주시고 용기를 줘서 취직하였다'며 감사하다는 인사를 하러 왔다.

어려운 형편에 학업을 하면서 온갖 어려움을 이겨냈다는 것이 기특하기만 했다. 마치 전쟁터에서 승리하여 기쁨을 갖추지 못하는 표정이었다. 만약 그 학생이 집안 형편이 어렵고 자신의 꿈이 무엇인지 막막했던 그 순간, 언제 자신의 형편이 좋아지나 신세만 탓하고 아무것도 하지 않았다면 꿈을 이루지 못했을 것이다. 직업의 기다림은 이렇듯 어느 한순간에 얻어지는 것이 아니라 인생을 살아가면서 거쳐나가는 경험 속에서 기다리다 보면 제품에 유통기간이 있듯이 얻어지게 된다.

'진로(進路)'는 우리가 살아가는 인생길을 따라 앞으로 나아가는 것이라고 하지 않던가? 진로는 '앞으로 나아갈 길'을 말하며, 인생을 살아가면서 겪는 모든 어려움을 극복해 나가고 기다리며 역할에 충실하는 과정이다. 진로는 우리가 살아가는 일련의 과정이다. 학교에 다니고, 사회에 나가 직업을 얻는 직업인으로서의 역할, 엄마나 아빠로서의 역할, 사회시민의 역할 등이 포함된다. 그렇게 앞으로 나아가면서 경험하고 기다리다 보면 우리가 바라는 직업이라는 기회가 주어진다.

때로는 숨을 헐떡거리며 올라가야 할 언덕이 나오기도 하고 평탄한 길을 걷기도 한다. 하지만 기다림엔 유통기간이 있다. 언젠가는 지금의 어려움과 고난이 지나가기 때문이다.

혜민 스님도 기다림에 대해 이렇게 말한다. 프라이팬에 음식 찌꺼기는 물을 붓고 기다리면 된다며 인생의 기다림을 강조한다.

"프라이팬에 붙은 음식 찌꺼기를 떼어내기 위해서는 물을 붓고 그냥 기다리면 됩니다. 아픈 상처 역시 억지로 떼어내려고 하지 마십시오. 그냥 마음의 프라이팬에 시간이라는 물을 붓고 기다리십시오."

- 혜민 스님

우리는 미래의 길을 예언하기 힘들다. 그래도 지금 당신이 무엇을 기다리며 인생을 살아가는지 자기 자신과 대화해보라. 어디로 가야 할지, 어떻게 가야 할지. 기다린다는 것의 의미에는 '누구'를 기다린다는 의미도 있지만 기회를 얻기 위해 전략을 세워 기다린다는 의미도 있다. 그래서 그런 기다림에는 유효기간이 있는 것이다.

직업을 얻는다는 건

빵, 우유 등 우리가 먹는 모든 식재료에는 유통기간이 있다. 직업의 기다림에도 왜 유통기간이 있다는 것일까? 그것은 기다리다 보면 언젠가 끝이 보이기 때문이다.

기다림은 우리가 쉽게 생각하는 애인을 만나기 위해 기다리는 기다림, 군에 간 아들을 기다리는 기다림, 병원에서 검사결과를 초조히 기다리는 기다림, 자격증 시험을 보고 합격통지를 기다리는 기다림 등 우리 주변에서 쉽게 볼 수 있는 기다림이다. 또한 기다림은 욕심을 갖거나 서두른다고 해결되지 않는다. 아무 욕심 없이 초심을 가질 때 기다림의 끝을 알게 된다.

행복의 조건은 '얼마나 많이 가졌느냐'가 아니라 '가진 것을 얼마나 좋아하느냐'이다.

'초발심'은 불교 용어로 깨달음을 갈구하는 첫 순간을 의미한다. 다시 말해서 처음 마음이 발했을 때 바른 깨달음을 얻는다는 의미이다. 사람들이 실패를 경험하고 자기반성을 하게 되면 흔히 '초심으로 돌아가자'라고 한다. 초심은 사람의 마음을 비우게 한다. 서두른다고 모든 일이 잘 풀리지는 않는다.

오랜 기다림 속에 복권에 당첨되어 일확천금의 경험을 맛본 사람은 행복할 수 없다. 그 이유는 큰 기다림 속에 너무 거대한 행운을 만나면, 작은 일상 속에서의 행운과 마주치더라도 즐겁지 않고 더 큰 기다림 속에 만난 행운으로 인해 작은 것이 시시해지기 때문이다.

UCLA대학의 알렌 파르두치(Allen Parducci) 교수는 '범위 빈도이론(Range Frequency Theory)'을 제시하였는데 사람이 극단적인 경험을 하면 작은 경험에서 느끼는 감정이 더 큰 기쁨이 되지 못한다고 했다. 하지만 작은 기다림은 다르다. 작은 기다림의 훈련을 지속하다 보면 더 큰 기다림 속에 어려움이 닥쳐도 기다릴 줄 안다. 인생은 바로 미래의 길을 끊임없이 가다가 어려움이 닥치면 기다리고 또 기다리다가 자신이 바라는 업(Calling)의 본질 알게 되며 소명의식을 갖고 삶의 주인공이 될 수 있다.

늘 기다림에 지쳐있는 당신, 큰 기다림 속에 쉽게 포기하는 인생을 살고 있지 않은가? 자식이 아플 때 부모님이 자식 옆에서 한없이 눈물과 기도로 기다리는 것처럼 당신은 흘러가는 인생의 기다림 속에 무엇을 기다리고 있는가?

나는 12년간 몸을 움직이지 못하는 아버지를 옆에서 지켜보며 살아왔다. 말도 할 수 없는 자신의 처지를 옆에서 지켜보는 아들을 보는 것은 얼마나 마음 아픈 시간이었을까?

기다림 속에는 늘 어려움만 있지 않다. 작은 기다림 속에서 얻은 자존감, 환희, 포용하고 사랑하게 만드는 에너지 등이 있다. 반드시 끝이 있다는 걸 생각하고 나아가다 보면 기다림에도 유통기간이 있다는 것을 알게 된다.

| 업의 본질은 감정의 관계를 회복하는 것이다

부산 출장 일정을 마치고 일행들과 광안리에서 회를 먹고 기차 시간을 맞추기 위해 택시를 탔다.

마치 부산의 역사를 이야기하듯이 구수한 사투리와 함께 빠른 손놀림으로 운전하는 택시기사가 가끔 묘기를 부리자 택시가 심하게 출렁거렸다. 기차 시간을 맞추기 위해 총알택시는 구수한 이야기를 품고 달렸다. 택시기사의 이야기를 들으며 택시기사 아저씨가 들려주는 고향의 향수를 들으며 예전에 가족들과 부산에 왔던 추억 속에 몸을 맡겼다. 기사님이 부산에 가봐야 할 곳과 숨겨진 이야기를 풀어놓는 사이 택시는 부산역에 도착하였다. 택시기사님의 마술 같은 운전 솜씨로 인해 심장이 벌렁거릴 정도로 순식간에 날아온 듯 다들 놀란 표정이었다. 부산 사투리를 쓰며 구수한 이야기를 들려주시던 기사님의 이야기 속에는 가족의 애환, 자식에 대한 걱정, 미래 노후에 대한 걱정 등 사람이 어렵고 힘들지만 버티고 다시 일어나서 살아가려는 인생의 이야기가 담겨 있었다.

우리 인생도 다르지 않다. 가고자 하는 인생의 목적지까지 가는 동안 구수한 이야기를 담고 달려보자. 이야기보따리가 없으면 멀게만 느껴진다.

'변하는 것 없이 시간이 왜 이리 안 가나?' 시간이 멀게만 느껴졌던 경험이 있을 것이다. 지루함 속에 무엇을 기다려보았는가? '희망, 행운, 기쁨, 평화, 안정'? 아니면 '불안, 초조, 막연함'이라는 감정 아닐까?

우리가 살아가는 삶은 이성과 감정, 욕망의 삼각관계로 이루어져 있다.

상담하다 만나는 학생들을 보면 사람과의 관계에서 늘 기쁨과 행복을 가슴에 담고 있는 학생이 있고, 외로움과 걱정, 소외 속에서 지쳐있거나 상처를 받는 학생들도 있다.

직업은 인간의 욕망을 실현할 중요한 도구이다. 욕망은 인간 내면에 깊이 들어가야 발견할 수 있다. 욕망은 삶과 직업을 유지하려는 인간 본연의 욕구이며 살고자 몸부림치는 것과 같다. 살다 보면 때로는 기쁠 때도 있고 슬플 때도 있다. 기쁨은 인간이 살아가는 관계에서 시작되고, 슬픔은 인간이 살아가면서 사람들과의 관계에서 받게 되는 열등감, 상처에서 시작된다. 업(Calling)의 본질을 안다는 것은 직업을 얻는 모든 순간이 화려한 꽃이 될 수는 없다는 것을 아는 것이다. 화려한 꽃은 우리의 이상적인 정서이고, 감정과 정서는 욕망을 이루려는 실현 정도를 알아볼 수 있는 지표이다. 그렇기 때문에 우리가 살아가면서 갖게 되는 모든 감정과 정서는 직업을 가지려는 욕망의 실현 정도에 따라 나타나는 기쁨과 슬픔으로 나뉘게 된다.

봄이 되면 미세먼지가 날리고 마스크를 하는 사람이 부쩍 많아진다. 건강에 좋지 않을 뿐만 아니라 멀리 있는 풍경조차 흐리게 하는 것이 미세먼지다.

직업의 본질은 미세먼지로 가득한 하늘을 볼 때도 있다는 사실을 알아야 한다. 늘 맑은 날만 있는 것은 아니다.

욕망은 인간이 삶을 살아가게 만드는 힘의 원천이다. '힘들어 죽겠다', '원래 나는 이런 놈이야'라고 생각하며 자신의 의지를 꺾어버리는 삶을 사는 사람은 늘 슬픔이라는 녀석과 함께 관계를 맺고 살아가는 사람이다. 스피노자는 자기 보존의 욕망을 '코나투스(Conatus: 노력, 추구, 경향)'라고 말했다. 코나투스는 관성과도 같은 것이며 한번 힘을 주면 다시 힘을 주지 않아도 알아서 움직여 나아가게 되므로 사람의 인생과 같다. 직업의 본질도 마찬가지다. 지금은 힘들고 어렵지만 그렇다고 '늘 나는 왜 이 모양일까?'라고 생각하는 순간 당신은 자기 보존의 욕망을 꺾어버리려는 사람이다. 프로이트는 인간의 삶의 욕망을 두 가지로 제시하였다. 하나는 에로스(삶의 충동)고 또 하나는 타나토스(죽음의 충동)이다. 슬픔은 외부의 충격과 자극으로부터 시작되는 것일 뿐이다. 욕망은 자신의 내적 신념에 의해 자기를 보전하려고 하는 인간 근원적인 그 무엇이다.

다시 말해서 욕망은 인간의 온전한 마음과 부족한 마음에 의해 오고 가는 관계의 법칙이다. 우리는 남들이 잘되는 것을 보면 시기, 질투가 나서 어려움과 역경을 쉽게 포기하고 싶은 욕망을 갖게 된다. 그것은 자신의 삶을 살아가게 하는 힘인 욕망의 힘을 끊어 버리는 것이다.

우리는 스스로 위안을 삼기 위해 다른 사람이 잘 나가고 출세하는 것에 배가 아프다. 그래서 이렇게 자기 핑계를 댄다.

'원래 타고나서 그래, 그 친구는 원래 집안이 좋아서'라고 말한다. 그 사람이 배고프고 힘겹게 정상을 위해 노력했던 과정은 온데간데없이 말한다. 직업을 얻기까지 얼마나 많은 눈물과 노력을 통해 그 순간까지 왔을까 상상하지 못한다. 그렇기에 상대방과의 관계 안에서 그렇게 단순히 취급해버리게 된다. 직업 분야에서 성공하는 기사나 뉴스는 자주 나온다. 그럴 때마다 우리는 성공한 사람의 과정과 어려움을 생각하지 못하고 자신의 초라한 모습을 보고 애써 웃음 짓고 만다. 늘 직업의 본질에서 멀어지려는 사람은 핑계를 대고 산다.

'원래 나는 이런 사람이다'라는 말은 자신을 초라하게 만들고 관계 속에서 자신을 버려지게 만드는 말이다.

지금 이 순간이 중요하다. 내 노력이 필요한 순간, 내 참을성이 필요한 순간, 내 용서가 필요한 순간, 기다림이 필요한 순간, 기회를 얻기 위한 순간 말이다. 그럴 때 감정을 잘 다스리면 위기를 극복하는 데 도움이 된다. 기쁨은 관계에서 찾아오며, 슬픔은 나와의 솔직한 감정과 정서가 무너져 버릴 때 나오는 화려함 속의 가시와 같은 것이다.

> "기쁨이란 당신의 몸에 활력을 불어넣고, 삶의 의욕을 증대시키며 당신의 정신을 보다 큰 충만으로 이끄는 힘입니다."
>
> - 스피노자

직업의 본질은 바로 자기 욕망을 실현하기 위한 관계의 힘에서 기쁨을 맛보는 것이다. 관계는 자신과의 심리적 대화이며 마음속 깊이 내재하여 있는 인간의 뿌리 깊은 욕망이다. 출근만 하면 직장 동료 또는 상사가 미워 죽겠는가? 감정은 늘 정서 탓에 딱딱하게 굳어 버리고 그 정서는 자신을 슬픔으로 인도한다. 용서하기 힘들어도 그 사람이 원래 그런 사람이 아니라 어떤 외부 환경과 자극으로 인해 관계 속에서 '슬프게 살아가고 있구나'라고 생각하자.

지금 느끼는 감정이라는 따가운 가시는 때로는 화려한 꽃을 피우기 위한 인간의 이성이며, 따가운 가시는 인간의 욕망에 의해 자라나는 것과 같다. 장미꽃은 화려함 속에 따가운 가시가 달려 있다. 장미꽃처럼 인간의 욕망은 관계를 통해 두 가지 얼굴을 갖게 된다.

그렇기 때문에 직업의 본질을 안다는 것은 우리의 삶이 늘 가시밭길을 걷는 것과 같다는 사실을 아는 것이며 어떤 역경과 어려움 속에서 욕망의 기쁨과 슬픈 감정을 맛봐야 한다는 것을 아는 것이다. 기쁨과 슬픔이라는 감정의 변화는 자신이 얼마나 타인과의 관계 속에서 자신을 잘 결합해 나가

직업을 얻는다는 건

느냐에 달려 있다. 나는 매일매일 자신과의 대화를 위해 책을 읽고 쓰는 일을 하면서 감정이 주는 기쁨을 알게 된다. 때로는 하루 일이 힘들고 짜증이 나더라도 책장에 앉아 나를 되돌아보는 감정의 순간만큼은 골치 아팠던 모든 일을 이겨낼 수 있다는 마음을 갖게 한다.

이 책을 읽는 당신도 사랑하는 사람과 심하게 다투고 감정의 관계에 사로잡혀 밤을 지새우기도 하고, 직장상사나 동료의 행동을 보고 억울하여 밤을 지새워 본 적이 있을 것이다.

당신은 늘 다른 사람과 비교하면서 자신을 초라하게 만들고 불행하다고 느낄지 모른다. 그런 이유로 자부심이 송두리째 날아가 버리기도 하고 열등감의 화살을 가슴에 품고 살아가는지 모른다. 거센 바람은 잠시 지나가는 것일 뿐이니 건강하고 밝은 마음을 코나투스에 공급한다면 당신은 직업의 본질을 찾는 것도 곧 마음먹기에 달려 있다는 것을 알 수 있을 것이다.

업(Calling)이 주는 기쁨은 관계에서 시작되고, 관계는 인간이 살아가면서 사람들과의 관계에서 받게 되는 열등감, 상처, 아픔을 이겨낼 때 찾아오기 때문에 업의 본질은 관계의 감정을 회복하는 것이다.

| 교만의 착각이 실패로 연결된다

직업의 본질은 교만의 착각에서 벗어나는 것이다.

직장생활을 하다 보면 '참 저 사람 교만하다, 잘난 척한다'라는 생각이 들 때가 있다. 우리는 교만의 착각에서 벗어나야 업(Calling)의 본질을 깨달아 삶의 목표를 이룰 수 있게 된다.

> "모든 죄가 다 악하지만, 그중에서도 가장 악한 죄는 교만이다.
> 왜냐하면, 성냄, 방탕, 호색, 술 취함, 게으름 등의 죄는 하나님보다 자신을 대적하는 것
> 이고, 또 탐욕, 시기, 질투, 배은망덕 등의 죄도 하나님보다는 사람들에게 범하는 것이
> 지만, 교만은 하나님에게 대항하고 자신을 하나님과 동등하게 생각하는 죄를 범하는
> 것이기 때문이다."
>
> - 헨리 스미스

직장생활을 하다 보면 우리 주변에서 남을 존경하고 경외하는 사람은 쉽게 남을 무시하고 경멸하지 않는 경향이 있다. 반대로 남을 쉽게 무시하고 경멸하는 사람은 자신보다 힘이 강하거나 명예를 가진 사람 앞에서만 쉽게 경외에 빠져든다. 그 이유는 당연하다. 자신만의 확고한 관점이 있기 때문일 것이다. 확고한 관점이 부정적이든 긍정적이든 대부분의 사람들은 자신이 소유한 돈, 학벌에 따라 자신의 잣대로 다른 사람을 쉽게 평가하려고 하고, 상대방의 인격이 마치 자신의 손아귀에 있는 것처럼 취급해버린다. 그들은 단지 당신보다 몇 년 앞서는 경력, 남부럽지 않은 학벌, 경제적 우위,

직업을 얻는다는 건

직장에서의 위치로 오만한 허영심에 가득 차 인생을 착각 속에 살아간다.

　직업을 갖기 위해 몸부림치는 한 부류는 돈과 명예만 있으면 모든 것을 소유할 수 있다고 생각한다. 또 한 부류는 직업을 얻기 위해 세상의 가치를 공익과 헌신으로 환산한다. 돈과 명예를 가치로 삼는 사람들은 상대방의 지갑 속에 들어 있는 금액에 따라 사람을 구별하고 차별한다. 상대방의 가치를 지폐 한 장으로 평가하려고 든다.

　100원을 10개 모으면 1,000원이 되고, 1,000원을 10장 모으면 10,000원이 된다. 10,000원을 갖고 있다고 세상의 가치를 모두 얻은 것은 아니듯이 1,000원의 기적이 10,000원을 만들 수 있는 가치를 지니고 있음이 중요하다.

　인간이 가장 두려워하는 것은 돈과 명예, 자신보다 높은 지위에 있는 사람들에게 느끼는 열등감, 모멸감일 것이다. 강한 자에게는 약하고 약한 자에게 강한 사람들을 보면 함께 일하면서 쉽게 다른 사람들에게 모멸감을 주고 사람들의 취약함, 약점을 이용하여 무력한 존재로 만든다. 우리는 모멸감으로부터 벗어나기 위해 다시 높은 지위에 올라가려고 노력하고 높은 지위와 권력은 다시 힘이 약한 사람에게 모멸감을 주게 된다.

　"너는 어떠한 사람일 뿐이야"라는 일방적인 규정은 눈에는 보이지 않지만, 당신의 마음속에서 사람을 규정짓는 부정적 감정이다. 규정은 이것도 저것도 아니며, 당신이 정한 기준에서 정해놓은 것 외에 모든 것은 더 이상 정답이 아니라고 스스로 가두어 버리는 틀이다. 일하다 보면 '저 사람 참 답답해'라는 생각이 들 때도 있다. '답답하다'란 감정은 당신이 규정해 버린 자신의 잣대일 뿐이다. '답답하게 행동하는 사람'이란 규정도 당신이 정해 놓은 규정과 비교하여 생겨난 감정일 뿐이다. 상대방이 답답한 것이 아니라 당신이 그렇게 느끼는 감정일 뿐이다.

사람을 한 단어로 판단하는 것은 당신의 눈에 보이는 것만으로 사람을 규정짓는 것과 똑같다. 삶의 기준을 학력, 돈, 명예에 두고 그에 따라 상대방을 규정지으려는 것은 단지 연봉, 학벌 외에 상대방이 갖고 있는 다양한 특성들을 무시하는 것과 같다. 우리 주변을 보더라도 얼마나 많은 사람들이 돈과 명예를 이용하여 상대방을 무시하고 규정지으려고 하는가. TV 뉴스를 보면 갑질 상사에 대한 기사를 종종 보게 된다. 어제오늘의 이야기가 아니다. 사람은 잠재적 능력을 지닌 동물이다. 짜인 틀과 규정에 따라 세상을 바라보는 것은 자기발전에 도움이 되지 않는다.

진로상담을 하다 보면 사람들은 자신의 규정에 따라 희망하는 직업에 자신을 끼워 맞추려고 한다. 사람을 대하는 자세에서도 마찬가지로 자신이 살아온 일정한 법칙과 기준에 따라 다른 사람을 규정짓고 틀에 가두어 생각하려고 한다. 마치 퍼즐에 정답이 있는 것처럼 말이다. 때로는 직업 탐색을 위해 검사결과에 따라 자신을 규정하고 미래의 직업을 평가받고 싶어 하는 게 인간의 당연함일지 모른다. 자신을 이해하고 노력하고, 알려고 노력할 수는 있지만 완전한 인간의 삶의 목적지는 정해져 있지 않다. 자기 자신을 완벽히 규정할 수도 없다. 우리는 직업을 찾고 탐색하는데 너무나 익숙해져 있다. 그래서인지 완벽한 진로를 탐색하여 직업을 갖는 것이 최고라고 생각한다. 그래서 우리는 자신이 만들어 높은 일정한 규정과 기준에 따라 직업을 가지려고 애를 쓴다. 그러다 보면 자신이 생각했던 교만의 착각 속에 사로잡혀 직업을 갖기를 기대한다.

우리는 평생 살아가면서 일과 직업에 대해 생각하지 않을 수 없다. 그러기에 더욱 직업을 가질 때 욕망과 교만이라는 자기중심적 생각을 하는 게

직업을 얻는다는 건

당연할지 모른다. 하지만 자기만의 틀에 갇힌 생각일 수 있기에 쉽게 무너지고, 그로 인해 힘들어하는 모습을 많이 보게 된다. 또한, 그런 좌절감이 사람에 대한 상처와 어우러질 때 상처는 더 깊어진다. 하지만 사람에겐 어려움이 생기면 이겨낼 수 있는 에너지와 힘이 있다.

상담을 할 때도 앉자마자 울며 누군가에게서 모멸감과 상처를 받은 듯 눈도 마주치지 못하는 학생을 자주 접한다. 어쩌면 우리 역시 상대방의 가능성을 무시한 채 누군가의 기준에 따라 소리 없는 폭력을 행사하고 있지 않은가?

부모로부터 받은 상처, 친구들의 차가운 시선으로부터 받은 상처는 모두 폭력이다. 상담에 찾아오는 친구들을 보면 부모가 자식의 생각을 무시하거나, 친구들로부터 따돌림을 당한 친구들이 말 못할 상처를 갖고 찾아온다.

폭력은 상대방을 생매장시키는 일과 같다. 이미 내가 모든 것을 다 아는 것처럼 상대방을 규정짓고, 상대방의 약점을 다 알고 있으니 보잘것없는 것처럼 여기는 사람들의 태도를 스피노자는 '교만'이라고 표현하였다.

교만은 인간의 기쁨과 슬픔 사이 경계선에 있는 감정이다. 교만이 자기규정에 따라 삶의 목표를 이루는 데 도움이 되면 자기 만족감으로 기쁨이 되지만 때로는 자신의 기쁨을 송두리째 달아나게 하는 온갖 슬픔을 야기하기도 한다.

사람은 스펙도 쌓고 자기가 만들어 놓은 규정에 따라 직업을 가지려고 한다. 그러다 인간은 한순간에 교만에 휩싸여 타락한 천사 루시퍼처럼 기쁨을 감추지 못하다가 한순간에 슬픔으로 다시 내려앉고 만다. 중간지대에 서 있는 교만은 늘 정해져 있고 타고난 것이 아니라 살아가면서 관계에 의해 형성되는 감정이다.

졸업하기 전에는 늘 자신이 하고 싶었던 일을 하고 싶었으나 졸업하니 여전히 내가 만들어 놓은 직업이라는 틀에 대한 생각을 벗어나지 못하고 헤매는 청년들을 자주 본다. 남들이 보기에 좀 더 사회적으로 체면이 있고 남부럽지 않은 직업을 갖는 게 가장 최선이라고 생각하는 것이다. 나의 대학생활도 업에 대한 본질을 모른 채 성공과 돈이라는 생각으로 직장에 잘 들어가는 것이 직업선택을 잘한 것으로 보았으니까. 하지만 직업의 본질은 내가 그 직업을 어떻게 바라보느냐에 따라 완전히 달라진다.

"교만은 인간이 자기 자신에 대해 정당한 것 이상으로 느끼는 데에서 생기는 기쁨이다."

- 스피노자

스피노자의 이야기를 읽어나가다 보면 모든 현상의 문제는 자기 자신에게 있다는 사실을 알게 된다. 다른 사람이 교만하게 보이는 것은 당신의 규정에 의해 그려진 이미지일 뿐이다. 자신의 생각과 행동이 정당하다고 생각할 수 있는 근거도 다른 사람도, 신도 아닌 오직 당신의 근거 위에서만 가능하다.

그런데 자기 자신이 교만하다고 깨닫지 못하는 사람은 다른 사람이 교만하지 않은지조차 판단하지 못한다. 자신의 거울을 못 보는데 어떻게 다른 사람의 거울을 볼 수 있겠는가?

직업의 본질은 자신이 가두어 놓은 교만의 틀을 벗어버리고 업(Calling)의 본질을 깨닫는 것이다.

| 열등감을 내려놓고 조연배우가 돼라

"남들보다 더 잘하려고 고민하지 마라. 지금의 나보다 잘하려고 애쓰는 게 더 중요하다."

- 윌리엄 포크너

'언제 나는 저런 멋진 일을 할 수 있을까?'라고만 생각하면 막막함으로 포기하기 쉽다. 인생의 무대 위에서 최고의 주연배우가 되기 전에 최선을 다하는 멋진 조연배우가 되라. 조연배우는 배우로서 역할에 충실해야 하며 배우는 역할마다 덜 중요하고 더 중요한 역할은 없다.

그런데 회사 생활을 하다 보면 남이 잘되는 사람을 보면 배가 아픈 사람이 있다. '저런 하찮은 사람이 저런 일을…', '어린 교수가 감히 넓은 평수에 살아?' 옆에 있는 동료가 잘되는 것을 비웃거나 열등감에 사로잡혀 못마땅해한다.

승진을 빨리하거나 좋은 회사로 이직하는 동료, 넓은 평수로 집을 장만하여 이사하는 사람에게 늘 격려하고 박수를 보내라. 이상(理想)을 잃어버리면 꿈을 잃어버리는 것이고 깊이 있는 자신을 잃는 것과 같다. 열등감과 비웃는 말을 버리고 이를 악물고 자신이 하는 일에 자부심을 갖고 강해져야 한다.

조연배우 우현은 〈황산벌〉, 〈조선 명탐정〉, 〈킹콩을 들다〉, 〈내 아이디는 강남미인〉 등 영화와 드라마에 출연해 못생긴 외모라는 인식을 벗어 버리고 자신의 장점을 활용하여 다양한 연기로 한국영화계에 없어서는 안 될 보배와도 같은 배우가 되었다. 일이 잘 안 풀린다고 괴로워하지 마라. 형편이 어렵다고 열등감에 빠져 살지 마라. 지금의 어려움이 희망을 갖게 하고 더 큰 자신을 만들어 줄 것이다. 직업의 본질은 남들과 비교하지 않는 직업에 대한 자부심이다. 열등감을 벗어 버려야 자신이 이루고자 하는 비전과 사명감으로 행복한 삶을 누릴 수 있게 된다.

평소 체력관리를 위해 운동을 자주 하는데 운동하다 보면 견디기 힘들 정도로 근육에 압박감을 주는 경우가 있다. 무게를 조금씩 늘릴수록 그 압박감은 더해진다. 그러다 어느 순간 근육이 단련되면 더 무거운 것도 들어 올릴 수 있게 된다.

인생도 어려움이 닥치면 단련시켜 끈기와 노력으로 들어올려야 한다. 끈기와 노력은 하루아침에 들어 올릴 수 없다. 매일 매일 들어올려야 근육이 단련되는 것처럼 어려움을 이겨낼 수 있다. 늘 좋은 날과 행복한 날만 있을 수 없다. 오늘 모든 일이 잘되더라도 내일은 꼬이기도 한다. 우리가 직장을 얻고 일을 해 나가는데 늘 평탄하지만 않다.

직업의 소명이 있는 사람은 어떠한 어려움, 고뇌가 있더라도 견디고 이겨낸다. 고뇌와 고통은 우리가 살아가는 데 하나의 에너지이며 직업을 얻는 과정에서 필요하며 직업의 본질이라고 볼 수 있다.

하찮은 사람은 늘 다른 사람의 행복만 바라보고 열등감을 갖는다. 남이 잘되는 것에만 관심이 있고 늘 부정적인 말과 행동이 몸에 배어있어 어려움이 생기면 남 탓만 하는 사람이다. 하찮은 사람은 조직에서 부정적인 생각으로 뛰어난 성과를 올리지 못하고 늘 이기려고만 하는 생각에 가득 차 있다. 우리는 늘 이겨야 한다는 성공의식에 사로잡혀 다른 사람과 비교하며 열등감에 사로잡혀 살아간다. 정작 자신이 해야 할 직업의 본질조차 생각하지 않고 강박관념과 성공의식으로 가득 차 있다.

열등감은 사람을 녹슬게 하고 고생하지 않고 결승점에 도달할 수 있다는 안일한 생각을 갖게 한다. 결국, 허세와 명예를 추구하며 살아가는 사람은 패배자의 인생을 살게 된다. 자신의 직업소명은 온데간데없고 남이 자신을 알아주기를 바라며 지금 현재에 안주하려는 삶을 살아가려는 사람인 것이다. 직업의 본질은 평생 자신이 하고자 하는 일에 대한 직업소명을 갖고 열등감에서 해방하는 것이다.

'절차탁마(切磋琢磨)'라는 말이 있다. '칼로 다듬고 줄로 쓸며 망치로 쪼고 숫돌로 간다'는 뜻으로, 학문을 닦고 덕행을 수양하는 것을 비유하는 말이다. 사람이 가난해도 부모님을 탓하지 않고 높은 지위에 올라가기 위해 아첨하지 않으며, 부유해도 남들에 과시하지 않고 교만하지 않아야 한다. 옥이 윤이 나기 위해서는 원석을 자르고 윤이 나도록 숫돌로 갈고 닦아야 한다. 마(磨)는 끊임없이 갈고 닦는다는 의미를 가지고 있다.

평소 책을 쓰기 위해 매일 한 장이라도 책을 읽는 습관이 생겼다. 다른 사람의 책을 읽어 가며 책 속에 담겨 있는 생각과 이념을 마음속에 되새김질하면서 내 생각을 글로 쓰려고 노력한다. 때로는 게으름으로 인해 매일매일 글을 쓰지 못하기도 하고 책을 읽지 못하는 경우도 많다. 하지만 옥이 윤이 나기 위해서는 원석을 자르고 윤이 나도록 숫돌로 갈고 닦아야 하듯이 내 삶의 깨달음은 매일 책을 읽고 글을 쓸 때 강해지고 나를 알게 된다.

'계속 달리다 보면 종점이 보일 거야' 하는 자세로 책을 쓰든 공부를 하든 직장에서 일을 할 때 원석을 자르고 윤이 나도록 갈고 닦아야 한다.

신문에서 신입사원들이 직장에 입사했다가 바로 퇴사한다는 기사를 자주 보게 된다. 자신이 원하는 일이 자신의 성격에 맞지 않는다는 이유로 너무 빨리 포기해 버린다. 적어도 1년을 지내보고 자신이 바라는 일에 대한 사계절을 느껴봐라.

봄이 오면 여름이 오듯이 여름이 지나면 가을이 온다. 가을이 지나면 때로는 겨울이 다가오고 추운 겨울을 이겨내야 봄이 다시 온다는 사실을 잊지 마라. 인생을 산다는 것은 산을 오르는 것이며 마라톤과 같이 먼 길을 달려가야 하는 오랜 시간이 필요한 일이다. 1등을 하기 위해 노력하고 애쓰는 삶이 아니라 직업의 본질을 알고 일에 매진해야 한다.

수퍼(1990)는 '인간발달은 전 생애에 걸쳐서 일어나는 것이며, 진로선택과 적응은 계속되는 과정'이라고 강조하였다. 인간의 생애주기에서 역할은 부모, 학생, 자녀, 시민, 직장인 등으로 다양하게 하게 되어 있다. 인생의 역할은 늘 다른 사람이 알아주는 주연배우의 역할만 살지 않는다.

당신은 인생의 드라마에서 어떤 역할을 맡고 싶은가?

어렸을 땐 학생으로 책임감을 갖고 학업에 열중하고 자신의 꿈과 목표를 위해 노력하는 역할을 하지만, 나중엔 부모로서 자식을 위해 애쓰고 헌신하여 자식들이 잘 성장하도록 하는 역할을 해야 하기도 한다. 그뿐인가? 부모님의 가르침에 감사하고 늘 자녀로서 어른을 공경하는 역할도 해야 한다. 직업도 마찬가지다. 인생의 드라마에서 뛰어난 주연배우가 아니더라도 좋다. 멋진 조연배우를 통해 자신이 직업을 얻는다는 건 무엇인지 깨달아 최고를 위해 자신을 투자하지 말고 최선의 내가 되기 위해 노력해야 한다.

〈열등감에서 벗어나기 위한 다섯 가지 방법〉

1. 고집을 버려라

 – 열등감을 가진 사람은 일반적으로 자존심도 그만큼 센 사람이다. 그리고 열등감이 높은 사람은 자존감이 아니라 자존심에 의지한다. 늘 자기 고집에 따라 행동하려고 하고 강한 자존심이 갈등을 유발시켜 열등감을 부채질하게 한다.

2. 과거에 집착하지 마라

 – 과거에 상처받았거나 실패했던 일들은 모두 잊어야 한다. 더 이상 실패를 반복하지 말고 패배자가 되지 마라. 열등감을 지닌 사람들은 안타깝게도 과거의 일에 집착하고 자유롭지 못하다. 과거의 일을 떠올리게 되는 순간 당신은 후회만 남게 될 것이다. 내가 잘해낼 수 있다는 미래의 가능성을 믿어라.

3. 기죽지 마라

 – 우리는 어쩌면 신체적인 결함이나 정신적인 결핍된 것이 있을지도 모른다. 누구나 다 잘할 수는 없다. 하지만 열등감이 있는 사람은 스스로를 무엇을 할 수 없다고 생각한다. 편견을 실패하게 만드는 근원이다. 편견의 시선으로 세상을 바라볼 필요가 없다. 더 이상 자신의 부족한 결함을 부담스러워하지 말자.

4. 초심(初心)을 유지하라

 – 힘들고 지칠 때마다 처음 마음먹었던 초심을 기억하라. 전투에 나갈

군인처럼 전쟁에서 이길 수 있다는 자신의 힘을 믿어라. 익숙함에 감염되지 않으려면 늘 초심을 가져야 한다.

5. 자신에 있는 모습을 다른 사람들에게 늘 피드백을 받아라

－나를 볼 수 있는 거울은 다른 사람에게 있다. 내가 아는 나는 다른 사람이 보는 나와 다르기 때문이다. 당신에 관한 모든 것을 당신은 알고 있다고 하지만 당신의 단점은 볼 수 없는 것이다. 다른 사람들의 평가에 섬세하게 피드백을 받아라. 사람은 다른 사람으로부터 받는 피드백으로 성장할 수 있다.

| 업의 본질은 비움으로부터 시작한다

"신이 쉼표를 넣는 곳에 마침표를 찍지 말라."

- 폴란드 속담

삶이 허전한 것은 무언가 채워지지 않았기 때문이다. 우리가 사는 인생도 여전히 비우지 않고 있기 때문에 늘 열등감, 욕심, 공허함, 성공 강박관념 속에 가득 차 있다.

아무리 경제적인 부를 갖고 있다 해도 인간이 추구하는 채움의 욕망은 끝이 없다. 쉽게 말해 좋아하는 것을 하고, 먹고, 입고 싶어 하는 것에 대해 채움이라는 쾌락은 채울수록 더 강한 것을 찾게 된다. 욕심은 자신이 능력이 부족하고 없음을 채우기 위해 갖게 되는 과욕이다.

업의 본질은 비움으로부터 시작한다. 비움은 채움으로부터 자유로워야 한다. 그래서 작은 행동부터 시작하는 습관이 더 큰 행동을 만든다는 '스몰 빅(Small Big)'이란 말이 있다. 작은 행동과 노력이 큰 차이의 변화를 이끌어 낸다는 뜻이다. 실제 '사소함의 힘', '작은 행동의 힘'은 수많은 성공의 힘이다.

업(Calling)의 본질은 자신을 비우는 과정에서 시작해야 한다.

오늘 하루 이야기를 정리하다 보면 하루의 삶이 되고 미래의 삶이 그려지듯이 오늘 해야 할 일을 차근차근해 나가는 사람은 자신이 바라는 직업을 얻게 된다. 직업의 본질은 살아가면서 쉼표와 물음표를 찍으면서 삶에 대한 깊은 성찰 속에서 자신에 대해 묻고 깨닫는 과정에서 알게 된다. 그러다 보면 어느 순간 목표하는 바를 이룰 수 있다.

대학교에 있다 보니 다른 교수님들과 함께 연구해야 하는 경우가 많다. 연구를 총괄하는 교수로부터 전달되는 사항 중 내가 맡은 분량에 관해서는 일정과 분량을 맞춰 제출해야 한다. 일정과 분량이 정해지면 마음만 급해지고 마감일까지 꼭 제출해야 한다는 생각을 갖게 된다.

자신에 대해 책임을 다하는 기본자세이지만 연구를 함께 진행하는 팀에 대한 기본 예의라고 생각하는 내 욕심이기도 하다.

그런 욕심으로 전 직장에서도 오늘 해야 할 일과 제출 마감일이 정해져 있는 보고서를 마무리하기 위해 이리저리 마음을 졸이며 살았던 내가 기억난다. 지금도 나는 주말에 연구실에 나와 한 학기 성적처리를 위해 시험지 채점과 과제를 평가하고 앉아 있다. 일정과 분량을 맞춰 꼭 일해야 한다는 신념은 곧 내 자존심이다. 왠지 무능력하다는 소리를 들을까 봐 그 순간만큼은 밤을 새워서라도 일정과 분량을 최대한 맞춰 제출한다.

예전에 정부기관에서 발주한 연구에 참여한 적이 있다. 최종보고서를 제출하기 전에 연구기관에 그동안 함께 진행해왔던 연구결과물을 미리 설명하는 자리였다. 연구 기간이 2개월이 채 남지 않은 상태였는데 기관장의 말 한마디에 모든 연구방향이 바뀌어 우리 연구진들은 의욕이 상실된 채 학교로 돌아와야 했다.

몇 개월 동안 보고서를 작성하기 위해 문헌자료 및 현장 인터뷰를 하면서 작성해 왔는데 다시 연구방향을 바꿔야 한다는 사실에 연구에 대한 열의가 떨어져 버렸다. '왜 이런 상황이 와야 했는지? 왜 내가 이렇게까지 몸을 버리면서 힘들게 살아야 하는지?'라는 생각만 떠올랐다. 뭔가 하고자하는 일이 잘 안 풀릴 때 모든 일이 욕심대로 잘 풀려야 하는데 그렇지 않

직업을 얻는다는 건

을 때 우리는 욕망을 채우기 위해 과욕을 갖게 된다. 모든 일이 잘 풀려야 한다는 마음에서 자유로워야 한다.

직업의 본질은 비움의 자세에서 출발한다.

비움은 매일 매일 조금씩 생각을 훈련하고 단련해야 나온다. 우리 마음을 단련하기 위해서는 급한 일을 잠시 놓아두고 자신의 부족한 능력을 채우기 위해 갖게 된 과욕은 없는지 생각해봐야 한다. 나를 비운다는 것은 일을 하든 휴식을 취하든 그 상황 속에서 욕심과 인정받고자 하는 마음을 버리는 것이다. 지나친 성과를 올리려는 자세, 남들에게 지지 않기 위해 일하는 자세는 나를 비우는 과정이 아니다. 인생을 살아가면서 쉼표를 찍는다는 것은 여유를 갖기 위해 늘 자신을 비우는 과정에서 시작한다.

최근 일부 연예인들을 보면 남부럽지 않게 잘 나가다가 순간 채움의 욕망으로 인해 인생을 초라하게 살아가는 모습을 보게 된다. 예전 직장에서도 돈에 눈이 멀어 욕심을 부리다가 결국 초라한 인생을 살고 있는 분들도 있다.

몇 주 전 한 아프리카에서 유학을 온 남학생이 수업을 마치고 상담을 받기를 원해 이야기를 나눈 적이 있다. 아프리카 배냉에서 온 친구는 진로교과목 수업을 수강하면서 꿈에 대한 확신을 갖게 되었다며 수업에 대해 감사인사를 하러 왔다. '교수님 수업을 듣지 않았다면 아마 직장에서 돈을 벌고 내 욕심대로 인생을 살뻔했어요'라는 말에 기특하기도 했다. 자신의 꿈은 아프리카로 돌아가 못 배우고 어려운 친구들을 위해 봉사하면서 살아가는 게 올바른 길임을 알게 되었다고 한다.

직업의 본질도 자신을 비우는 과정에서 출발해야 하지 않을까?

한 번에 자신에게 딱 맞는 직업을 찾거나 얻을 수는 없다. 시간과 인내,

노력의 과정을 거쳐야 얻어지는 것이기 때문이다.

마음을 비우기 위해서 나는 매일 책을 읽고 글을 쓴다. 글은 누구나 쓸 수 있지만 글을 쓰면서 조촐한 자신의 마음의 기쁨을 누리는 것은 누구나 할 수 없다. 마음의 기쁨은 독서를 통해 깨달은 것을 한 문장으로 적어 나가는 것에서부터 시작되는 과정이다.

책은 누구나 읽을 수 있고, 글은 누구나 쓸 수 있다. 책을 읽고 글을 쓰면서 자기와의 심리적 대화를 해보라. 마음의 비움은 자기와의 대화 속에서 이루어진다. 자기 마음을 환히 밝혀줄 빛을 보았다면 당신은 비울 준비가 되어 있는 것이다.

과거 자신의 능력만을 믿고 조직에서 온갖 열정과 헌신으로 인정받았더라도 우리는 비움이라는 단어에 친숙해져야 한다. 업(Calling)의 본질을 안다는 것은 바로 끊임없는 비움의 자세로부터 시작된다.

| 가을보다 봄을 잘 지내야 한다

"나는 참 포도나무요 내 아버지는 농부시니 내 안에서 열매를 맺지 아니하는
모든 가지는 그분께서 제거하시고 열매를 맺는 모든 가지는 깨끗하게 하사 그
것이 더 많은 열매를 맺게 하시느니라(요한복음 15:1~8)."

'가을보다 봄을 잘 지내야 한다'는 말은 가을에 열매를 수확하기 위해서
는 봄을 지나 뜨거운 여름의 태양을 먹고 자라야 열매가 맺힌다는 말이다.
봄에는 씨를 뿌리고 여름에는 김을 매 열매가 잘 자라게 하는 일을 해야
한다. 가을은 수확하고, 겨울에는 새로운 봄을 준비하는 일을 한다. 봄과
여름이 없이 가을에 열매만 수확하는 농부는 없다.

농부가 가을에 열매를 맺기 위해서는 많은 열매의 풍요로움에 오만하거
나 탐욕을 부리면 좋은 열매를 다시 수확할 수 없다. 적은 열매를 맺었더라
도 불평하거나 원망하지 않고 겨울을 지나 봄에 씨를 뿌릴 밭을 갈아야 한
다. 밭은 우리의 마음이다. 봄에 다시 싹을 틔울 준비가 되어 있는가? 그러
다 보면 다시 여름이 지나가고 가을에 수확의 즐거움을 맛볼 수 있다.

봄을 잘 보내야 가을을 맞이할 수 있다.

씨 뿌릴 밭을 잘 갈고 기름진 밭으로 만들어야 겨울 인생을 잘 이겨낼 수
있다. 인생도 겨울을 사는 사람이 있다. 아무 일도 하지 못하고 일거리도
없다. 기반이 되는 땅이 꽁꽁 얼어붙어 있고 씨를 뿌릴 밭을 만들지 못한
사람은 밭이 없으니 여름에 김맬 일도 없고 수확하는 가을도 없다. 직업의
본질은 가을에 농부가 수확을 하기 위해 씨를 뿌릴 밭을 준비하는 것과

같다. 씨를 뿌릴 밭은 직업의 본질이며 곧 우리의 마음이다.

① 자기 자신이 무엇을 할 때 즐겁고 행복한가?
② 어릴 적 가장 흥미롭고 유쾌한 경험은 무엇이었는가?
③ 질리지 않고 끝까지 마무리해 본 경험이 있는가?

　자신을 이해하기 위해서는 마음을 알아야 한다. 우리 마음은 곧, 성격, 관심사, 일에 대한 가치, 삶에 대한 애착이다. 자신을 사랑할 줄 알아야 씨를 받을 준비가 되어 있는 것이다. 씨를 뿌리기만 하고 여름에 김을 매지 않으면 소용없고 가을에 수확하지 않으면 겨울을 보낼 수 없다.

　"위대한 사람은 단번에 그와 같이 높은 곳에 뛰어오른 것이 아니다.
　많은 사람들이 밤에 단잠을 잘 적에 그는 일어나서 괴로움을 이기고 일에 몰두했던 것
　이다. 인생은 자고 쉬는 데 있는 것이 아니라 한 걸음 한 걸음 걸어가는 그 속에 있다.
　성공의 일순간은 실패했던 몇 년을 보상해 준다."

- 로버트 브라우닝

　시험기간이 되면 진로교과목 수업시간에 학생들이 태도가 달라진다.
　시험기간이 아닐 때는 진로에 대한 막연함과 걱정이 가득한 학생들을 자주 본다. 그러다가 시험기간이 되면 결석자가 많아지고 수업시간에 다른 시험 준비를 하는 학생들을 종종 보게 된다. 다음 시간이 전공시험이라 부랴부랴 공부해야 한다며.
　대학에 들어와도 뚜렷한 방향도 없이 이리저리 치이고 부랴부랴 인생을 살아가게 된다. 자신이 무엇에 관심이 있고 어디쯤 가고 있는지 밭을 갈지

　　직업을 얻는다는 건

못하는 학생들이 많다. 직장에 다니는 분들 중에도 만날 때마다 하는 말은 일에 대한 고민들이다.

인생 살기가 아무리 어려워도 마음을 잃지 말고 직업이 우리에게 주는 봄의 계절을 잘 보낼 준비가 되어 있어야 한다. 과거에 자신의 무능력함으로 인한 오점을 뉘우치며 씨 뿌릴 밭을 만들어야 한다.

학교에 적응하지 못하고 방황했던 시간, 직장에서 상사와 다툼으로 직장을 나와 버렸던 일 등 과거의 지난날은 봄을 준비할 수 있는 밭이다. 어느 계절의 인생이 될 것인가? 지금 내가 처한 인생이 늘 겨울만 있지 않다.

여태까지는 과거에 어려웠던 시간들을 되돌아보면 후회만 있지 않았을 것이다. 가는 길이 꽉 막혀 풀리지 않던 길도 문제가 해결되면 풀리듯이 인생을 대하는 자세도 성심성의껏 애써 살다 보면 자기도 모르게 일이 술술 풀렸던 기억이 있을 것이다. 운명은 고정불변이 아니고, 우리의 마음과 행동에 따라 변한다.

"孔子三計圖 云 一生之計 在於幼 一年之計 在於春 一日之計 在於寅 幼而不學 老無所知 春若不耕 秋無所望 寅若不起 日無所辦(공자삼계도 운 일생지계 재어유 일년지계 재어춘 일일지계 재어인 유이불학 노무소지 춘약불경 추무소망 인약불기 일무소판)."

공자의 삼계도(세 가지의 계획)에 이르기를, '일생의 계획은 어릴 때 있고, 일 년의 계획은 봄에 있고, 하루의 계획은 새벽에 있으니, 어려서 배우지 않으면 늙어서 아는 바가 없고, 봄에 밭을 갈지 않으면 가을에 바랄 것이 없으며, 인시(새벽 3시~5시)에 일어나지 않으면 그 날에 힘쓸 바가 없느니라'라고 하였다. 우리가 사는 삶은 봄에 있다. 봄에 씨를 뿌릴 밭을 갈아 가을을 준비하는 자는 열매의 수확을 얻게 된다.

| 작은 습관이 변화를 가져온다

"습관을 변화시키기보다 새로운 습관을 습득하라."

- 덴 로비

'고생하면서 기다리기만 하면 반드시 뭐든 될 거야'라고 말하면 누가 고생하면서 꿈을 이루고 싶겠는가? 고생길이 훤하다면 다시 그 길을 가지 않으려고 할 것이다. 하지만 우리는 살면서 '고생하면 좋은 일이 생길 거야'라고 최면을 걸며 살아왔지 않은가?

그러나 무조건 기다리면서 세월이 가기를 고대하는 것은 실패의 지름길이나 다름없다. 그렇다고 일부러 고생하기 위해 뛰어들 필요조차 없다. 자신이 가고자 하는 삶의 목적이 없는데 무턱대고 자신에게 동기를 부여하고 의지력을 최대한 발휘할 필요가 없는 것이다.

"일반적인 것을 잃을 위험을 감수하지 않으면 평범한 것에 만족해야 한다."

- 짐 론

기다림 속에는 야심 찬 열정과 동기, 의지, 긍정적 습관이 들어 있어야 한다. '그렇게 열심히 산다고 뭐가 이루어지는 것도 아닌데 고생하면서 살 필요가 있나요?'라고 반문할 수도 있다. 하지만 한 평생 평범하게 사는 것을 원할 수도 있지만 그런 인생은 지루하지 않은가? 기다리는 습관에 대해 얼마나 진지하게 생각해 보았는가? 그 속에 담겨 있는 의미를 되새겨 보는

직업을 얻는다는 건

사람은 거의 없을 것이다.

당신을 성공으로 이끄는 명언과 속담은 무수히 많다.

'십 년 적공이면 한 가지 성공을 한다'는 말은 무슨 일이든지 오랫동안 꾸준히 노력하면 마침내는 성공하게 된다는 말이다. '누운 나무에 열매 안 연다'라는 속담도 죽은 나무에 열매가 열릴 리 없다는 뜻으로, 사람도 죽은 듯이 가만히 있으면 아무것도 되는 일이 없으므로 열심히 움직이고 일해야 성공을 거둘 수 있다는 말이다.

성공에 대한 명언과 속담은 인간의 능력을 초월하여 성공을 이룰 수 있도록 만들어 준 요술방망이였다. 하지만 명언이 우리 삶이 되기 위해서는 기다릴 줄 아는 습관을 가져야 한다. 기다림이라는 것엔 그 이상의 기다림이 또 있기 마련이다. 기다려도 기회가 오지 않는 이유는 움직이지 않는 기다림을 믿기 때문이다. 하지만 작은 결심과 의지를 갖는 습관은 미래를 움직이게 만드는 진정한 기다림의 힘이다.

직업의 본질은 기다림으로 기회를 얻기 위한 습관을 들이는 것이다.

가수이자 프로듀서인 박진영은 자기관리를 철저하게 하는 것으로 유명하다. 아침 7시 반, 기상과 동시에 일본어를 외우며 잠에서 깬다. 아침 식단은 20년째 위스키 잔에 가득 따른 올리브 오일과 각종 영양제, 견과류, 과일이다. 60대가 넘어서까지 춤을 추려면 몸 관리를 철저하게 해야 한다는 그만의 확고한 의지를 엿볼 수 있다.

매일 하는 행동은 습관이 되지만 어쩌다 한 번 하는 행동은 경험일 뿐이다. 한 직업에 종사하면서 자기만의 기술을 갈고 닦는 것은 우리 삶의 방향을 크게 좌우한다. 일하는 습관은 그 사람이 살아가는 삶의 습관을 보면 알 수 있다. 우리는 매일 반복하는 행동을 통해 일상적인 습관과 의지적 습관을 나누어 생각할 수 있다.

첫째, 일상적 습관은 잠을 늦게까지 자는 습관, 밥을 먹기 전에 화장실에 가는 습관, 수업시간이나 기차 시간에 꼭 지각하는 습관, 하루에 커피를 꼭 마셔야 하는 습관 등 굳어진 행동들이다.

둘째는 자신의 의지를 통해 삶의 습관을 행동으로 보이는 사람이다. 예를 들어 매일 1시간씩 운동하기, 매일 1장의 독서를 하고 블로그에 글 올리기, 매일 일기 쓰기, 매일 잠들기 전에 일본어 공부하기, 하루에 30개 영어 단어 외우기 등은 의지적 행동으로 꾸준한 노력으로 습관화할 수 있다. 지속적인 자기 삶의 습관은 기회를 가져다준다. 기회는 늘 자리에 고정되어 기다리는 사람보다 기회를 얻기 위해 기다리는 사람의 것이다. 지난 며칠 동안 당신은 어떻게 일상을 보냈는지 돌아보자.

자신의 의지적 습관으로 지속적으로 해온 행동이 떠오르지 않는다면 내 삶은 이미 정체되어 있을 수 있다. 새로운 습관이 필요할 수 있다는 말이다. 매년 새해 아침이 되면 습관을 갖기 위해 스스로 동기를 부여하지만, 삼일을 넘기지 못하고 지속적으로 뭔가 해보지 못한 경험이 많을 것이다.

갑작스럽게 많은 노력과 시간이 들어가는 습관(변화)은 실패로 가기 마련이다. 작은 습관으로 시작해 자신의 행동을 지속해 실천해야 한다. 작은 습관이 더 큰 습관이 되듯이 오늘 책 한 장을 읽겠다는 습관은 더 나아가서 하루에 10장을 읽게 한다. 직업의 본질은 자신의 능력을 지속가능하도록 일상적인 습관을 어려움과 고통을 이겨낼 수 있는 기다림의 습관으로 바꾸는 것이다. 작은 습관부터 시작하라. 작은 습관을 더 큰 습관으로 만들어 죽어가는 사람처럼 살지 말고 열심히 움직이고 업(Calling)의 본질을 깨달아 자신의 작은 습관을 십분 활용할 수 있어야 한다.

| 직업이 가져다주는 삶의 즐거움

우리가 알고 있는 직업은 삶의 즐거움이 될 수 있을까?

청년들의 해외진출을 위한 일자리 문제에 관한 연구를 9개월 동안 수행하면서 해외 일자리 창출문제에 대해 생각해보았다. 일자리 문제는 사람이 살아가는 현실적 문제이지만 이상과 현실의 궁합을 잘 맞춰 정책에 반영할 수밖에 없다. 그동안 진로상담 분야에서 일해 오면서 직업에 대한 문제의식을 느끼고 각종 보고서를 작성해보았으나 참 어려운 문제가 일자리 창출이다. 결국 일자리를 창출하자는 이야기는 새로운 직업을 만드는 과정이 아니라 틈새시장을 공략하여 구직자들이 원활하게 노동시장으로 진출하도록 돕기 위한 것이다.

일자리 정책은 곧 현실과 이상의 문제에 부딪히게 된다. 특히 취업을 하기 위해 온갖 노력을 들여 선택한 직업이 후회로 돌아오는 경우가 많은데, 이는 민간 및 공공에서 제공되는 직업정보가 충분한 정서적 문제까지 다루지 못하고 있기 때문이다. 진로상담을 받았다고, 자신의 진로를 완벽하게 확신할 수 없다. 직업은 개인이 일을 통해 갖게 되는 즐거움이 있어야 괜찮을 일자리이기 때문이다.

왜 청년들은 취업 후 바로 리턴을 하게 될까?

내가 해외에 나가 있는 전문가들의 의견을 들어보니 결국 삶의 의미와 즐거움이 큰 문제란다. 일하면서 갖는 여유와 놀이, 즐거움이 없는 일자리라면 아무리 유망한 직업이라도 소용없다는 말이다. 처음에는 남부럽지 않은 체면으로 어깨가 으쓱하지만 직장생활은 놀이와 즐거움이 있어야 하지 않을까? 사람들과 어울리는 법, 퇴근 후 맥주 한잔의 여유, 여자 친구와 새로 나온 영화를 보러 가는 즐거움이라고 해야 할까?

해외 출장 갔다가 만난 청년의 이야기다.

나처럼 장교로 전역하여 우연치 않게 해외취업을 하게 되었는데 해외에서 일을 하다 보니 365일 일만 하다가 기숙사에 들어가 잠자고 나와 다시 일하는 게 전부였다고 한다. 자신을 위한 진정한 삶의 여유와 즐거움도 없어 일을 마치면 주말에 친구들과 1시간이 넘게 걸리는 시내로 나가 영화를 보곤 한다고 말한다.

수업시간에 학생들에게 최근에 나온 영화를 소개해 주면서 수업을 이어갈 때가 있다. 학생 중 대부분이 최근에 영화를 보지 않아 최근 나온 영화를 본 적이 있는 학생은 손을 들어보라고 하면 거의 손을 들지 않는다. 기숙사, 집에서 학교에 와서 수업만 듣고 다시 집에 가는 게 삶의 전부란다. 아니, 학생들뿐 아니라 직장인들도 회사 아니면 집이 삶의 전부가 되어 직장생활 하면서 즐거움을 찾기가 어려운 게 현실이다. 과연 괜찮은 일자리만 제공해 주는 것이 일자리 창출일까? 그렇다고 퇴근만 일찍 해주면 즐거움이 있을까? 삶의 의미와 가치를 버려두고 사람을 노동시장으로 내몰아치는 노동정책의 문제는 아닐까?

일자리 창출은 직업의 본질 문제를 먼저 해결해야 한다.

첫째, 미래 직업에서는 그 직업을 선택했을 때 자신의 미래에서 얻어질 당장의 이익을 생각하지 말아야 한다.

왜냐면 미래고용 가능성에선 예측 불가능한 상황을 자신이 감내해야 하기 때문이다. 첫 직장의 월급이 당신이 생각하는 것보다 적을 수 있다.

직업을 얻는다는 건

월급이 밀리지 않고 매달 꼬박꼬박 들어와야 괜찮은 직장이다. 이것이야말로 지금 당장 입에 풀칠해야 하는 사람들에겐 괜찮은 일자리이다. 더 중요한 것은 지금 당장 적은 돈을 받는다 해서 당신이 불행한 것은 아니라는 사실이다. 그렇다고 월급이 많다고 해서 미래가 늘 보장되고 즐겁지만은 않다.

대학교 평생교육원에서 직업상담사 자격증 과정을 개설하여 교육을 진행한 적이 있다. 그런데 대기업 부장, 과장들은 많은 돈을 벌어가며 여유 있게 살 수 있는데 퇴근 후 야간에 수업을 들어가며 미래를 준비하는 분들이 많아졌다. 그분들이 하는 말을 들어보면 '지금은 여유가 있지만 나이 들면 돈은 적당히 벌고 즐겁게 살고 싶다'고 한다. 결국 직업은 생존의 문제와 삶의 즐거움 문제이기도 하다.

수업시간에 사회적 기업에 취업할 학생을 추천받기 위해 애를 써도 아무도 관심이 없다. 월급이 적고 꾸준히 일할 수 없는 장래가 불확실하다는 게 이유다. 공공기관에서 일자리 정책을 담당하는 책임자들도 그렇게 생각한다. 해외취업에 급여수준이 낮으면 일단 쓸데없는 직업이라고 생각하여 아예 생각조차 접어둔다. 우리 사회에서 사회적 기여를 통해 일하고 있는 사람들이 얼마나 많은가? 비록 많은 돈은 벌지 못하지만 일정한 돈을 사회에 환원하고 생활에 필요한 적당한 돈을 벌고 일에 보람과 즐거움이 있는 삶을 살아가는 사람들이 많다.

둘째, 직업은 개인의 정서적 문제까지 고려해야 한다.

다시 말해서 사람은 자신의 마음이 드는 곳에 관심을 갖고 몰입하게 된다. 직업의 본질은 자신의 마음을 잘 이해하는 것부터 시작된다. 그것이 삶의 지혜이다. 늘 변하는 것이 사람 마음이거늘 지금 하는 직업을 평생 하리라 생각하는가? 사랑하는 사람과 연애하다 보면 서로 사랑하기 때문에 만나고 싶고 같이 살고 싶어진다. 하지만 사람 마음이라는 것은 늘 변하기 때문에 그 사랑도 분노와 질투로 변해 버리기 쉽다. 좋아하기 때문에 어떤 직업을 선택했더라도 평생 그 직업이 사랑스럽지는 않다는 것이다. 끊임없이 자신의 마음이 어디에 있는지 되돌아볼 수 있어야 한다.

소소한 즐거움을 잠시 내려놓으라면 하겠는가? 지금 사랑의 즐거움을 내려놓으라면 애인과 헤어지겠는가? 애인과도 서로 마음이 통해야 한다. 직업의 본질도 결국 지금 여기라는 생각으로 일에 미쳐야 직장생활을 하면서 삶의 즐거움은 나 개인의 것이 된다.

학생들이 진로상담에서 나누는 주제는 바로 적성이다. 자신이 좋아하는 일을 하고 싶은데 무엇이 맞는지 모르겠다거나 전혀 모른다고 한다. 돈과 명예로운 일은 언제 그랬는지 모르게 찰나같이 지루해진다. 일에 대한 재미는 늘 새롭고 쾌감을 준다. 결국 끊임없는 자기이해가 필요하다. 그때그때마다 자신을 성찰하고 재미와 즐거움을 가질 수 있는 일에 도전을 놓지 말라는 것이다. 우리는 일이 주는 즐거움을 미래 직업선택에서 우선시해야 하지만 그럴 겨를이 없다. 온갖 유망 직업이 쏟아지다 보니 당장 성공 가능성이 높은 일에 시선이 가기 때문이다. 일자리 정책도 이런 현실에 맞서 본질을 반영해야 한다.

셋째, 미래 직업의 본질은 가상현실이 아니다.
물론, 당신 눈앞에 보이는 것만이 모든 세계는 아니다. 그렇다고, 미래를 환상으로 직업을 바라면 문제는 커질 것이다. 물론 내가 어릴 적에는 핸드폰이 귀했다. 인터넷 환경이 이렇게 빠르게 바뀔 것이라고 누가 생각했겠는가?
하지만 사람은 생각하는 범위가 제한적이다. 다른 사람이 평균적으로 생

직업을 얻는다는 건

각하는 범위에서만 생각하고 행동한다. 직업을 선택할 때, 무한한 가능성을 보며 몽상가가 되라는 말은 참 무서운 말이다. 직업의 세계는 자신에 대한 마음을 이해하기 위해 끊임없는 성찰 과정에서 얻어지는 것이어야 하며 현실적이며 실천 가능한 것이어야 한다. '미래는 이럴 것이다'라는 상상 속에서 나오는 것이 아니다.

자신이 투자해온 그동안의 스펙이 아까워 실력은 있음에도 불구하고 갈 곳이 마땅치 않은 사람들이 얼마나 많은가? 미래는 기상 일보처럼 내일 날씨를 알려주지 않는다. 미래 직업은 1년 뒤의 날씨를 예측해야 하는 불확실한 일기예보이다. 가다 보면 예측하지 못한 날씨에 비도 오고 바람도 불 것이다. 직업의 본질은 매일 매일 출근하는 즐거움, 일이 가져다주는 즐거움에서 찾아야 한다. 비바람도 맞아보고 그때 '날씨가 흐린 날도 있을 수 있다'고 생각하는 긍정적 생각이 중요하다.

| 성공의 위대함은 땀에서 나온다

"명성을 쌓는 것에는 20년이란 세월이 걸리며 명성을 무너뜨리는 것에는 5분도 걸리지 않는다. 그걸 명심한다면 당신의 행동이 달라질 것이다."

- 워런 버핏

〈전지적 참견 시점〉은 가족들과 함께 보는 TV 프로그램 중 하나이다. 프로그램에서 인상 깊은 장면은 우리가 생각하는 연예인의 모습만 보여주는 것이 아니라 매니저와 어울려 살아가는 훈훈함을 보여주는 장면이다. 연예인 역시 노력하며 땀 흘려 일하지만, 매니저는 어쩌면 연예인과 더 가까이 붙어 지내면서도 그 노고가 잘 드러나지 않는 직업이다.

이영자는 휴게소 먹방으로 인기를 얻었고, 이영자뿐 아니라 박성광과 그의 매니저는 케미로 때로 웃음과 감동을 준 적이 있다. 현장에서 최선을 다하는 연예인과 매니저를 보며 우리는 무슨 일이든 최선을 다하는 게 중요하다는 것을 알게 된다.

애플의 성공 아이콘이라 불리는 스티브 잡스도 우리에게 교훈을 준다. 그는 많은 재산을 두고 세상을 떠났다. 그가 죽음을 앞두고 우리에게 남긴 메시지는 많은 돈은 나중에 소용이 없다는 것과 자신의 현재 상황에 최선을 다하는 삶이 중요하다는 것이다. 그에게 후회 없는 삶은 과연 어떤 것이었을까?

직업을 얻는다는 건

"타인의 눈에 내 인생은 성공의 상징이다. 하지만 일터를 떠나면 내 삶에 즐거움은 많지 않았다. 결국 부는 내 삶의 일부가 되어 버린 하나의 익숙한 '사실'일 뿐이다. 병들어 누워서 과거 삶을 회상하는 이 순간, 나는 깨닫는다. 자부심 가졌던 사회적 부는 결국 닥쳐올 죽음 앞에 희미해지고 의미가 없어져 간다는 사실을, 내가 마지막에 가지고 갈 것은 오직 사랑과 행복이 넘치는 기억들뿐이다. 이것이 나를 끝까지 지탱해줄 수 있는 힘과 빛이다."

- 스티브 잡스

성공의 위대함은 놀라운 위치, 명예, 사회적 명성을 의미하지 않는다. 인생의 꿈은 남이 만들어 주는 것이 아니다. 가만히 기다리는 것은 더더욱 아니다. 그래서, 직업의 본질은 자신이 평생 하고자 하는 일에 대해 땀 흘려 일할 수 있는 마음가짐이 있어야 한다. 땀 흘려 일할 수 있는 마음가짐이란?

<u>첫째, 지금 순간을 땀과 노력으로 받아들여야 한다.</u>
자신만이 할 수 있는 일과 하고 싶은 일이 있으면 발버둥 치면서 이를 악물고 일단 해보는 태도가 중요하다. 그 때문에 우리는 인생을 등산에 비유하기도 하는데 등산을 하면서 정상에 올라가기 위해 이를 악물고 끝까지 오르게 된다.

서울로 출근하던 당시 나는 수원에 살면서 가까운 광교산에 종종 가족들과 등산했다. 애들이 어릴 때라 엄마 아빠가 가자고 하면 잘 따라와서 우리 가족은 광교산 등산을 마치고 늘 도토리묵을 먹고 집에 오곤 하였다. 등산을 위한 등산이 아니라 도토리묵을 먹는 맛에 갔다고나 할까?

그리 높지 않은 산이고 자주 가던 곳이라 어렵지 않게 등산하는 곳이지만 정상에 다다르면 숨이 찬다. 한 걸음씩 올라가다 보면 어느새 멀리 내가 사는 동네가 보일까 말까 한다. 또, 여름이면 정상부근에 신기할 정도로 아이스크림을 파는 아저씨가 있었다. 여름 등산의 경우 더운 날씨를 이길 방법은 중턱에 위치한 약수도 최고이지만 땀 흘려 올라간 뒤 먹는 아이스크림만큼 시원한 게 없다. 아이들도 정상에 오르면 아이스크림을 먹는 재미에 지치지 않고 올라오는 걸까? 늘 어른들보다 힘이 넘쳐 났다.

높은 산이든 낮은 산이든 등산하는 사람들은 땀 흘려 오르는 기쁨을 느낀다. 한 걸음씩 힘겹게 오르면 모든 잡념이 사라지고 오로지 정상을 향해 올라가는 과정에서 자신을 되돌아보게 된다. 정상에 오를 때는 땀을 흘려가며 올라야 제맛이다. 하지만 정상에 오르기 위해서만 산을 오르는 것은 아니다. 쉬엄쉬엄 올라가면서 잠시 쉬기도 했다가 다시 올라가게 되면 어느새 자신이 정상에 올라왔다는 사실에 뿌듯함을 느낀다. 우리의 인생도 과정과 역경 없이 살 수는 없다. 역경은 자기 자신을 되돌아보게 하고 자신을 충실하게 살아가도록 돕는 것이 아닐까?

우리 인생이 천천히 걸어가든 빨리 달려가든 언젠가는 목표에 다다를 것이다. 그런데 한번 가보지도 않고 그곳에 보물이 없을 거라고 생각하는 것은 성공의 힘을 무시하는 오만한 자세이다. 조금 더 올라가다 보면 어느새 정상에 도달한다.

땀과 노력은 어느새 지금 당신의 삶을 바꾸어 버린다. 직업을 얻는다는 건 땀과 노력의 철학을 배우면 그만큼 얻어지는 것이다. 우리가 저 높은 산을 오르려고 할 때 발걸음을 힘차게 오르지 않으면 헛된 꿈이 된다.

앵매도리(櫻梅桃梨)라는 말이 있다. '앵두나무는 앵두꽃으로, 매화는 매화꽃으로, 복숭아나무는 복숭아꽃으로, 배나무는 배꽃대로 피어난다'는 뜻으로 다른 사람의 간섭이나 체면에 상관하지 않고 자신의 뜻대로 신념을 바

직업을 얻는다는 건

꾸지 않는 확고함을 말한다. 자신이 가는 길을 믿는 태도가 필요하다.

둘째, 땀 흘려 일할 수 있다는 마음을 가져라.

바쁘더라도 늘 행복하고 감사하라. 여유 있고 한가한 삶은 결코 행복한 것은 아니다. 어려움 속에서 도전하고 행동하는 사람만이 인생에 감사하고 고마워할 줄 안다. 예전에 1학년부터 쭉 모범생으로 학교생활을 했던 학생이 생각난다.

모든 학교 수업과 대학생활 경진대회에서 최우수상을 받을 정도로 활동이 많고 성적이 우수하여 자신이 바라는 직장에 취업이 될 것이라고 확신했던 학생이었다. 그런데 4학년 때 개인 사정으로 진로를 고민하다가 다른 분야에 관심을 가져 꿈을 잠시 접어두기로 했다. 지금까지 땀과 노력으로 준비하고 만들어온 길이 아닌 다른 길을 가야 하는 자신의 모습을 보고 혼란스러워했다. 하지만 어떤 선택을 하던 자신의 행복을 위한 길이라면 도전해 보고 믿음을 가지고 나아가라고 용기를 주었다. 나는 그 학생이 지금보다 더 강한 사람이 될 것이라고 확신하였기 때문이었다. 왜냐하면, 늘 지금처럼 노력하면 산을 오르리라는 마음이 그 학생에겐 있었기 때문이다.

자전거 페달을 열심히 밟아보지도 않고 힘들다고 말하지 마라. 땀은 직업의 본질이며 우리 삶의 위대함이다.

셋째, 할 수 있다는 용기를 가져라.

윈스턴 처칠은 90 평생 중 무려 55년을 의회에서 보냈고 장관으로서 31년을 보냈으며, 영국 총리로 9년간 봉사했다. 그런데 처칠도 강한 리더십 뒤에 단점이 많은 사람이었다. 호감 가지 않는 외모와 170㎝가 되지 않는 작은 키, 뚱뚱한 체구, 게다가 항상 고독했고 병치레도 많았다고 한다. 13세 때

폐렴을 앓은 이후 고통받으며 살았으며, 심장발작도 많았다. 또한 정치인이지만 사실 말더듬이었다. 처칠은 이를 고치기 위해 책을 소리 내어 읽으면서 말더듬이를 고쳤다고 한다. 게다가 처칠은 용기없는 성격으로 늘 우울증에 시달렸는데 일에 몰두하면서도 잠자리에 들어선 베개를 껴안고 울었다고 한다.

처칠은 이처럼 단점이 많은 사람이었지만 처칠이 유명한 정치인이 될 수 있었던 것은 '굽히지 않는 용기'였다고 한다.

위대한 삶을 살았던 사람들의 공통점은 성공의 요인을 땀과 용기에서 찾았다. 직업의 본질은 자신이 평생 하고자 하는 일에 대해 땀 흘려 일할 수 있는 용기가 있어야 한다. 사회적 부는 결국 닥쳐올 죽음 앞에 희미해지고 의미가 없어진다. 직업은 용기 있는 자만이 일구어낸 행복의 결과물이기 때문이다.

| 권력이 아닌 권위를 인정하라

대체로 건강한 정신을 가진 자와 소인배는 어디 가나 있는 법이다. 마음이 건강하고 태도가 바른 사람은 적자(嫡子)라고 말할 정도로 넉넉하고 올바른 행동을 한다. 반면에 소인배들은 자신의 부족하고 능력이 없는 역량, 콤플렉스를 핑계 삼아 자신보다 약한 자를 괴롭히고 스트레스를 해소하려고 한다.

적자는 자신보다 앞선 자를 인정할 줄 안다
소인배는 자신보다 앞선 자를 시기한다

적자는 자신이 잘못하면, 사과할 줄 안다
소인배는 자신이 잘못했는지조차 생각해 보려 하지 않는다

적자는 약자에 약하고, 강자에 강하다
소인배는 늘 강한 척하지만, 사실 가장 약한 사람이다

- 미상

소인배들에겐 아첨이 따라다니고 학벌, 경제적 능력에 사로잡혀 그들만의 세상에 살아간다. 자신을 인정해주기를 바라고 진심 어린 직언에는 자신을 대접해주지 않는다는 이유로 감정이 폭발하고 복수의 칼을 갈고 살아간다. 당신도 직장생활을 하다 보면 요령도 생기고 내가 조금 귀찮고 힘

들면 다른 사람에게 일을 시키고 당신의 지위와 권력이라는 위치에 올라가 있지 않은가? 고장 난 저울처럼 인생을 살아가는 안타까운 사람들이다.

권위와 권력은 다르다. 인간이 살아가면서 스스로를 돌아보는 거울이 철학이라고 생각한다. 많은 철학자들의 이야기를 듣다 보면 인생은 찾아 떠도는 나그네처럼 나에 대한 모습을 되돌아보게 되고 특히, 직업의 본질은 권력이 아니라 바른 권위에서 나온다는 것을 알게 된다.

> "권위가 없어서는 인간이 존재할 수 없다. 그러나 권위는 진리와 같이 오류를 동반하는 것이다."
>
> — 괴테

당신이 일하는 직장에서도 아첨과 때로는 강압으로 부하를 짓누르는 사람이 있지 않은가? 구성원들을 화합하여 움직이게 하고 행동하게 만드는 힘은 건강한 욕망에서 시작된다.

인간이 가진 욕망엔 자신이 늘 완벽해야 하고 후회하지 말아야 한다는 실패 거부감이 있다. 우리의 욕망은 자신의 의지에 따라 통제된다. 자신의 욕망에서 자유로워질 수 있는 것은 수업시간에 배운 이론을 머릿속에 저장해 놨다가 의식적으로 꺼내 쓰는 것이 아니라 무의식적인 것이다. 몽상에서 깨어나기 위해서는 현실이 결여된 헛된 꿈에서부터 자유로워져야 한다.

직업의 본질은 다른 사람들로부터 존경과 응원을 받는 적자(嫡子)가 되는 것이다. 자신의 명예와 위치를 과시하여 힘 약한 부하 직원들이나 아랫사람을 우습게 여기는 소인배와 같은 사람은 인간의 끝없는 욕구로부터 자유롭지 못하다.

직업을 얻는다는 건

모 취업포털에서 직장인을 대상으로 '갑질 상사 유형'에 대해 조사한 결과 97%의 직장인이 상사로부터 갑질을 경험한 적이 있다고 응답하였다. 갑질 상사의 유형으로는 상사의 기분에 따라 팀 분위기를 바꾸려거나, 자신의 업무에 대한 책임을 회피하는 상사가 가장 꼴불견인 상사 1위였다. 또한, 업무지시를 할 때 늘 이랬다저랬다 말을 바꾸거나, 상사의 명령이나 의견을 무조건 강압적으로 밀어붙이는 상사도 갑질 유형에 포함되었다.

　물론 조직 내에서는 먼저 입사한 상사와 선배가 존재하고 내부 관행은 거역할 수 없이 따라야 하는 힘을 발휘한다. 아직 우리 사회는 직장 내에서 인간이 존엄성과 개개인의 발언에 대해 존중하는 문화를 실천하는 문제는 쉽지 않은 집단주의 문화이다.

　직장 내에서 보면 '저 사람 참 권위적이다'라고 생각되는 사람이 있다. 권위자는 다른 사람들로부터 존경과 응원을 받는 사람이고 권력자는 강압과 자신의 명예만을 위해 다른 사람들을 악랄하게 이용하는 사람이다. 그런데 나이가 들어감에 따라 주변에서 권위적이든 권력적이든 사람들을 정말 악랄하게 이용하는 사람들을 종종 본다. 나도 시간이 지나고 경륜이 쌓이면 언젠가는 권위나 권력을 이용하는 상사가 될 수 있다.

〈권력자가 될 가능성이 높은 사람의 특징 5가지〉

1. 지나가다가 인사했더니 받아주지 않는 사람

2. 수시로 지시사항을 번복하는 사람

3. 말이 너무 많고 다른 사람의 말을 듣지 않는 사람

4. 자기 잘못을 인정하지 않고 남 탓하는 사람

5. 험담에 집중하는 사람

연예계 큰 어른인 배우 이순재(85)는 60년 넘게 배우 생활을 하면서 누구보다 열심히 대본을 읽고 노력하는 배우다. 이순재는 연기는 여전히 노력하고 최선을 다해야 하는 자신의 업(業)이라고 강조하면서 늘 후배 배우들에게 본이 된다.

이순재는 나이가 어리다고 아랫사람을 무시하지 않는다. 손주 뻘인 제자들과 스스럼없이 어울리며 나이 먹어서 폼 잡고 이래라저래라 하지 않는다. 후배들과 어울리기 위해 먼저 다가간다고 한다. "나 혼자 버티면 나만 외롭지." 배우는 책임감과 의무감이 있어야 한다고 강조한다. 이순재의 말에서 권력 의식을 찾아보기란 어렵다. 그는 후배들의 애경사를 꼼꼼하게 챙기며 젊은 후배들도 편하게 대한다. 나이가 많다고 권력을 이용하지 않고 입은 무겁고 지갑은 가벼워져야 한다며 이를 실천하는 배우이다.

직장 내에서의 인간관계는 외적으로는 수평적 구조이다. 일부 기업에서는 수평적 직급제도를 시행하여 직급에 역할과 책임을 부여하지만 아직 직급상 우위를 이용한 갑질이 아무렇지 않게 자행된다. 직업의 본질은 상호 존중, 협력에 의해 구성원들과의 수평적 소통관계를 실현하는 것이다. 또한 상사와 직원들은 공과 사의 구분이 확실한 모습을 보여줘야 하고, 칭찬과 격려를 아끼지 않는 태도와 서로의 의견을 경청해 주는 태도를 보여야 한다.

> "올바른 결정은 반대되는 의견이나 다른 관점의 충돌에서 생성된다.
> 따라서 필요한 것은 의견의 일치가 아니라 불일치이고, 모두의 의견이 일치한 경우라면
> 결정해서는 안 된다. 성과를 올리는 사람은 의도적으로 의견의 불일치를 만들어 내기도
> 한다."
>
> – 피터 드러커

직업을 얻는다는 건

직장생활을 하면서 서로 간 신뢰와 믿음의 중요성이 부각되면서, 직원들 간 소통능력은 이제 일반 비즈니스맨에게 요구되는 기본적인 자질이다.

권력이 아니라 소통하는 감각을 익혀라. 직업의 본질은 서로의 장점을 인정하고 힘으로 대하는 것이 아니라 마음으로 서로를 대하는 것이다. 마음을 여는 것만으로 부족하다. 다른 사람들로부터 존경과 응원을 받는 권위자가 되기 위해서는 다른 사람을 악랄하게 이용하는 강압과 자신의 명예만을 추구하려는 권력에서 벗어나야 한다.

| 직업은 노력의 즐거움을 맛보는 것

나는 고등학교를 졸업하고 적성과 상관이 없는 통계학을 전공했다.

지금도 그렇겠지만 성적에 따라 학교와 전공이 선택된다. 어쩔 수 없이 선택한 전공이라면 당연히 흥미는 없고 성적도 좋을 리 없다.

나는 성적에 따라 선택하게 된 전공이라 관심도 없었고 대학이라는 곳은 꼭 가야 하는 곳으로 생각했지 무슨 전공을 택해야 하는지는 아무도 내게 조언해 주지 않았다.

아버지와 어머니는 맞벌이로 일하느라 자식에게 관심을 가질 수 없는 사정이었다. 나도 누구에게 조언을 구할 생각조차 하지 못했고 대학을 가는 게 당연하다는 생각으로 전공과 상관없이 담임 선생님이 지도해 주시는 대학으로 들어갔다. 수학에 자신이 없었던 나는 늘 성적이 좋지 않았고 대학을 나와 무엇을 해야 하는지도 고민하지 못했다. 우리는 개인의 관심사와 일치하는 일을 할 때 대체로 삶에 만족감이 높아진다. 늘 흥미롭고 즐거웠던 일을 찾아 하는 사람은 조직에서도 좋은 성과를 올리고 개인이나 다른 동료들에게도 도움을 준다.

이제 와 생각해보면 고등학교를 지나 대학에 들어가서 동아리 활동도 해보고, 장교를 나와 사회생활을 해보니 사람들과 어울려 사는 것이 복잡한 수학을 다루는 일보다 더 흥미롭다는 사실을 알게 되었다. 특히, 사람들이 생각하는 삶의 의미와 직업을 찾아가며 고민하는 모든 문제에 대한 호기심은 미분, 적분을 하루 종일 풀어보는 일보다 만족스럽다.

자신이 좋아하고 잘하는 것을 선택하는 일은 수학공식처럼 정답이 있지

152

않다.

갤럽 조사에서 141개국을 대상으로 직장인의 업무 몰입을 조사한 적이 있다. 전 세계적으로 13%의 성인만이 직장에서 종일 일하면서 업무에 몰두한다고 스스로 평가했다. 대부분의 사람은 자기 직업에 몰두하지 못함을 알 수 있다. 자신이 좋아하는 일이라면 얼마나 그 일이 좋고 재미있겠는가? 밤을 새워도 질리지 않고 일에 몰두할 것이다. 박지성, 김연아, 이상호, 박태환 선수 등은 늘 어려서부터 자신이 좋아하는 일에 몰두해 왔고 그런 노력의 결과는 상당한 시간이 걸려 이루어진 것이라는 사실을 알 수 있다.

직업의 본질은 즐거움을 맛보기 위한 노력의 결과물이라고 볼 수 있다.

2009년 1월 15일 승객 155명을 태운 A320의 US 에어 웨어는 새떼로 인해 허드슨 강에 비상착륙하게 된다. 155명 모두를 구조한 기적 같은 이야기는 영화로도 방영되었는데 이와 같은 기적은 바로 설리 기장의 오랜 비행경험과 기술이 축적된 결과였다. 1만 시간 이상의 비행경험은 탑승객 모두를 살렸고, 불가능을 가능으로 만들었다.

불가능을 가능으로 만들 수 있었던 것은 설리 기장의 오랜 비행경험과 기술이 축적된 결과였다. 바로 노력의 즐거움이다.

취업하기가 하늘에 별 따기인데 일단 졸업을 하고 어떤 일이든 해보자는 생각으로 막연한 기대로 사회에 나가는 학생들을 자주 본다. 자신의 전공과 적성을 고민할 여유조차 없이 졸업을 하게 되면 조바심이 생겨 여기저기 이력서를 제출하고 면접을 보느라 정작 자신이 좋아하고 잘하는 일이 무엇인지 생각할 겨를 없이 남부럽지 않은 직장에 들어가려고 애쓴다.

우리는 결혼 상대를 찾을 때 자기 성격과 맞아야 하고, 미래를 함께할 수 있는 마음이 맞는 사람과 결혼하기를 희망한다. 높은 키와 잘생긴 외모,

유머러스하고, 지적이고 건강해야 한다는 완벽한 이상형은 구할 수 없다. 서로가 20년 이상 다른 환경에서 성장하였고, 성격 또한 짧은 만남을 통해 알아낼 수 있는 것은 어렵다. 결혼해서 살다 보면 서로의 새로운 모습도 발견하게 되고, 때로는 방귀 한 번에 미처 몰랐던 털털함도 알게 된다.

진로상담을 받거나 수업을 듣는 학생들의 수업신청 동기를 물어보면 대부분 진로 탐색을 완벽하게 하길 원한다고 이야기한다. 이론과 수업만으로 직업에 대해 완벽한 결정을 할 수는 없다. 결혼 상대도 많이 만나보고 교제해 봐야 서로를 알 수 있듯이, 직업도 오랜 기다림 속에 직장에서 상당 기간은 일을 해봐야 재미있고 자신이 알지 못했던 자신의 능력과 소질, 소명이 무엇인지 알 수 있다.

노력은 업의 본질을 깨닫게 하고 일에 소중함을 알게 해준다. 그리고 일에 대한 인간다운 가치를 발견하게 하여 소명의식을 갖게 만든다. 우리는 졸업만 하면 당연히 어디에서든지 일하게 될 테고 남들처럼 스펙을 잘 쌓으면 좋은 직장에 들어갈 것이라고 여긴다. 어떻게 하면 빨리 자신의 적성을 파악하여 사회 첫 단추를 잘 맞출까 고민하고 노력한다. 첫 단추를 잘못 끼우면 큰일이라도 생기는 것처럼 조심스럽고 너무 신중하다. 대부분의 첫 직장은 평생 가지 않는다. 다시 단추를 끼워 맞춰야 하기 때문이다.

자신이 무엇을 좋아하고 잘하는지가 아니라 머릿속으로 배운 지식, 사회적 체면, 부모님의 기대 등 정해진 기준에 따라 직업을 찾으려 하다 보니 객관적인 자신의 성찰 과정은 온데간데없다. 하버드 대학 도서관에 걸려 있는 30가지 명언에는 이런 말이 있다고 한다.

'한 시간 더 공부하면 남편 얼굴이 바뀐다.'

우리는 자신이 관심 있고 흥미 있는 일을 해 나가면서 어려움도 겪어 보

직업을 얻는다는 건

고 평소 자신이 미처 발견하지 못한 부족함을 발견하는 순간 최선을 다해 노력하며 목표를 이루게 된다.

"우리가 할 수 있는 최선을 다할 때, 우리 혹은 타인의 삶에 어떤 기적이 나타나는지 아무도 모른다."

— 헬렌 켈러

자신이 오랜 기다림 속에 배운 지식은 노력에 의해 기술로 변환되고 기술은 다시 현장 경험을 통해 남들이 보유하지 못한 성과를 만들어 낸다. 지식에 안주하는 사람은 아무것도 얻을 수 없다. 사소한 일이라도 최선을 다하고 노력하여 즐거움을 맛보는 사람은 하고자 하는 목표를 이루게 된다. 노력은 나를 발견하도록 돕는 성찰의 도구이다. 또한, 노력은 자신이 좋아하는 것이 무엇이고 어디로 향하는지 알게 해준다.

자신이 좋아하는 관심사를 발견하는 데에는 시간이 걸린다. 인내하고 그 과정을 견디다 보면 당신은 긍정적인 마음을 갖게 되고 빨리 뭔가를 이루어야 한다는 강박관념에서 벗어날 수 있고 끝까지 최선을 다해 노력하다 보면 일하는 즐거움을 알게 되어 업의 본질이 무엇인지 알게 될 것이다.

인지심리학자 안데르스 에릭슨(Anders Ericsson)은 전문가들이 세계적인 기술을 습득하는 비결을 연구하였다. 전문가들의 성공비결엔 평균 10년간 1만 시간을 투자했다는 연구가 있다. 전문가들은 높은 수준의 목표를 정해놓고 비상한 노력으로 몰입한다고 한다. 자신의 약점을 파악하여 약점을 보완할 때까지 반복하고 반복하여 자신감이 생길 때까지 노력한다는 것이다. 얼마나 많은 시간을 보내고 참고 인내했겠는가? 직업의 본질은 노력과 일하는 즐거움에 익숙해지는 것이다.

│ 업의 본질은 사랑한 후에 찾아온다

업의 본질은 자기 수용과 사랑에서 출발한다. 우리는 어떤 직업을 갖기 위해 현실적인 상황보다 자신이 추구하는 세계를 중요하게 생각하고 직업을 가지려고 한다.

수용적이라는 것은 나를 온전히 내려놓고 인정하는 것이다.

직업을 얻는 과정은 자기 자신이 보유한 능력과 실력을 수많은 경험을 통해 '자기를 인정하는 과정'이다. 자기 자신을 인정하는 것은 내 마음에 드는 것만 수용하는 것이 전부는 아니다.

우리가 마트에 가면 먹고 싶은 것, 필요한 것을 산다. 내 마음에 들지 않은 옷을 누군가 사 오면 입고 싶지 않다. 그래서 '면세점에서 선물을 사 올 때는 먹는 게 최고다'라는 말이 있다. 가방이나 옷은 상대방이 마음에 들지 않을 수 있으니 먹는 게 더 낫다는 생각에서 나온 말인 듯하다. 그래서 우리는 최대한 상대의 취향을 수용하기 위해 노력한다.

직업선택도 소유하려는 것이 아니라 많은 경험을 통해 자기 자신의 부정적 감정을 털어버리고 깨닫는 수용적 과정이다.

업(Calling)의 본질을 알아야 하는 것은 연애를 하는 법을 알아야 하는 것과 같다.

대부분 연애는 처음에는 서로 어색하기만 하지만 서로 사랑하다 보면 결혼까지 간다. 남녀가 서로 만나 연애하는 일은 사랑이나 호감에서 시작된다. 연애는 애정을 기반으로 시작되어, 남녀 간의 애정이 깊어지면 결혼으로 이어진다. 연애를 잘한다는 것은 상대방을 알아가며 존중하고 수용하

직업을 얻는다는 건

는 것에서부터 시작한다. 한쪽이 부와 명예를 많이 갖고 있다 해도 상대의 마음을 얻기 위해 존중과 호감을 비추지 않으면 그 관계는 오래갈 수 없다.

연애 리얼리티 프로그램은 예전부터 시청자들에게 인기 있는 프로그램이었다. 한때 선풍적인 인기를 끌었던 MBC 〈우리 결혼했어요〉, 채널A 〈하트 시그널〉, SBS 〈로맨스 패키지〉, tvN 〈선다방〉 등이 그 대표적인 예이다.

〈연애의 맛〉은 남자 연예인과 여자 비연예인이 서로 만나 연애하는 과정을 그려내는 방송이다. 연애는 서로 간의 호감이 오가야 시작되며, 애정이 깊어지면 결혼까지 이어지는데, 그중 이필모─서수연 커플은 〈연애의 맛〉이란 프로그램의 리얼리티를 넘어 실제 결혼까지 이어진 진짜 '연애의 맛'을 증명한 사례이다.

어떤 사람이 죽으라고 노력해도 상대방의 마음을 열지 못해 애정을 이어가지 못하면 연애는 금방 끝난다. 그렇다면 연애를 잘하는 사람과 못 하는 사람들의 차이는 도대체 뭘까?

연애를 잘하는 사람의 특징은 관계를 잘 유지한다는 것이다. 일단 연애를 시작해서 관계를 잘 유지해나가는 데에는 몇 가지 지켜야 할 것이 있다.

첫째, 연애를 잘 못 하는 사람의 특징은 상대방에 대해 느끼는 감정이 완벽하고 강렬할 정도로 찐해야 연애에 성공할 수 있다고 믿는다.

중요한 것은 상대방의 마음이다. 상대의 마음을 얻기 위해서는 자신이 사랑하는 마음을 상대방에게 전달해야 한다. 업(Calling)의 본질도 연애할 때와 같다. 자신이 직업에 대해 느끼는 감정의 솔직함을 인정하면서, 의심하지 않는 마음으로 직업을 얻으려는 자세가 중요하다. 우리가 직업을 얻으려고 노력하다가 확신이 들지 않아 쉽게 대시를 못 하는 것은 자기 확신이 없기 때문이다.

윌리엄 제임스(William James)는 1890년 『심리학의 원리(Principles of Psychology)』라는 유명한 책을 통해 '감정이란 자기 자신의 반응을 관찰함으로써 경험하게 되는 일종의 결과물'이라는 가정 원칙(As If Principle)을 주장했다. 사람의 마음을 얻는 방법에 대해 제임스의 심리학의 원리에서는 다음과 같이 표현한다.

> **"곰을 두려워하기 때문에 도망가는 것이 아니라, 도망가기 때문에 곰을 두려워하는 것이다."**
>
> - 윌리엄 제임스

둘째, 거절에 대한 두려움을 없애고 상대방의 마음을 얻어야 연애를 잘할 수 있다.

연애를 잘 못 하는 사람의 특징은 거절에 대한 두려움이 있다는 것이다. 나도 지금 아내와 연애할 때 전방 부대에서 휴가를 나와 아내를 만나기 위해 대전까지 심야 질주를 한 적이 있다. 파주에서 대전으로, 서산에서 대전으로 아내를 만나는 그 시간만큼은 아무리 물리적으로 떨어져 있다 하더라고 만나러 가게 된다. 내가 아내를 만나는 그 시간엔 사랑이라는 감정만 있을 뿐 어떤 두려움도 없었다. 단지 아내를 만나고자 하는 마음이 다였다. 조금이라도 더 같이 있고 싶고 얼굴만 보고 있더라도 가슴이 설레는 마음이 연애의 맛이다.

업(Calling)의 본질은 직업을 얻는다는 것에 두려움을 없애고 '거절당하면 어쩌나?' 걱정을 내려놓는 것이다. 자신이 연애를 통해 상대방의 마음을 열기 위해 설레는 마음이 있어야 하는 것처럼 업의 본질은 연애하는 것

직업을 얻는다는 건

처럼 설레는 마음으로 다가서는 것이다.

"사랑은 결코 신비로운 감정이 아니며 단 한 사람뿐인 운명의 상대란 세상에 존재하지 않는다. 사랑이라는 감정은 심리학적 원리에 따라 발전하며 연인처럼 행동함으로써 사랑의 감정을 인위적으로 만들어 낼 수 있다."

– 로버트 엡스타인(심리학자)

셋째, 연애에 확신이 있다면 당당하게 행동하고 연애의 맛을 느껴야 한다. '상대가 자신을 좋아하지 않으면 어떻게 하나?' 상대방도 마찬가지이다. 자신을 좋아한다는 확신이 있기까지 애정관계는 깊어지지 않는다. 어떠한 연애의 시도와 스킨십도 이루어지지 않는다. 연애에는 스킨십이 있어야 한다. 같이 손을 잡고 가슴이 뛰는 감정도 느껴봐야 지속적인 만남으로 발전해 갈 수 있다.

미국 스워스모어 대학의 케네스 거겐(Kenneth Gergen)은 실험에서 남녀가 연애할 때 불이 꺼져 있는 어두운 공간에 있을 때 사랑을 속삭인다는 점을 발견했다.

4쌍의 남녀가 한 시간 동안 한쪽 방은 실내조명을 켜놓고 다른 방은 불을 꺼두고 실험하였다. 그 결과 불이 켜진 상태에서는 남녀가 누구도 서로를 만지거나 신체접촉을 하지 않았지만 불을 꺼놓은 방에서의 남녀는 90% 정도가 서로의 몸을 만지며 신체접촉을 했고 80%가 성적인 자극을 느끼고 어떤 쌍은 키스하기도 했다고 한다.

업(Calling)의 본질도 마찬가지다. 사랑하는 마음 즉, 일에 대한 사랑과 호감이 없으면 일을 즐길 수 없다. 먼저 행동으로 표현하라. 아무리 상대에 대한 좋은 감정과 호감이 있더라도 행동하지 않으면 상대방의 마음을 얻을 수 없듯이 업의 본질도 같은 것이다. 때로는 적극적인 스킨십을 통해 매력을 느껴야 한다. 마주쳐 봐야 서로의 마음을 얻고 성적 호기심을 가지듯이 업의 본질 역시 연애하는 설렘처럼 애정을 가져야 한다. 그래서 업은 자신의 감정을 의심하지 않고 적극적으로 사랑하는 맛을 느낄 때 얻어지는 것이다.

직업을 얻는다는 건

| 흔들리지 않는 목표를 잡아라

모 대학에서 진로상담을 하면서 만나게 되었던 한 학생의 이야기이다.

부모님의 권유로 안정적인 공무원이 되기 위해 행정학과에 입학했지만 1, 2학년 동안 무의미하게 학교생활을 하다가 자신이 하고 싶은 일이 무엇인지 모르겠다며 상담을 신청하였다. 학생은 복수전공으로 상담전공을 선택하였고, TV에서 심리치료가 멋있어 보여, 심리치료 분야에 관심을 갖게 되었다고 한다. 특히 임상심리에 관심이 있었는데 나는 상담자로서 갖춰야 할 자격과 대학원을 가서 준비해 할 것은 무엇인지 이야기를 해주었다. 그동안 대학원 진학을 해서 공부를 해야 한다고 생각하고 있었지만 막상 이야기를 듣다 보니 해야 할 공부량과 대학원 비용이 만만치 않다는 사실에 고민하는 듯했다.

상담분야는 학부과정만으로는 현장에서 전문적인 상담과 치료를 진행하기가 어렵기에 끊임없이 공부해야 한다. 우선 학과에서 개설되는 과목에 관심을 갖고 진학하고자 하는 대학원을 조사해보도록 하고, 다음 시간에 상담을 진행하기로 하였다.

며칠 뒤 학생은 고민하다가 찾아왔다. 대학원 정보도 찾아보고 비용도 부모님과 상의를 해보니 할 수 있다는 생각이 들어 도전해 보기로 하였다. 그 후 학생은 졸업 후 서울에 있는 대학원에 진학할 수 있었다.

우리가 어떤 일에 정말로 관심이 있다면 '뭔가 이루어지겠지?'라는 환상적인 목표에서 벗어나야 한다. 모든 일이 열정만 있다고 이루어지는 것은 아니다. 성공신화에 대한 막연한 환상만 바라보고 무조건 낙관적인 미래만을 생각하거나 그 과정에서 닥칠 장애물과 어려움을 고려하지 않는다면 후회하는 삶을 살게 된다.

자신이 하고자 하는 일이 있다면 먼저 아주 오랫동안 지속적으로 해야 할 상위 목표를 정하라. 그리고 그 목표를 달성하기 위한 작은 목표를 정하여 행동에 옮겨라. 자신의 진로가 막막했던 여학생에게 나는 지금 당장 학과사무실 조교에서 가서 다음 학기 개설되는 상담과목을 찾아보도록 이야기하였다. 그리고 진학하고자 하는 대학원을 알아보는 일이 우선이라고 말했다. 우리는 살아가면서 최종적으로 달성하고자 하는 목표조차 수립하지 않을 뿐 아니라 작은 목표조차 세우지 않고 살아간다. 단지 열정이라는 단어 속에 '나는 할 수 있다', '꿈은 이루어진다'라고 믿는다. 환상은 움직이지 않는 목표이다. 목표를 이루기 위해서는 끊임없이 생각하고 움직여 기회를 찾아 여행을 떠나야 한다.

우리가 여행을 갈 때도 추억을 남기기 위해 카메라를 챙기고 멋진 바닷가에서 수영하기 위해 수영복을 챙겨간다. 빈손으로 여행을 갈 수는 없다. 여행을 통해 무엇을 얻고 싶은지 생각하고, 무엇을 남기기 위해서는 카메라뿐만 아니라 수영복, 셀카봉, 간단한 간식도 챙겨가야 한다. 설사 여행지가 결정되지 못했거나 낯선 곳에 가서 무작정 여행한다 해도 그곳에서 당신이 느끼고 얻고자 하는 것을 위해 준비해야 할 것들이 있다.

열정은 작은 목표를 갖는 일에서부터 시작한다. 자신이 했던 경험 중에 즐겁고 몰입했던 일, 전혀 즐겁지 않고 불만족스러운 일은 무엇인지, 며칠이고 몇 달이고 자신의 일에 푹 빠져 있었던 경험은 무엇인지 질문해 보자.

어떤 일을 아주 능숙하게 잘하지는 못한다 할지라도 거듭 그 일을 하다

직업을 얻는다는 건

보면 제2의 전성기가 되듯이 지금 관심이 있든 없든 자신이 무엇인가에 노력만 한다면 우리는 기회를 얻는다.

진로상담의 최고 권위자 존 크롬볼츠는 "다양한 가능성을 추구하고 여러 유형의 업무 경험을 쌓아갈 시기에 그것이 아니면 안 된다는 편견으로 선택의 폭을 좁히고 새로운 가능성의 길을 제한하는 것은 안타까운 일이다"라고 말한다.

자신이 관심 있는 무엇인가를 발견하고, 매진하고자 하는 것은 무엇인지 묻는 것은 그동안 진로상담에서 다루어진 핵심주제이다. "인생에서 부름을 받은 소명은 무엇이고 주변 사람들에게 인정받고 지금 자신의 가장 관심 있는 인생의 주제가 무엇인가?"라고 물어보면 대부분 사람은 자신 있게 대답하지 못하고 "어쩌다 보니 이렇게 살고 있다"고 말한다.

지금 준비해야 할 과정이 어렵고 넘어야 할 산이 많더라도 우리는 잘 이겨낼 것이라고 확신해본 적이 있을 것이다. 주변을 둘러보고 "나는 내 인생 중 ○○에서 더 많은 실패를 경험해보고 관심이 있었구나!"라고 생각을 더 듬어 보고 자신을 지속적으로 즐겁게 몰입하게 했던 주제에 머물러 있기를 바란다. 더 많은 기회를 가지려면 더 많이 애를 써야 한다. 새로운 경험을 해보기도 전에 시도도 해보지 않는 사람은 불행한 사람이다. 늘 새로운 경험을 하기 위해 새로운 곳에 가보고 새로운 사람을 만나기 위해 모임에 가라. 미래는 걱정만 한다고 해결되지 않는다. 업(Calling)의 본질은 자신의 인생에서 흔들리지 않는 목표를 정하고 목표를 이루기 위해 주도적으로 창조해 가는 사람에게 얻어지는 것이다.

"미래를 예측하는 가장 좋은 방법은 미래를 창조하는 것이다."

- 피터 드러커

목표 없는 환상은 잠들며 꿈꾸는 것에 지나지 않는다. 역동이 넘치는 환상을 보라. 들녘에 피는 네잎클로버를 찾는 행운은 누구에게나 오지 않는 법이다. 반면, 세잎클로버는 누구에게든 발견될 수 있는 행복의 풀이다.

지금 이 순간 이루고자 하는 인생의 목표가 있는가? 움직일 수 있는 목표는 흔들리지 않는다. 움직이지 않는 목표는 환상일 뿐이다. 목표가 없는 믿음은 꿈이지만 목표가 있는 믿음은 가능성이다. 업(Calling)의 본질은 환상을 버리고 목표 있는 실행을 하는 것이다.

〈목표를 이루는 사람들의 특징 10가지〉

1. 목표를 이루기 위해 늘 실패에 익숙하다.
2. 목표를 이루기 위해 다른 사람들의 피드백을 받는다.
3. 목표를 이루기 위해 몰입하는 습관이 있다.
4. 큰 목표를 달성하기 위해 작은 목표에 집중한다.
5. 목표를 이루기 위해 결과보다는 과정을 통해 즐길 줄 안다.
6. 다이어트를 하기로 마음을 먹었다면 일단 움직인다.
7. 개인의 목표와 조직의 목표를 조화롭게 이루려고 한다.
8. 목표에 실패하더라도 자기를 성찰할 줄 안다.
9. 목표에 실패하더라도 다른 사람의 탓으로 돌리지 않는다.
10. 목표를 이루기 위해 시간을 정해놓고 선택과 집중을 한다.

직업을 얻는다는 건

| 나를 움직이게 만드는 믿음

고등학교 1학년 당시 나는 밤이 되면 기다려지는 것이 있었다. 〈별이 빛나는 밤〉 라디오를 듣는 시만 만큼은 나에게 가장 큰 행복이었다.

소형 라디오가 없어 친구와 같이 야간 자율학습 쉬는 시간을 이용하여 라디오를 듣는 것이 전부였다. 공부에 소질이 없었던 나는 라디오에서 들려오는 사람들이 살아가는 고민, 생각에 관심이 많았다. 마치 내 삶인 것처럼 말이다.

그런 나는 부모님께 받은 용돈을 모아 문구점에서 조립하여 만들 수 있는 라디오를 사게 되었다. 공부는 안 하고 집에 오면 납땜으로 라디오를 만드는 데 정신이 나갔다. 때로는 설명서를 제대로 이해하지 못해 몇 대를 버리곤 하였다. 학교에서 공부하는 내내 머릿속에는 집에 가서 어제 조립하다가 해결하지 못한 라디오 조립을 해야 한다는 생각뿐이었다. 그러다가 조립하던 라디오의 소리가 들리면 '와우!' 하는 감탄과 기쁨으로 그 순간을 즐겼다.

결국 6대의 라디오 조립을 실패한 끝에 7번째 라디오를 만들 수 있었다. 그런 내 모습을 보시던 어머니는 아무 소리도 하지 않고 늘 손에 용돈을 쥐여 주셨다. 공부에는 아예 취미가 없었고 머리가 좋은 아이도 아니라 기대도 하지 않으셨나? 아버지는 공업 고등학교까지만 마치기를 권하셨다. 그 당시 대학이라는 곳에 대한 갈망은 없었지만 왠지 열심히 해보지도 않고 여기서 쉽게 내 미래를 포기하는 것은 아니라는 생각이 들었다.

지금도 내가 생각하는 삶이란, 너무 쉽게 포기하지 않고 살자는 게 인생에 대한 예의라고 생각한다. 한 번 해보지도 않고 그곳에 가기도 전에 길을 포기하는 인생은 아깝다는 생각이 든다. 어릴 적 나의 이런 생각들은 지금의 내가 살아가는 데 생활신조가 되었다. 진로수업을 주로 담당하는 나는 학교 수업시간에 학생들에게 내 이야기를 자주 풀어 놓는다. 내가 살아온 삶에서 실패하고 도전했던 이야기. 지방대학생이라는 울타리에 갇혀 살지 말고 해보고 싶은 것을 위해 자신을 투자하고 도전해 보라는 용기를 주려고 한다. 성공이라는 것은 단지 학력과 학점, 스펙에 의해 좌우되지 않기 때문이다. 업의 본질은 최고가 아니라 최선을 다하는 믿음을 갖는 것이다. 그리고 다른 사람의 성공 이야기를 나의 것으로 만들기 위해서는 꼭 그렇게 되어야 한다는 절대적인 신념에서 벗어나야 한다.

'나는 반드시 성공할 거야'라고 자신을 믿는 것도 중요하지만 지금 당장 움직이지 않는 믿음을 갖는 것은 단지 꿈을 꾸는 것이다.

대학교 취업지원 부서에서 조교를 하면서 우연히 알게 된 모 대학원의 직업학과에서 나는 진로신화라는 학위 논문 주제를 정하고 연구하였다. 그 당시 지도교수님인 김병숙 교수님은 직업학 분야에서 권위적인 분이었고 그 밑에서 제자로 배워나간다는 것은 나에게는 행운이었다. 사람들이 진로를 선택해 나갈 땐 믿음에 근거한다는 새로운 사실을 발견하고 나는 논문을 쓰기 시작하였다.

교수님은 학술대회에 발표까지 하셨고 덕분에 진로신화에 대한 주제로 학위를 받을 수 있었다. 그 당시 생소한 주제라서 연구 자료가 그리 많지 않을 뿐 아니라 신화 역시 단지 단군신화에 대한 주제로 오해하고 있는 분들이 많았다. 그런 주제가 논문이 될 리 없다는 인식이 많았다.

성공한 사람들의 특징을 보면 다른 사람들의 성공신화에 자신을 비교하

직업을 얻는다는 건

지 않는다. 우리 주변에는 성공했던 사람들의 이야기로 도배되어 있을 정도로 TV나 신문을 통해 접하게 된다. 진로신화는 가속화되어가는 현대의 성공신화에서 비롯된 것으로 은연중에 왜곡된 정보로 인하여 신념이 형성되어 진로결정을 방해하거나 이를 더욱 강화시켜 진로에 대한 확실치 않은 믿음을 갖게 하는 것을 말한다.

진로신화는 최근 들어 연구가 많이 되고 있는 주제이다.

진로신화엔 자신이 세운 목표와 결과가 일치해야 한다고 믿는 절대적 신념을 말하는 일치성신화가 있다. 우리는 목표를 이루는데 반드시 어떤 결과가 있어야 한다는 왜곡된 신념을 가지려고 한다. 내가 좋아하는 일을 직업으로 삼아야 하고, 성공한 직업인을 보면 동일시하며, 성공한 사람들의 성공신화를 바라보고 곧 나라고 생각하는 것이 그 예이다.

보수성신화는 안정적이고 불편함이 없는 조건을 채우기 위해 직업을 선택하려는 편중된 생각으로 특정 직업에 쏠리는 현상이다.

완벽성신화는 조건이 완벽하지 않으면 어떤 결정도 하지 않으려고 하는 절대적인 신념이다. 즉, 직업을 선택하는데 강한 매력이 있어야 하고, 완벽한 자격과 능력이 갖추어지지 않으면 불행하고 더 좋은 대우를 받을 수 없다고 느끼는 것이다. 이러한 완벽성은 완벽하지 않으면 타협하지 않으려는 강박관념으로 인하여 직업을 선택하는 과정에서 정체성 혼란을 가져오게 된다.

자기기대감신화는 자기에 대한 기대감으로 형성된 신념이다. 즉, 내가 원하는 직업을 가질 수 있어야 한다는 기대감과 직업을 선택하여 성공해야 한다는 기대감, 좋은 직업을 가질 수 있을 것이라는 기대감은 막연한 기대로 자신을 보다 미화하려는 행동들이다.

최고성신화는 일등주의의 산물로서 최고만을 고집하는 신화이다. 즉 높은 지위에 올라가 자신의 권력을 위로 삼아 미래의 행복을 보장받고, 사회적으로 성공했다는 체면을 내세우며 사람들이 부러워하는 잘 알려져 있는 직장에서 일하는 것이 성공이라고 믿는 것을 말한다.

사람들이 살아온 환경을 보면 그 사람을 알 수 있다. 사람들의 믿음은 아주 짧은 시간에 이루어지는 것이 아니라 오래 세월 속에 고유하게 형성된 것이다.

성공한 사람들은 자신의 능력을 탓하지 않고 끊임없는 노력과 포기하지 않는 믿음을 지속해 왔다. 성공한 사람은 자신의 무능력함에 대해 절대 쉽게 포기하지 않았고 실망하지 않았다. 다른 성공한 사람들의 기준과 비교하지도 않고 성공에 대한 강박관념을 갖지 않는 자세가 바로 그들의 성공 요인이었다.

성공한 사람들의 공통점은 열의와 성실함에 있다. 신화적 진로신념을 가진 사람은 어려움이 다가오면 쉽게 포기하거나 아예 시도조차 하지 않는다. 성공한 사람들은 열악한 환경을 이겨내고 자신의 삶을 회복하려는 의지가 강한 사람들이었다. 어떤 일이든 쉬운 일은 없다. 자신의 잠재력을 발견하고 십분 활용할 수 있는 자신의 믿음이 있어야 한다.

제 3 장

기회의 장으로 자신을 초대하라

| 나에게 주어지는 기회

자신의 소질이 무엇인가를 깨우쳐 그 일에 매진하는 것은 매우 중요하다. 소질은 타고난 본질이며 개인의 특별한 성질과도 같다.

아무리 요리자격을 갖춘 사람이라 해도 수많은 실패를 거쳐 고생한 끝에 손님으로부터 신뢰를 받아 맛집으로 인정받고 소문도 얻는다. 자신의 타고난 요리 실력만 믿고 성공했던 인물도 있지만, 대부분의 사람은 성공하기까지 자신의 소질을 발견하여 많은 시도와 실패를 통해 기회를 얻었다. 우리는 잘되는 것만 보지만 사실은 잘되는 사람은 많은 실패를 맛본 사람들이라는 것을 알 수 있다.

1997년 미국에서 처음 출간된 〈부자 아빠 가난한 아빠〉는 2000년 초반에 국내에 소개되었다. IMF 외환위기 어려움 속에서의 상황을 잘 반영해준 안내서이기도 했다. 이 책이 350만 부가 팔릴 정도로 독자들에게 인기를 얻은 이유는 돈에 대한 상식을 뒤집고 금융 지식에 대한 사고를 깨우쳐준 책이었기 때문이다.

이 책에서 부자 아버지는 금융 IQ를 터득하여 교육을 받고 끊임없는 노력으로 부자가 되고 가난한 아빠는 공부를 많이 했지만 자신의 재능만을 믿고 직장에 대한 허영심과 위협으로부터 벗어나려고만 했다.

〈백종원의 골목식당〉 프로그램은 백종원 대표가 각 골목식당들의 문제점을 찾아내 시청자들의 큰 사랑을 받는 프로이다. '내가 잘할 수 있을까?'라는 말은 식당을 운영하는 사장님의 똑같은 말이다. 우리는 평소 손님이 없던 식당이 잘되는 과정을 지켜보면서 보람과 에너지를 얻는다. 백종원

대표는 골목식당의 문제점을 발견하여 맛에 대한 궁금함을 이끌고, 맛에 이야기를 담아낼 줄 아는 사람이다.

우리는 소질이 개인의 본디 타고난 것이며 고유한 능력이라고 알고 있다. 하지만 더 중요한 것은 소질은 살아가면서 끊임없는 노력을 통해 능력을 갖출 수 있으며 그러다 보면 많은 기회를 얻을 수 있게 된다.

타고난 자신의 능력과 IQ, 유전적 특성만을 믿는다면 신이 우리에게 아무 노력 없이 활용 가능한 선물을 주었다고 믿는 것과 같다. 소질의 본질을 좀 더 생각해보면 타고난 능력과 특성이 아니라 자신의 타고난 본질을 깨달아 끊임없는 노력과 실패 속에 자신의 잠재력을 발휘하는 것이다.

그래서 성공이라는 것은 자신의 타고난 소질만을 믿고 기다리며 기회가 오기만 기다리는 것은 아니다. 우리 사회엔 아직 성공신화에 대한 무의식적 편향이 남아 있다. 우리는 자신이 본디 타고난 재능과 능력이 무엇인지 신이 우리에게 들려주는 부름의 메시지를 귀담아들어야 한다. 끊임없는 깨달음과 노력을 통해 기회를 맛보는 사람은 잠재된 능력을 발휘하는 사람들이다. 또한 직업에 대한 소명과 비전을 품고 있는 사람들이다.

우리는 자신의 본디 타고난 능력을 십분 활용하여 성공했던 사람들의 이야기 속에 가려져 있는 수많은 땀과 노력, 실패의 시간들을 구별해 내지 못한다.

올림픽이나 월드컵을 보면 미드필더의 공격수는 주목을 많이 받을 수밖에 없다. 하지만 수비수는 공격수보다 많은 움직임으로 빈 공간을 잘 활용해 팀에 한몫을 한다. 부자가 되는 것도, 도예가가 멋진 작품을 만드는 것도 수많은 땀과 노력, 물레를 돌려 얻는 금메달과 같다. 혹시 우리는 금메달이라는 화려한 결과 속에 중간과정에 가려진 고통과 인내, 포기하지 않는 집념을 못 본 채 살아가고 있지는 않은가?

우리는 늘 화려하고 이미 성공한 것만 보려고 한다. 마치 영재처럼 타고난 소질이 유전적이며, 마술처럼 뚝딱 나타난 것으로 취급해버리려는 성공신화 속에 살아간다. 학력 수준이 낮고 천한 일을 하면 능력이 뒤떨어지는 것으로 생각한다.

암 진단을 받고 어렵게 박사학위를 준비할 때, 지도 교수님은 교실 한편에 마주 앉아 나를 꼼꼼히 지도해 주셨다. 교수님은 정년을 1년 남겨두고 마지막 학위 논문 학생을 지도하기 위해 연구자로서 많은 것을 강조하셨고 질책도 해주셨다. 교수님은 고용서비스와 고용정책 분야에서 많은 활동을 하고 계시고 유능하셨지만, 자신을 낮추고 제자들이 학력보다는 현장에서 연구하고 활동하는 것을 가장 중요하게 여기셨다.

나 역시 '지식은 머리에서 나오지 않고 마음에서 나오는 법'이라는 가르침 속에 논문에 몰입한 끝에 학위를 받을 수 있었다. 기회는 그냥 오지 않는다. 기회는 마음을 다해 노력할 때 얻어진다. 성취감은 실패의 맛을 봐야 얻어지는 것이며 실패의 맛을 본 마라톤 선수는 결승점이라는 띠를 보며 역경을 이겨낸다. 탁월한 성과는 한순간에 이루어지지 않는다. 그것은 자신의 아주 작은 행동과 기술을 연마하여 얻어진 결과물이며 평범한 성공신화이다. 그래서 자신의 소질이 무엇인가를 깨우쳐 매진하는 일은 매우 중요하다.

나에게 주어지는 기회란? 바로 자신이 본디 타고난 소질을 깨달아 내 안에 있는 특별함을 발견하고 활용할 때 오는 법이다.

직업을 얻는다는 건

| 기다림은 기회를 주는 근원이다

"역경 중에 행복한 날을 회상하는 것만큼 괴롭고 슬픈 것은 없다."

- 요한 볼프강 폰 괴테

나는 학생들이 자신의 소질과 적성에 맞는 일을 탐색하게 하기 위해 직접 현장에서 경험하고 실천해 보도록 강조한다. 그리고 기회는 수많은 역경과 어려움을 기다려야 얻어진다는 것을 강조한다.

기다림은 나에게 큰 기회를 주었다.

2004년, 당시 전국 대학에서 처음으로 개설된 대학 내 종합인력개발센터에서 조교로 일하게 되었다. 그때 나이가 서른이 넘었으니 학과 조교들과 어울리는 것은 참 어색하고 쉽지 않았다. 그 당시 센터는 조연길 팀장님 한 분이 계셨고, 내가 하는 일은 대학통계관리, 공문서 작성, 진로상담, 강사 섭외, 보고서 작성, 가끔 학과별 취업강의를 하는 일이었다. 당연히 미래에 대한 비전과 목표 없이 평범한 대학 조교로 일하는 게 일상적인 삶이었다.

어찌 보면 공부할 수 있는 기회를 열어주고 진로상담 분야에서 일할 수 있는 계기를 마련해준 것도 바로 조연길 팀장님 덕분이었다.

그렇게 1년이 지나고 잦은 출장과 회의로 대부분의 일을 혼자 처리하다 보니 일에 대한 자신감도 생기고 출근하는 게 즐겁기만 했다. 하지만 적은 월급으로 처자식을 먹여 살리는 것이 쉽지 않아 새벽에 우유 배달을 하기로 했다. 물론 아내는 너무 무리하지 말라고 말렸지만 난 아직 젊은 나이였고 '사서 고생한다'는 말처럼 조금만 고생하면 좋을 일이 생길 것이라고 믿고 새벽 배달을 하기 시작했다.

대전 문화동에 있는 서울우유 대리점에서 면접을 보았다. 대리점 사장님은 워낙 인상이 좋으셨다. 사장님은 내 이력서를 보더니 너무 젊은데 왜 우유 배달을 하려고 하냐고 물으셨다. '집안 형편이 여유롭지 못해 우유 배달을 하게 되었다'고 솔직히 말을 꺼내면서 내심 걱정하는 사장님을 설득하여 일을 할 수 있었다.

낮에는 일하고 퇴근하면 일찍 자야 새벽에 우유를 배달할 수 있었다. 문화동 일대 약 70군데를 아침에 배달하고 수금까지 하는 일은 만만치 않았다. 특히 새벽에 대리점에 들러 하루 배달해야 할 우유를 직접 확인해야 하는 일은 쉽지 않았다. 또한, 배달하다 보면 길을 잘못 알고 다른 길에서 헤매기도 하였다. 게다가 엘리베이터가 없는 높은 계단이 있는 주택지가 많아 시간 배정을 잘해야 아침 7시 전에 끝날 수 있었다.

처음이라 익숙하지 않아 조금 더 일찍 대리점에 도착해야 하는 경우가 많아 하루 3~4시간 잠을 자고 배달해야 했다. 우유 배달 덕분에 자주 우유를 먹을 수 있었고 배달이 끝나면 동트는 해를 보며 가장으로써 열심히 살아가는 나를 칭찬하며 1,000mL 우유를 벌컥벌컥 먹으며 배를 채우기도 했다.

낮에는 일하고 새벽에는 우유 배달을 하는 게 적응될 즈음 난 내가 하는 조교 일에 대한 전문성을 갖춰야겠다고 생각하였고, 마침 팀장님의 권유로 서울에 있는 모 대학원 직업학과를 알게 되었다. 돈은 부족하지만 조금 아껴 쓰면 대학원 학자금 대출도 받고 다닐 수 있겠다는 생각이 들었다. 그렇게 난 주말에 종일 수업과 월요일 저녁 수업을 수강해야 했다.

배움이라는 것은 또 다른 나를 발견하고 미래에 대한 가능성을 갖게 해

준다. 월요일이면 대학원을 마치고 서울고속버스터미널에서 밤늦게 내려와 피곤했음에도 배움을 통해 내 미래의 가능성을 볼 수 있어 늘 자신감에 차 있었다. 내가 좋아하는 일이고 앞으로 잘 될 것이라는 믿음이 있었기에 하루하루가 가슴 뛰는 삶이었다. 그렇게 우유 배달과 대학원 수업, 낮에는 직장을 다니는 생활을 하다 보니 잠도 부족하고, 체력이 버티지 못했다.

우유 배달하는 사람은 새벽에 운동도 하니, 몸이 건강해진다는데 몸은 탔고 하루하루가 힘들었다. 많은 돈을 버는 것도 아닌데 이러다가 쓰러지면 더 손해라는 생각이 들어 8개월 만에 그만두었다. '건강한 육체에서 건강한 정신이 나온다'는 말이 있듯이 건강해야 일도 하고 공부도 하지 않겠는가?

그렇게 먹고 살기에 바쁘고 자신을 되돌아볼 겨를이 없이 살다 보니 몸도 예전 같지 않았다.

몸이 이상하여 병원에 가서 검사를 받아 보니 급성 당뇨 진단을 받게 되었다. 당뇨 체크 결과 수치가 너무 높아 표시되지 않을 정도로 몸이 망가져 있다고 했다. 젊은 사람이 벌써 당뇨라니. 병원에서는 바로 입원해야 할 정도로 안 좋다고 하였다. 몸은 어찌할 수 없는 지경이 되어 버렸고 병원에 있는 동안 일을 할 수도 없어 아내와 딸이 걱정되었다.

다행히 팀장님은 걱정하지 말라며 일주일 휴가를 내주셨다. 병원에 누워있으면서 아내에게 눈물을 보일 수도 없었고 말도 못하고 거동이 불편한 시아버지를 모시고 고생하는 아내 앞에서 내가 더 미안했다. 화장실에서 혼자 숨어 눈물을 흘리며 왜 내게 이런 어려움과 고통만 생기는지 힘들었다. 하지만 어려울 때 주변인들의 도움은 내게 큰 힘이 되었다. 죽마고우 준규, 상훈이는 병원에 찾아와 위로해 주었고, 조연길 팀장님은 직장은 걱정하지 말라며 몸을 먼저 챙기라고 안심하도록 해주셨다. 대학원 김병숙 교수님은 내 사정을 아셨는지 동문 장학금을 매 학기마다 지급받도록 배려해 주셨다. 이런 도움으로 난 다시 희망을 찾을 수 있었다.

비가 온 후에 날이 개듯이 기다림 속에 기회는 오는 법이다.

대학교 조교를 한 지 2년이 되었을 때 서울에 있는 모 채용 포털사이트 회사에서 커리어컨설턴트를 채용공고를 보고 입사지원을 하게 되었다. 내가 하는 일은 정부위탁을 받아 청년실업자를 대상으로 커리어컨설팅을 하는 일이었다. 매번 입사지원에도 떨어졌지만 용기를 내어 지원하여 결국 면접을 보고 일할 수 있었다. 물론 조교 월급보다 월급이 상당히 많았다. 내가 일해야 하는 곳은 수원에 있는 성균관대학교 내에서 상담을 진행하는 일이었다. 아내와 가족은 큰 기대를 갖고 수원 성균관대역 근처에 집을 알아보았고, 장모님의 도움으로 작은 연립주택으로 이사할 수 있었다. 나의 새로운 인생이 시작되는 곳이기도 했다.

역경과 인생의 고통은 과정일 뿐이다. 기다림은 우리에게 늘 기회를 주는 도구이다. 역경과 고통은 기회가 오기 전에 주어지는 신호이다. 만약에 어렵다고 늘 체념하고 포기했다면 기다림을 저버리고 기회조차 오지 않았을 것이다. 어떤 어려움이 있어도 부딪쳐보는 것이다. 어려움을 이겨내고 기다리다 보면 기회가 찾아온다. 기다림은 우리에게 용기와 믿음을 주는 근원이기 때문이다. 직업은 기다림이라는 과정을 통해 얻어진다. 기다림 속에 고통이 없다면 기회조차 오지 않는다.

직업을 얻는다는 건

| 한 번에 만루 홈런을 치지 마라

오늘 우연치 않게 식당에서 밥을 먹다가 LA다저스와 샌프란시스코의 야구경기 중 만루 홈런 장면을 보았다. 다들 밥을 먹다가 이게 웬일인가 할 정도였다. 프로야구 만루 홈런의 역사를 보면, 1982년 이종도 선수가 한국 프로야구 개막식 사상 첫 만루 홈런의 주인공이다. 그리고 한국시리즈 사상 첫 만루 홈런의 주인공은 김유동 선수이다. 역대 최고령 만루 홈런의 주인공은 삼성의 양준혁 선수이다.

홈런은 한 번에 나오지 않는다. 공이 얼마나 정확한 지점에 들어와서 타점을 잘 맞추느냐에 따라 홈런을 칠 수 있다.

2019 국제축구연맹(FIFA) 20세 이하(U-20) 월드컵 결승전에서 한국축구는 1:0으로 앞서다가 연속으로 3골을 내줘 준우승을 차지하고 말았다. 아쉽게도 우승을 하지 못했지만 결승에 오기 위해 땀 흘려 노력했던 선수들만큼은 자랑스럽다. 한 번에 성공하는 법칙은 없다.

직업을 얻는다는 것도 한 방에 만루 홈런을 치는 건 불가능하다. 홈런은 기다리는 것이다. 홈런을 치기 위해서는 볼을 골라내고 스트라이크존에 들어오는 공을 노려야 한다. 인생의 홈런도 기회가 오면 칠 수 있다. 기회는 언제든 다시 찾아오기 때문이다.

경제학자이며 미래학자인 홀름 프리베의 저서 〈당신이 원하는 기회는 아직 오지 않았다〉에서는 기다림을 바위 전략으로 표현한다.

바위 전략은 지속 가능한 전략이며 성급함, 산만함에 맞서는 자기의식의 통제 기술로 소개된다. 기회는 서두른다고 오지 않는다.

시골 마을에 가면 고택을 볼 수 있는데 가운데 마당을 보면 지붕을 따라 빗물이 흘러 바닥이 파인 곳이 보인다. 바위는 비나 눈이 와도 늘 안정적이며 변함이 없다. 바위는 오랜 세월을 상황에 대처해 나간다. 바위는 위험한 상황에서도 그대로 기다리며 모든 상황을 받아들인다. 우리는 어려움과 고통이 다가오면 다급해지고 안절부절못하게 된다.

직업을 얻는다는 건 어려움과 마주치면 당황하지 말고 조급해할 필요가 없다. '홈런을 반드시 칠 거야', '실패는 있을 수 없는 일이야'라는 절대적인 신념은 오히려 기회를 놓치게 만든다.

살다 보면 많은 문제를 해결해야 하는 상황에 직면한다. 그런 상황에서 우리는 스스로 문제를 해결할 수 있다는 무의식적 사고로 자신을 통제한다. 위험 상황과 문제를 원래 상태로 되돌리려고 노력한다. 심리학자들은 이런 행동 패턴을 '지도 왜곡(Bending the map)'이라고 부른다.

살아오면서 감당하기 어려운 일로 길을 잃어 본 적이 있는가?

누구나 살아가야 할 상황이 너무 힘들고 스스로 감당하기 어려워 삐걱거린 적이 있을 것이다. 대학을 졸업하고 면접의 기회조차 맛보지 못해 실업자로 살아야 했던 일, 직장을 다니면서 동료와 직장상사와의 갈등으로 인해 회사를 나왔으나 나를 반겨줄 회사가 없었던 일, 퇴직금을 모아 사업을 하다가 빚만 지고 살아가야 했던 일 등이 있었을 것이다. 가장 힘든 것은 일을 하고 싶어도 하지 못하는 것이 사람에게 가장 우울하고 힘든 문제이다. 어쩌면 아침에 출근하여 일할 수 있는 환경이 축복이고 행복인 것이다. 문제를 스스로 해결할 수 있다는 심리적 상태와 외적 상황에 차이가 너무 커버리면 삶을 지탱하기 힘들어진다.

나는 한때 수원에서 의정부까지 지하철로 2시간이 걸리는 직장에 출근한 적이 있다. 아침 일찍 나가야 겨우 출근 시간에 도착할 수 있었다. 야근을 해야 할 때면 집에 퇴근하는 것도 만만치 않았다. 의정부까지 일을 할 수밖에 없었던 것은 일자리를 찾다가 겨우 연락을 받아 일하게 되었다. 포털사이트에 올려놓은 이력서를 보고 헤드헌터에게 연락을 받았다. 모 대기업 부사장으로 퇴직한 분이 직업전문학교를 의정부에 설립하여 사업을 하려고 하는데 내 경력을 보고 연락하게 되었다고 한다. 마침 일자리를 구해야 하는 나는 일단 만나보기로 하고 서울역에서 긴 시간 동안 이야기를 나눈 끝에 뜻을 함께하고 일을 하게 되었다. 젊어서 뭐든 못하겠는가?

'거리가 멀고 어렵지만 잘만 하면 대박이 날 거야'라는 기대로 하루하루가 즐거웠다. 사무실 청소부터 걸레질, 컴퓨터 장비 설치 등을 도우며 어느 정도 일할 수 있는 환경이 갖추어져 갔다. 그런데 훈련생 모집이 문제였다. 하루 이틀 서로 고민만 하다가 결국 전단지를 만들어 밖으로 나가 지나가는 사람들에게 홍보하기 시작했다. 오는 사람도 없고 주변에 경쟁력 있는 학원과 직업전문학교는 왜 이리 많은지 대책이 없었다. 제대로 월급이나 받을 수 있을지 난감했다.

결국 나는 1개월을 채우지 못하고 겨우 월급을 받고 나왔다. 홈런은 한 번에 칠 수 없다. 욕심을 부리지 말고 좋은 공을 기다리다가 만들어지는 게 홈런이다. 이런 마음으로 나를 위로하고 일자리를 찾아야만 했다. 직업전문학교를 그만두고 여기저기 면접을 보고 어떻게든 취업을 해야 한다는 다급함이 앞섰다. 겨우 서울 모 대학교 경영대학원에 진로상담 분야 시간 강사를 하게 되어 1년간 하게 되었고 안성에 있는 대학교에서 취업지원관으로 일하게 되었다. 취업지원관을 하면서 운 좋게 대학원 동기들의 추천으로 일주일에 두 번 하나원 북한 이탈주민을 대상으로 진로상담을 하게 되었고 금요일 퇴근 후에는 서울 소재 대학원 강의까지 계속할 수 있었다. 그뿐만 아니라 시흥시에 있는 청소년기관에서 직업상담사 자격증 과정까지 진행하기 위해 안성에서 서울, 시흥시까지 늦은 저녁이 되어서야 퇴근하면서도 일하는 즐거움이 더 컸다.

직장을 옮겨 다니면서 알게 된 사실은 일은 늘 새로운 환경 속에서 쾌감을 준다는 사실을 알게 되었다. 언제 돈 벌어서 안정될 수 있을까? 생각만 했던 지난날을 되돌아보면서 이제는 좀 더 내 먼 미래를 위해 다양한 분야에서 경험을 해봐야겠다는 생각을 하게 되었다.

물에 빠져 죽을지 모른다는 절박함 속에 허우적거리며 살기보다는 죽기 전에 미친 듯이 달려보고 죽고 싶은 심정으로 일을 해보는 것도 나쁘지 않다. 사람은 위험하고 힘든 상황이 발생하면 무엇이든지 하게 된다. 지금 하는 일에 미쳐야 한다. 로또처럼 한 방에 인생역전을 꿈꾸기보다는 하루하루의 삶을 미친 듯이 살아보면 기회와 마주치게 된다.

길을 잃고 헤매다가 어려움이 닥치면 지도를 펼쳐 놓고 어디로 가야 할지 어떻게 가야 할지 자신을 되돌아봐야 한다. 직업을 얻는다는 건 한 방에 해결할 수 없는 홈런과도 같다. 탈출구는 있기 마련이다. 현재 무엇을 해야 할지 막막할 때, 졸업을 해도 취업의 기회가 주어지지 않을 때, 직장생활을 하면서 적성에 안 맞고 출근하기 싫어질 때, 상사와의 관계가 좋지 않아 당장에 회사를 그만두고 싶을 때 자신에게 집중해보라. 당신이 가장 뛰어난 능력을 발휘할 수 있고, 지치지 않고 즐겁게 할 수 있는 것이 무엇이었는지 떠올려 봐라. 스트라이크존에 들어오는 공이 아니어도 좋다. 다음 공을 기다리는 마음으로 홈런을 칠 준비를 하라.

직업을 얻는다는 건

<h2 align="center">〈인생역전 5계명〉</h2>

1. **자신의 속도를 체크하라**

   −과거엔 빠르게 승부하고 도전하는 사람이 이겼다. 지금은 한 번에 홈런을 치는 것보다 꾸준히 실력을 갖추고 있는 사람을 원한다. 강한 것보다 기다리며 자기 페이스를 조절하라.

2. **늘 자기를 점검하라**

   −과거는 정지되어 있는 것이고 오늘은 빛처럼 지나간다. 미래를 가져오기 위해 다른 사람에게 피드백을 받아라. 끊임없이 자기를 주목하고 어려움을 이겨낼 수 있는 채찍과 당근을 주어야 한다.

3. **주변 사람에게 연락하고 지내라**

   −사람은 네트워크이다. 만나서 교류하다 보면 정보를 주고받을 수 있다. 정보에 민감하지 못하면 변화할 수 없다. 사람은 날마다 새롭게 변해야 한다.

4. **안주하지 말고 열정을 지녀라**

   −움직이지 않는 목표를 멀리하라. 열정은 움직이는 마음에서 솟아오르는 것이다. 나를 비행할 수 있도록 하는 마술의 에너지이다.

5. **분명한 삶의 의미를 되새겨라**

   −일을 위해 살지 말고 살기 위해 어떤 일을 해야 하는지 되새겨라. 분명한 삶의 목표가 있으면 눈빛부터 다르고 하고자 하는 일이 이루어진다.

| 익숙함의 덫

우리는 열정에 익숙해져 있다.

열정만 있다면 무엇이든 할 수 있다고 생각한다. 그런데 열정의 익숙함에 헤어 나오지 못하는 사람들도 있다. 우리는 성공적인 삶을 살기 위해 열정을 다해 일할 수 있는 직장을 가져야 한다고 생각한다. 그런데 열정은 수많은 실패와 어려움이라는 과정을 거쳐야 한다.

스티브 잡스는 스탠퍼드대학 졸업 연설에서 다음과 같이 조언했다.

> "여러분은 믿음을 가져야 합니다. 직감이든 운명이든 삶이든 업보든, 뭐든 믿어야 해요. 인생의 전환점들이 모여 길을 만들어 줄 것이라고 믿음이 있어야 열정에 따라 자신감도 생깁니다. 그게 평범한 삶의 행로에서 벗어나는 길이라 하더라도 거기서부터 삶은 완전히 달라질 것입니다.
>
> 여러분이 애정을 쏟을 수 있는 대상을 찾아야 합니다. 직업을 찾는 건 사랑하는 사람을 찾는 것과 다르지 않습니다. 아직 그런 일을 발견하지 못했다면 계속 찾아보세요. 가슴이 시키는 대로 하는 일들이 으레 그렇듯. 그런 일은 발견하면 저절로 알 수 있습니다. 그런 일은 세월이 갈수록 점점 더 좋아지기 마련입니다. 그러니 계속 찾으세요. 안주하면 안 됩니다."
>
> - 스티브 잡스

자신에게 딱 맞는 직업을 선택하는 것은 어려운 일이다. 특히, 열정을 다해 일할 수 있는 곳을 찾는 것은 더욱 어렵다. 우리는 열정이라는 단어에 익숙해져 있다. 열정으로 직업을 탐색하는 것은 중요하지만 열정으로 다해 하고 싶은 분야의 일자리를 찾기 어려울 때가 많다. 우리는 열정을 다해 일할 수 있는 직업과 자신이 바라는 직업과의 차이를 경험해보지 않았는가?

캐나다 학생을 대상으로 조사한 결과에 따르면 84%가 열정을 다해 노력하고 있다고 응답하였는데 이 중 90%는 스포츠, 음악, 예술 분야에 관심을 둔 학생들이 대부분이었다. 그런데 캐나다에서 조사한 일자리 통계를 보면 스포츠, 음악, 미술 등과 관련된 일자리는 3%밖에 되지 않는다고 한다. 우리나라 노동시장도 마찬가지이다. 무엇이든 할 수 있다는 열정을 가진 사람들이 많지만, 실제 노동시장의 일자리는 그들의 열정만큼 녹록지 않다.

열정을 다해 일하라는 말은 현실적인 노동시장 구조에서 보면 앞뒤가 맞지 않다. 열정적으로 일할 수 있는 직업을 갖기 위해 노력하지만 현실은 열정을 다해 일할 수 있는 일자리를 찾기 어려울 때가 많기 때문이다.

열정을 다해 일할 수 있는 직업을 얻는다는 건 사회적 구조와 조직문화, 직업이 갖는 특성과 더 관련이 있기 때문이다. 우리는 너무나 열정과 도전이라는 가슴 뛰는 삶에 익숙해져 있다. 자기 적성, 소질에 맞는 일을 선택해서 열정을 다해 일하기 위해서는 직업에 대해 충분히 알아볼 수 있는 기회를 만들어야 한다.

20대에 첫 직장은 내가 열정을 다해 일할 곳이어야 한다는 절대적인 생각은 내려놔야 한다. 소질은 융통성 없는 선택의 연속과정이 아니라 우리가 현실적인 직업을 얻기 위해 살아가면서 겪는 여러 경험과 사실을 관찰하면서 검증할 수 있는 가설이어야 한다. 익숙함에서 벗어나 새로운 기회가 나타날 때마다 끊임없이 수정하는 임시적인 목표를 세워 언제든지 계획을 수정해 나갈 수 있다는 의향이 있어야 한다.

'내가 이 일을 했을 때 과연 유용한 가치가 있는가?', '내가 이 일을 선택하게 된 구체적인 이유는 무엇인가?' 스스로에게 질문해 봐야 한다.

익숙함이란 위험에 노출되어 손해를 보지 않으려는 순간적인 감정 상태이다. 우리는 자신의 일시적인 편안함과 합리화에 익숙해져 있다. 평소 운동을 즐겨 하지만 더운 날씨나 추운 날씨가 되면 일단 소파에 누워버린다. '더워서 밖에 나가면 열사병이라도 나면 어쩌나?', '더운데 쉬엄쉬엄하지 뭐', '추운데 산책을 하다가 미끄러지면 더 위험할 텐데', '헬스장 가기에 너무 늦은 시간이라 내일 가지 뭐'라고 자기합리화를 한다.

특히, 직업을 얻는 과정에서 사람들은 익숙해져 있는 자기만의 직업에 대한 세계를 일반화하려는 경향이 있다. 직업은 자신의 적성과 흥미에 절대적으로 맞아야 한다고 생각하고 자신의 특성에 맞는 직업을 탐색하기 위해 갖은 노력을 다한다. 우리에게 주어지는 기회는 단편적인 선택 경향성이 아니다. 때로는 생각지도 못한 상황이나 일을 하게 될 수도 있다.

그런데 분명한 것은 내가 어디로 가야 하는지 방향감각을 상실하는 열정은 우리 몸과 마음을 지치게 만든다는 것이다. 삶이 우리에게 주는 기회를 받아들여라.

와인은 그냥 후루룩 빠르게 마셔버리는 것이 아니라 후각을 이용하여 먼저 마셔야 한다. 와인은 향으로 마신다는 얘기가 있을 정도로 향이 정말 다양하다. 급하게 먹는다면 여러 와인의 진짜 향을 맛보지 못하게 된다. 다만 기억해야 할 것은 와인은 한 모금씩 즐겨가며 마시기도 하지만 병째로 마셔야 할 때가 있다는 것이다. 기회는 1차선이 아니라 4차선이다. 기회는 단편적인 경향성이 아니라 다선택 경향성이다. 익숙함에서 탈출해야 편안함과 자기합리화에서 벗어날 수 있다.

> "인생이 권하는 것은 다 받아들이고 주는 잔은 다 받아 마셔라. 모든 와인을 다 맛보아야 한다. 어떤 와인은 홀짝이며 마셔야 할 테고, 어떤 와인은 병째로 마셔야 할 것이다."
>
> – 파울로 코엘료

익숙함에서 벗어나기 위해서는 자기훈련이 잘되어 있어야 한다. 정해진 원칙과 울타리를 잠시 벗어나 가까운 사람들과 어울려 즐거운 시간을 갖거나, 새로운 사람을 만나는 것에 익숙해져라. 직업을 얻는다는 건 자신의 내부에 있는 독특한 특성과 직업이 갖는 세계관을 매칭하는 무조건적인 것이 아니라 직업을 얻기 위해 여러 가지 경험과 실패를 통한 과정의 연속이기 때문에 직업을 얻기 위한 익숙함의 덫에서 벗어나야 한다.

직업을 얻는다는 것이 어떤 결과를 내는지는 뒤를 돌아보아야만 알 수 있다. 그렇기 때문에 작은 시도와 노력들이 미래에 결실을 맺을 거라는 믿음이 중요하다. 목표를 향해 가는 길에서 의심이 찾아오면 잠시 자신이 걸어온 발자국을 보고 익숙함의 덫에서 벗어나라.

| 기회를 얻기 위해 현재에 충실하라

"There art two cardinal sins from which all others spring: Impatience and Laziness(모든 죄악의 근원은 성급함과 게으름이다)."

- Franz Kafka

'모든 죄악의 근원은 성급함과 게으름이다'라는 말이 있다.

기쁨의 감정을 얻고자 하는 것은 인간의 본능이다. 그래서 우리는 사람들과 살아가면서 오해도 하고 증오와 분노의 감정으로 살아가게 된다. 자신이 사랑하고자 하는 기쁨의 감정도 과대할 정도로 평가하다 보면 감정의 습관이 되고 본성이 된다.

우리는 직업을 얻는 과정에서 수많은 기회와 마주친다. 우리는 자신이 사랑하는 것에 대한 기쁨이 버려질지 모른다는 걱정으로 타인으로부터 관심받고 인정받고 싶어 한다. 인간은 구두쇠처럼 자신에게 이득이 되고 기쁨이 되는 것만 하려는 기본적인 본능을 갖고 있기 때문이다.

습여성성(習與性成)은 〈서경〉에 나오는 고사성어인데 '나쁜 습관이 본성이 된다'라는 좋지 않은 의미로 쓰였지만 올바른 도리를 습관이 되도록 연마해 인간의 천성으로 회복할 수 있다면 성인이나 현인이 되는 것은 어려운 일이 아니라고 강조하는 말이기도 하다. 우리는 삶을 살아오면서 보고, 들은 것을 통해 마음을 이루고 개인의 고유한 가치관을 형성한다. 기쁨이라는 감정도 우리의 마음과 가치관이며 이는 말과 행동으로 표현된다. 말과 행동은 습관이 되고 습관은 천성이 된다. 천성은 하늘로부터 부여받은 올바른 도리이다. 그런데 이런 기쁨의 감정도 나쁜 감정이 되기도 한다.

늘 사랑받고 인정받기를 원하는 자기 기쁨의 과대평가는 분노와 시기를 낳는다. 자신이 사랑하는 삶을 인정받지 못하거나 주변으로부터 버림받을 때 나쁜 본성이 나타나 주변 사람을 피곤하게 만든다.

이런 부류의 사람을 잘 관찰하면 늘 자존심에 가득 차 있다. 자존심이 많은 사람은 기회가 와도 쫓아 버리는 사람이다. 자존심이라는 것은 다른 사람이 나를 무시하는 것이 아니라 스스로가 자신에게 거는 기대에 도달하지 못했거나 능력이 부족하여 부끄러움을 느끼는 감정이다.

과거는 이미 지나가 버려 고칠 수 없는 것이며 미래는 핸드폰 데이터를 끌어당기는 것처럼 가져올 수 있는 것도 아니다. 현재 자신의 기쁨이라는 감정에 충실하다는 것은 내면의 즐거움을 채워나가는 것이다.

그렇기에 직업을 얻는다는 건 현재 지금에 초점에 맞추어 기회를 얻고자 하는 사람에게 주어진다. 지금 중요한 것이 무엇인지 아는 사람은 일에 몰입하여 모든 일을 해낼 수 있고, 현재를 즐기며 살 수 있다. 기회는 현재에 안주하려는 사람에게는 오지 않는다. 게으름과 나태함의 원인은 나쁜 본성이 습관화된 것이다.

나태함이란 그냥 아무것도 하기 싫다는 소극적인 의미의 게으름을 의미하는 것이 아니라, 적극적으로 해야 할 일을 거부하는 것을 의미한다. 즉, 자신이 해야 할 책임과 의무를 다하지 않는 것을 뜻한다.

"삶이 비극인 것은, 우리가 너무 일찍 늙고 너무 늦게 철이 든다는 점이다."

- 벤저민 프랭클린

혼자 카페에 가서 멍 때리거나 책장에 멍하니 앉아 있어 보았을 것이다. 나도 지금 책을 쓰면서 매일 매일 글을 정리하겠다고 마음을 먹다가도 다른 일에 대한 핑계로 게을러진다. 1년 전부터 책을 써보겠다고 마음을 먹어 계획도 세웠다. 그런데 매일 다른 일로 바쁘고 피곤해서 게으름이라는 여유로움에 빠졌다.

사람이 아무리 좋은 능력, 재능을 가졌더라도 게으르고 나태하면 기회를 얻기는커녕 늘 매몰되어 살게 된다. 대학교에 갓 들어온 신입생들을 대상으로 수업을 진행하다 보면 입학하고 정신없이 학교에 적응하느라 정작 자신이 왜 대학에 왔는지, 왜 공부하는지조차 생각하지 못하고 1학년이 지나가 버린다. 1학년들에게 가장 어렵고 힘든 일은 지난 시절에 나태하고 게을렀던 자신이 후회된다고 한다. 그래서 신입생 환영회, MT를 다녀오면서 교실에는 빈자리가 조금씩 늘어간다. 지난날 자신의 모습을 보고 생긴 상실감, 더 여유롭고 싶은 욕구, 더 편하고 싶은 욕구, 빨리 성공하고 싶은 욕구 때문에 더 나약해진다. 결국 우리는 해야 할 일을 언젠가는 할 수 있다는 마음가짐을 가져야 하고 현재에 충실해야 한다. 의욕을 먼저 가져야 한다. 기회는 내적 즐거움과 기쁨으로부터 누리는 행복이며 게으름과 나태함으로부터 해방될 때 찾아오는 법이다.

| 시도해 보기 전에 기회라고 말하지 마라

"자네 꿈이 무엇인가?"라는 말은 내가 어려서부터 지금까지 스스로에게 질문하고 끊임없이 답해야 하는 어려운 질문이었다.

대학 졸업을 앞둔 20대, 대학을 졸업하여 직장에서 일하고 있는 30, 40대는 어떨까?

서울 모 대학 캠퍼스에 다니는 한 여학생을 상담했던 이야기이다.

여학생은 사회학과 전공생이었으며 4년제로 편입한 학생이었다. 키는 작지만 굉장히 야심 차 보였다. 진로상담을 신청하여 이야기를 듣다 보니 홀로 계시는 어머니와 여동생이 있었고, 4학년인데 자신의 학과가 적성에 맞지 않아 고민하던 시기에 학교 프로그램에 신청하여 상담을 받게 되었다고 한다. 어머니가 혼자 계시는데 관절염으로 몸이 불편하여 늘 걱정되어 장녀로서 어머니를 모시기 위해 졸업 후 바로 취업하기를 원했다. 그런데 여학생의 꿈은 소설가가 되는 것이었다. 학생에게 물어보았다. "최근, 글을 써 본 적 있나요?" 학생은 전혀 경험이 없다고 했다. 소설가로 취업하기를 원했지만 자신이 처한 상황을 생각해 보니 무엇을 해야 할지 답답하다고 한다.

나는 대학교에서 진행하는 대학생 글쓰기 공모전을 소개해 주었고 지원해 보라고 권해 주었다. 그리고 관련 협회 소식에 관심을 두고 참여할 기회가 있다면 모임에 참여해 보라고 하였다. 무엇보다 졸업 후 직장을 구해야 하기 때문에 그 후 몇 번의 상담을 받고 금융 회사에 취직하였다. 물론 계속 소설을 쓰면서 자신이 바라는 꿈을 이루기 위해 관련 분야의 사람도 종종 만나며 활동 중이라고 했다.

우리는 늘 고민만 하다가 시도조차 하지 않는다. 혹시라도 잘못된 선택을 하거나 후회하고 하면 어떡하나 고민이 먼저 앞선다. 또한, 일반적인 관심사에 따라 하고는 싶은데 무엇을 해야 할지 모르는 경우가 많다. 기회는 시도하는 자에게 주어진다.

졸업을 앞두고 내 수업을 듣다가 취업한 한 남학생의 이야기이다.

내가 만난 한 남학생은 학창시절 많은 봉사경험과 직업상담 자격을 취득하고 학교 내외 활동을 통해 실력을 갖춘 성실한 학생이었다. 몇 번의 상담을 받고 학생은 자기가 원하는 직장에 취업하여 졸업하게 되었다. 그런데 직장에 취직하였다는 좋은 소식을 듣고 잘 일하고 있겠지 생각하고 있는데 1년 뒤 전화가 왔다. 회사를 그만두었다며 다른 좋은 자리를 알아보는 중이라는 안타까운 소식을 들었다. 직장을 왜 그만두었냐고 물어보니 주말에 야근을 자주 해야 하고, 자신이 생각했던 분야와 달라 그만두게 되었다고 한다.

조금만 더 인내하면서 직장생활을 하다 보면 사람들과 어울려 지내는 방법을 알게 되고 자신이 무엇을 잘할 수 있는지 알게 될 텐데 아쉬웠다. 다행히 그 후 학생은 다른 분야로 진로를 바꿔 취직하였다.

사회에 나가 직장을 구하는 청년이든, 직장에서 다른 직장으로 이직을 하거나 퇴직 후 또 다른 일을 하려고 하는 은퇴자든 일단 자신과 잘 어울리는지 그렇지 않은지 시도해봐야 한다. 시도하는 자에게는 실패도 있을 수 있다. 실패를 통해 기회가 주어지기 때문이다.

우리는 개인마다 독특한 성격과 개성을 갖고 있다. 그런데 우리가 아는 자신의 관심사는 마음에 따라 변하기 마련이다. 마음이 변해가면서 우리

직업을 얻는다는 건

는 자신 안에 있는 생존욕구를 채우기 위해 선택과 후회를 반복하면서 살아간다. 시도하기 위해서는 선택을 해야 한다. 그런데 선택은 무엇인가를 포기해야만 얻을 수 있는 것이다. 선택은 살아남기 위해 때로는 무엇인가를 포기해서라도 욕구를 채워야 할 때가 많기 때문이다.

당신이 바라는 직업을 얻기 위해 무엇을 포기해야 하는가?

난 수업시간에 포기해야 하는 것에 대해 다음과 같이 강조한다.

① A 학점을 받고 싶다면 게임 1시간을 포기하라.

② 다이어트에 성공하려면 야식을 포기하라.

③ 장학금을 받고 싶다면 소주 한잔을 포기하라.

④ 꼭 공무원에 합격하고 싶다면 잠을 포기하라.

⑤ 취업하고 싶다면 걱정을 포기하라.

기회를 얻기 위해 무엇인가를 포기해야만 한다.

관심사는 오늘이 다르고 내일이 다르다. 우리는 보통 다른 사람이 선택하는 직업이 좋아 보이면 자신의 적성과 흥미, 관심사보다는 일단 취업하자는 생각으로 사회적 체면, 명예 있는 직업이 뭘까? 우선 생각하게 된다. 하지만 10년 전 존재하지 않았던 직업들이 새로 생기고 전공이 다르더라도 자신의 호기심과 관심사에 따라 도전하고 기회를 찾아 일하는 사람들이 얼마나 많은가?

사회에 나갈 대학생들, 직장생활을 하는 직장인들에게 꼭 필요한 메시지는 바로 자신의 관심사가 무엇인지를 귀 기울여 보고 시도해 보라는 것이다.

첫 직장에 남부럽지 않게 취직했지만 왠지 자신이 생각했던 환경과 같이 일하는 사람들과 성격이 맞지 않아 그만두는 사람이 많다는 기사나 주변 청년들의 이야기를 자주 접하게 된다. 그래서 나는 수업시간에 학생들에게 친구와 이성 친구를 사귀어 보라고 강조한다. 졸업 후 배우자를 결정하는 문제도 간단한 문제가 아니다. 평생 함께할 배우자는 몇 번의 만남으로 결정되는 것이 아니다. 이성에 대한 올바른 인식과 이성관을 통해 자신에게 어울리는 이상형의 배우자를 만나 결정하게 된다. 직업을 얻는다는 것도 아무런 시도 없이 바로 이뤄지는 것은 아니다.

자신의 성격과 흥미, 가치관이 무엇인지 끊임없는 자기 성찰이 필요하다. 더 중요한 것은 지금 기회를 얻기까지 밤을 새워도 질리지 않을 만큼의 시도를 해보았는지 스스로 묻는 일이다. 지금 끌리는 것이 무엇인지 안다면 시도해 보라. 소설가가 되기 원한다면 집에 가서 글을 써보라. 헬스트레이너가 되고 싶다면 학교 실습과정에서 현장체험을 통해 고객을 만나보라. 직장을 다니면서 다른 일을 해보고 싶다면 사람을 만나고 배워라. 우리는 좋은 직장을 구해 남부럽지 않게 살기 위해 많은 시간을 할애하여 구체적인 계획을 세우지만 시도해 보는 일에는 인색하다. 당신의 꿈이 무엇이든 시도해 보기 전에 기회라고 말하지 마라.

| 10분의 기적

일하면서 성공하는 비결엔 얼마나 많은 시간을 투입하느냐가 중요하지 않다. 일을 무작정 열심히 한다고 성공하는 것도 아니다. 일할 때 성공비결은 짧은 시간에 얼마나 집중하여 시간을 투입했느냐다.

모든 사람이 아침 9시에 출근하여 6시에 퇴근한다면 성과도 동일해야 하지만 사람마다 성과는 다르다. 가장 중요한 일을 선택하여 집중하는 시간을 들여야 한다. 하루 10분의 기적을 만들어라. 10분은 아주 짧은 시간이지만 우리에게 희망을 가져다준다.

나는 영화 보는 것을 좋아하다 보니 가끔은 연구일에는 아무 생각도 하지 않고 TV 영화를 본다. 〈두려움은 너를 죄수로 가두고, 희망은 너를 자유롭게 하리라〉, 〈쇼생크 탈출〉은 지금도 종종 TV 영화를 통해 보는 명작 영화이다. 1995년에 개봉한 영화 〈쇼생크 탈출〉은 개봉한 지 25년이 된 작품임에도 불구하고 많은 사람에게 관심을 받는 작품이다. 〈쇼생크 탈출〉은 두려움과 희망에 대한 이야기를 보여준다. 인간이 가져야 할 것 중의 하나는 없어지지 않는 희망이며 사람은 살아가면서 투명코트를 입은 것처럼 자유로운 삶을 누리기 위해 노력해야 한다.

주인공인 앤디(팀 로빈스)는 아내와 그 애인을 살해한 혐의로 종신형을 받고 악명 높은 교도소에 수감된다. 은행 부지점장이었던 앤디는 교도소 내 모든 물건을 구해주는 레드(모건 프리먼)와 친구가 되고 교도소에 도서관을 열고 교도관의 세금 면제를 도와주며 문맹이었던 동료를 가르쳐 고등학교 졸업장을 따게 한다. 하지만 자신의 억울한 누명을 알게 된 뒤부터 6백 년이 걸릴지 모르는 벽에 조금씩 구멍 뚫는 일로 결국 탈출에 성공한다.

〈쇼생크 탈출〉은 희망은 없어지지 않는 새장에 갇혀 사는 것이 아니라는 교훈을 준다. 매일 매일 희망을 위해 살다 보면 우리는 기회를 얻고 인생의 여정을 우리 삶에 담아낼 수 있다. 앤디는 'Hope is good thing'이라는 말을 남기며 삶에 희망을 잃고 살아가던 재소자들에게 희망의 표본이 되어 줬다.

시간 관리에 대한 강의를 하면서 학생들에게 10분의 자투리 시간의 기적을 이야기한다.

우리는 직장에 출근해서 자신에게 주어진 일에 최선을 다하지만 10분이라는 시간은 직장에서 담배를 피우거나 심지어는 사적인 일을 위해 쓰는 경우가 많다. 기회는 늘 우리에게 주어진다. 일에 몰두하기 위해 10분을 활용해 보라. 물론 10분은 다음 시간을 준비하기 위해 쓸 만큼 여유 있는 시간은 아닐 수 있다. 또, 직장에서 10분은 담배를 피우거나 카톡을 하면서 친구들과 대화할 정도의 시간이다. 하지만 10분 동안 할 수 있는 일도 많다.

바닷가에서 모래성 싸움을 해본 경험이 있을 것이다. 가위바위보를 하고 이긴 사람은 모래를 한주먹 끌고 간다. 깃발이 넘어지지 않도록 조끔씩 모래를 가져가다 보면 어느덧 깃발이 쓰러지기 직전까지 간다.

큰 성공과 꿈을 이루겠다고 생각하는 사람은 크게 실망한다. 그 이유는 큰 기대와 포부로 인해 버려야 할 타협점이 크기 때문이다. 살다 보면 바라는 대로 일이 잘 안되거나 꼬이는 경우가 있다. 큰 생각만 있다고 해서 행동으로 옮겨지는 것은 아니다.

'멀리 보고 크게 생각하라'는 말을 자주 한다. 행동은 생각에 비례한다고

직업을 얻는다는 건

들 하지만 우리는 큰 목표를 정해놓고 허덕이다 그것을 이루지 못했을 때 다시 자기합리화를 한다. '다음에 더 잘하면 되지. 이번은 운이 없었던 거야'라고 지나쳐 버린다. 회사에서 업무에 성과를 올리는 사람도 큰 목표와 꿈을 지닌 자보다 오늘 당장 무엇을 해야 하는지를 알고 있는 사람이다. 당신이 지나쳐 버리는 10분의 짧은 시간은 당신에게 기회를 가져다준다.

목표설정을 잘해야 사회에 나가 성공한다고 늘 배워 왔다. 더 많은 일을 해보고 싶고 인생의 큰 상자를 만들어 그곳에 나의 열정과 끈기, 인내, 헌신, 모든 것을 넣어 이루고 싶다는 결심을 한다. 하지만 결심은 그 순간에 사라지는 연기와 같다.

작심삼일이라는 말도 있듯이 우리는 평생 결심만 하다가 해보지도 않고 포기해 버리거나 다른 목표를 세워 또 실망하며 산다. 너무 큰 목표는 우리를 실망하게 할 수도 있고 상실감을 준다. 작은 목표와 10분의 기적을 만들어라. 그 작은 힘은 우리에게 기회를 가져다준다.

학교에서 일하다 보면 일이 많고 학생들 상담이 밀려 있으면 정신없이 바쁘다. 게다가 과제를 채점하면서 학교 일도 하고 회의도 참석하려면 시간이 너무 부족하다. 그래서 일을 제대로 처리하기 위해 10분의 시간을 활용한다. 우선 당장 해야 할 일의 우선순위를 정해 짧은 시간에 할 수 있는 일을 처리해 나간다. 그렇게 하다 보면 몇 가지 일이라도 차근차근 해결되어 나간다. 중요한 것은 그렇게 하다 보면 내가 할 수 있는 기회가 더 찾아오고 기회는 나에게 미래에 대한 희망을 안겨준다. 일을 통해 내 꿈을 펼쳐 나갈 수 있다. 짧은 시간이라고 무시하지 말고 활용해 보라. 기회는 지금 10분에 달려 있다.

〈10분의 기적을 만드는 행동 10가지〉

1. **하루에 10분만 앉아 있어라**

   - 글을 쓰고 책을 볼 수 있다.

2. **10분만 더 오래 먹어라**

   - 위장병에서 벗어나고 소화가 잘될 것이다.

3. **10분만 먼저 출석하라**

   - 수업시간이 기다려지고 오늘 무엇을 해야 할지 정리할 수 있다.

4. **10분만 먼저 기차역에 도착하라**

   - 기차를 놓치지 않고 지나가는 사람들의 삶의 모습을 볼 수 있다.

5. **10분만 화를 가라앉히고 생각하라**

   - 다툼이 화해로 바뀔 것이다.

6. **10분만 일찍 출근하라**

   - 오늘 해야 할 일을 실수하지 않게 된다.

7. **10분만 핸드폰을 덮어두라**

   - 아끼고 사랑하는 사람과 얼굴을 마주 볼 수 있다.

8. **10분만 더 걸어라**

   - 건강이 찾아오고 활력이 넘친다.

9. **10분만 즐거운 상상을 해라**

   - 하루가 행복하고 감사해진다.

10. **10분만 일기를 쓰고 자라**

    - 인생이 주는 교훈을 깨닫게 된다.

직업을 얻는다는 건

| 작은 행동은 우연과 마주치게 한다

   미국의 시간 관리 전문가 앨런라킨은 '지금 이 순간 하는 것'이 얼마나 중요한지 강조한다. '계획을 세우는 건 미래를 현재로 가져오는 일이다. 지금 당장 미래를 위해 무슨 일이든 할 수 있는지 생각해 보라'고 한다.

   우리의 삶은 우리가 품은 목표에 따라 움직인다. 게리 켈러의 〈원 씽〉에서는 우리 삶의 크기는 목적에 연결된 우선순위의 힘과 정비례한다고 하였다. 우선순위는 '첫 번째'라는 말에서 유래되었고 '가장 중한 것이 무엇인가'의 의미를 내포한다. 또한 최근에는 '중요한 무언가'의 의미로 확대하여 쓰이고 있다. 우리가 목표를 세워 계획에 따라 살려고 노력하는 것은 바로 인생을 살아가면서 마주치는 순간순간 우연치 않은 행운을 만나기 위해서다.

   계획된 우연은 미국 커리어상담의 대가 존 크롬볼츠 교수에 의해 발표된 이론이다. 사람이 살아가는 인생은 아무리 명확하고 큰 목표의식 갖고 살아간다 해도 개인의 의지와 상관없이 발생하는 우연에 영향을 받는다고 한다. 사람은 우연을 기회로 받아들여 활용하기도 하지만 우연을 행운으로 취급하여 로또 당첨이 된 것처럼 생각한다면 우리에게 우연은 없을지도 모른다. 계획된 우연을 기회로 만들기 위해서는 작은 행동의 실천이 우선 되어야 한다.

   그것은 바로 호기심, 인내심, 유연성, 낙관성, 모험 감수다. 내 아내는 퇴직자 전직지원컨설팅을 한다. 거기서 만나는 퇴직자들의 이야기를 자주 듣곤 하는데 자원봉사든, 재취업이든, 귀농이든, 취미모임이든 뭔가 해보고 싶은 생각은 많으나 마음만 있을 뿐 실제 움직여 활동하거나 배우려는 분들은 그리 많지 않은 듯하다.

계획된 우연은 자신이 이루고자 하는 것에 대해 무엇이 중요하고 먼저 해야 하는지를 알고 움직일 때 작동하기 시작한다. 나와 맞는 기회라고 생각되면 일단 문을 두드려 보자. 삶에서 중요한 순간은 내가 알아차리지 못하면 그냥 지나갈 수 있다. 아깝지 않은가?

인생은 기회의 연속이다. 때로는 어려움과 고난과 마주치게 된다. 그럴 때면 지금 해야 할 작은 목표와 행동에 소홀하지 말고 삶이 우리에게 주는 계획된 우연을 받아들여라.

상담에 찾아오는 학생들을 보면 전과 및 자퇴를 생각하고 찾아오는 경우가 많다. 이런 학생들의 이야기를 듣다 보면 1학년을 마치고 낮은 성적으로 인한 상실감으로 고민하거나 미래 자신의 꿈에 대한 불안감이 크다. 내게 찾아오기 전에 누구에게도 고민을 털어놓지 않고 혼자 끙끙거리며 고민하다 오게 된다.

여러 번 상담을 통해 전과를 안내해주기도 하지만 일부 학생은 자퇴한다. 교수 입장에서는 많은 학생이 배움을 통해 잘 되기를 바라는 마음이 크겠지만, 학생 입장에서는 지금 당장이 중요하고 미래를 생각하면 현재 상황으로는 이룰 게 없다고 생각했던 모양이다. 지금 그만두면 더 어려운 시간이 닥쳤을 때 더 힘들어질 것이라는 염려도 들지만 어찌하겠는가? 마지막 인사를 하고 나가는 학생과 악수를 하고 따뜻한 응원 한마디를 건네는 게 내가 해야 할 최선의 위로이다.

'과도한 가치 폄하(Hyperbolic Discounting)'라는 말이 있다. 보상이 아

직업을 얻는다는 건

주 먼 미래에 발생할수록 사람들은 즉각적인 동기가 감소한다고 한다. 지금 당장에 눈에 보이는 성과가 없다고 하더라도 조금만 인내하고 끈기를 갖고 도전하고 노력하면 자신이 맞이하게 될 기회와 마주치게 된다. 정말 자신이 좋아하고 중요한 것이라고 생각한다면 말이다.

올해 가장 큰 목표는 무엇인가? 학위를 취득하든, 자격증을 취득하든 올해의 큰 목표를 정했다면 이번 달에 해야 하는 목표는 무엇인지, 이번 달에 목표를 정했다면 이번 주에 해야 할 목표와 하루 계획, 그리고 매일 매일 해야 할 목표와 계획은 무엇인지 세워 행동에 옮겨 보자.

실패하는 사람들의 공통점은 목표를 세우고도 작은 목표와 실천해야 될 일을 행동으로 옮기지 않는다는 것이다.

오늘 목표를 세워 행동으로 옮겼다면 내일의 목표를 이룰 수 있는 성찰의 시간을 가져야 한다. 이는 어제와 내일을 이어주는 다리가 된다. 과정을 무시하고 큰 목표만을 이루려고 하는 자만심을 '계획된 오류(Planning Fallacy)'라고 부른다. 오늘 하루 당신이 선택할 수 있는 것은 목표를 세워 실천하려는 작은 행동이다. 당신의 작은 행동은 지금보다 더 큰 기회를 만들어 낼 것이다.

투자계의 전설 워런 버핏은 작은 사소한 것이라도 소홀히 하지 않고 투자의 기회를 놓치지 않았다. '빨라서가 아니라 올바르게 투자했기 때문에 돈을 번다'는 말은 빠르게 간다고 해서 반드시 좋은 결과가 오지 않고 느리게 가더라도 기회가 온다는 전략을 강조한 말이다.

포유류 중 가장 느린 동물로 알려진 나무늘보는 나무에 거꾸로 매달려 먹고 자란다. 지상으로 내려올 일은 거의 없다. 단지 일주일에 단 한 번 배설할 때뿐이다. 치타처럼 날렵하지도 않은 이처럼 느린 동물이 멸종되지 않고 살아남은 비결은 과연 무엇일까. 나무늘보가 느린 것은 근육량이 적기 때문이라고 한다. 그렇기 때문에 에너지를 적게 사용해 적게 먹고 오래 버틴다. 가벼운 탓에 나뭇가지에 오래 매달려 있는 것이 오래 생존하는 이유다.

영국 런던대 연구팀의 흥미로운 연구가 있다. 개중에 그레이하운드는 가장 빠르다. 치타는 육상동물 중에서 가장 빠르다고 알려져 있다. 결승점에 닭고기를 매달아 놓고 두 동물의 달리기 실력을 실험하였다. 과연 승자는 누구였을까? 그 결과 시속 110km로 질주한 치타보다 시속 70km로 질주한 그레이하운드가 더 빨리 결승점에 도착했다. 그 이유는 무엇이었을까?
치타는 동물원에서 있다 보니 매일 먹이를 사냥할 필요 없이 사육사들이 주는 먹이를 먹고 자랐기 때문에 닭고기를 달려가 먹을 생각이 없었다. 이 실험에서 알 수 있는 것은 작은 행동은 더 큰 기회를 만들어 낸다는 것. 기회는 죽은 듯이 가만히 있는 것을 말하는 것은 아니므로 기회를 얻기 위해서는 빨리 가지 않더라도 작은 일에 소홀하지 않고 목표를 세워 행동해야 함을 말해 준다.
우리가 작은 행동과 목표에 주목해야 하는 이유는 삶을 살아가면서 마주치는 순간순간 우연하지 않은 행운을 만나기 위해서이다. 조금 느리더라도 자신이 무엇을 하고 싶은지 목표를 세워 오늘 해야 할 작은 행동부터 시작하라. 오늘 목표를 세워 행동으로 옮겼다면 내일이라는 희망과 기회가 당신 앞에 와 있을 것이다. 그럴싸한 목표선언과 부푼 계획과 소망이 아니라 미래에 대한 영리한 전략을 기다리며 기회를 엿보는 자세가 필요하다. 작은 행동은 우연과 마주치게 만든다.

| 기회를 만들어 내는 몰입의 힘

"그대가 자신의 불행을 생각하지 않게 되는 가장 좋은 방법은 일에 몰두하는 것이다."

– 베토벤

성공한 사람들의 특징을 보면 작은 일에 소홀하지 않고 하나의 일을 마무리하기 위해 몰입하는 습관을 가지고 있다. 사람들은 큰 목표를 정해서 이루어야 성공하는 것이라 믿는다. 그러다 보면 너무 큰 목표를 이룰 수 없는 자신을 바라보고 상실감만 더 커지고, 일은 일대로 밀려 일에 대한 성과도 올릴 수 없게 된다. 기회를 얻는 사람은 목표를 정해 몰입하는 습관을 가지고 있다. 몰입의 힘은 기회를 만들어 낸다.

기회라는 것은 시간을 잘 관리하는 사람에게도 오지만, 지금 이 순간에 몰입하는 사람에게 온다. 사람은 시간을 지배할 수 없고 관리할 수 있는 존재가 아니다. 있는 시간을 잘 활용하는 것이 중요하다.

많은 책에서 성공하는 사람들의 습관이나 시간을 효율적으로 사용하는 방법을 소개해준다. 또한 '하나의 일을 마칠 수 있는 시간을 따로 떼어 놓으라'고 한다.

서양 철학자 소크라테스는 어떤 주제에 몰입하면 밤새도록 아테네의 아고라에 서 있었다고 한다. 그렇게 날이 새도록 몰입해 있다가 그 문제가 풀려야만 움직였다고 한다.

게임에 푹 빠져들었을 때가 흔히 몰입된 상태다. 책을 읽다가 한 구절을 읽고 책 속에 푹 빠져들어 가면 몰입한 것이다. 일하거나 취미생활을 하면서 매 순간 몰입 경험으로 하루를 채워가는 사람은 얼마나 행복할까. 생각의 초점을 맞추면서 몰입이 통합된 상태에 이르는 게 목표다. 그래서 목표는 몰입을 통해 이루는 것이며 몰입을 통해 우리는 기회와 성취감도 얻는다. 그러나 우리는 살아가면서 머릿속을 가득 채운 잡생각들로 인해 쉽사리 몰입하지 못한다. 늘 지금 하는 일이 잘못되면 어쩌나 고민하거나 미래에 바라는 일들이 잘돼야 할 텐데 걱정만 한다. 우리 마음은 몰입하라는 생각만 가지고는 명령을 따르지 않는다. 몰입은 훈련을 통해 우리 뇌를 복종하도록 만드는 습관이기도 하다.

직장에서 함께 일을 하다 보면 늘 바쁘기만 한 사람은 정신이 없어 보이고 제대로 된 성과도 없다. 그 이유는 그 일에 몰입하지 않기 때문이다. 이런 부류의 사람들과 함께 일하다 보면 업무 결과물도 서둘러 정리하게 되고 서로가 힘들어지게 된다. 일을 함께하다 보면 섬세한 부분까지 챙겨야 할 경우가 많은데 일에 몰입하지 않는 경우 일만 벌여 놓는다. 일을 제대로 마무리도 하기 전에 다른 일에 정신이 나가 있다. 지금 당장 해야 할 일을 체크하지 않고 마감 시간이 다 되어서야 부랴부랴 한다. 결국, 누군가가 그 일을 마무리하기 위해 혼신의 힘을 다해 정리해야 한다. 직장에서도 보면 늘 그런 부류의 사람을 종종 보게 되는데 몰입하지 않는 사람들과 가까이하지 마라. 몰입하지 않는 사람들은 주변 사람들까지 오염을 시키기 때문이다.

1960년대에 미국 스탠퍼드대학의 심리학자 월터 미셸(Walter Mischel)은 흥미로운 실험을 했다. 4세 유아들을 대상으로 마시멜로를 보여준 후 지금 먹고 싶으면 먹어도 되고, 15분 동안 먹지 않고 기다리면 마시멜로 하나를 더 주겠다고 한 뒤 자리를 비우는 실험을 했다. 물론 표본의 다양성을 반영하지 못한 실험이지만 우리에게 주는 의미는 크다.

직업을 얻는다는 건

실험에 참가한 아이들의 반응은 다양하게 나타났는데 즉시 마시멜로를 먹는 아이들도 있었고, 꾹 참다가 결국에는 먹는 아이들도 있었으며, 15분을 버틴 후 과자 하나를 더 받는 아이들도 있었다. 10여 년 이상이 흐른 후 실험에 참가한 아이들의 학업 성취도 및 사회적응력을 추적해보니 마시멜로를 바로 먹지 않고 오래 참은 아이일수록 학교성적이 우수하고 똑똑한 학생으로 자랐으며, 나아가 좋은 직장을 얻어 소득도 높았다. 반면에 인내하지 못한 아이들은 비만이나 약물중독, 감옥에 가 있는 등 사회부적응의 문제를 가진 어른으로 살고 있었다.

인내할 수 있다는 것은 곧 몰입이다. 그래서 끝까지 참고 인내하여 몰입한다는 것은 몰입을 통해 기회와 성취감도 얻게 만든다.

나는 많은 수업과 상담, 학교 일을 하기 위해 몰입하는 훈련을 한다. 몰입하기 위해서는 몰입할 수 있는 장소와 시간이 중요하다. 사람은 두 가지 일을 동시에 몰입하여 할 수 없다. 가령 공부하면서 TV를 보는 것, 음악을 들으며 영어 단어를 외우는 것은 몰입에 방해가 된다. 몰입하기 위해서는 조용하고 익숙한 장소에서 시작해야 한다. 또한 몰입하기 위해 고정적인 시간을 정해놓지 마라. 몰입하기 위해 나는 시간에 구애받지 않고 몰입할 수 있는 시간을 억지로 만들지 않는다.

오히려 몰입은 여유로움에서 나온다. 설거지와 집안일을 서둘러 돕고 운동을 하거나 TV 시청을 한다. 여유는 몰입할 수 있는 힘을 갖게 만든다. 운동을 하거나 여유 있는 시간도 필요하다. 운동이나 여가시간이 끝나면 독서와 글 쓰는 데 할애한다. 무조건 책상에 앉아 책을 펴놓고 보기 시작한다. 그렇다고 늘 고정된 시간에 시간을 정해놓고 하는 것은 아니다. 때로는 일찍 잠을 자거나 몰아서 일을 처리하는 경우도 많다. 우리는 늘 시간을 정해놓고 깜박하거나 핑계를 대고 일을 제대로 하지 못하는 경우가 많다.

그렇다고 너무 강박적으로 살 필요는 없지만 일의 우선순위를 먼저 생각하고 때로는 여유도 즐기며 몰입해야 한다. 몰입은 늘 새로운 즐거움을 주고, 생각을 집중하게 만든다.

톰 행크스 주연 〈캐스트 어웨이〉를 보면, 사람이 가능성을 믿고 몰입하는 자세가 얼마나 중요한지 알게 해준다. 주인공은 남태평양 상공에서 악천후로 인해 바다에 추락하고 만다. 구사일생으로 무인도에서 혼자 살아가면서 생존법을 터득해 간다. 물고기를 잡는 법, 코코넛 열매를 먹는 법, 불을 피우는 법, 치통을 해결하는 법을 통해 고립된 인간이 어떻게 살아갈 수 있는지 과정을 잘 보여준다. 바위 위에 날짜를 표시해 가며 1,500일이 되던 날 그는 뗏목을 완성하고 큰 파도를 헤치며 바다로 나간다. 운 좋게도 망망대해에서 화물선을 만나 구조된다.

구조될 수 있다는 가능성에 대한 몰입은 기회를 찾아오게 만들었다.

가능성을 믿고 자신이 이루고자 하는 것이 무엇인지를 포기하지 않고 몰입하라. 그리고 1년 뒤 당신이 해야 할 일은 무엇이고 다음 달에 해야 할 일은 무엇인지 몰입하라. 그리고 1년을 위해 오늘 해야 할 일을 먼저 생각하고 집중하여 목표에 몰입하라.

시간은 우리에게 기회라는 선물을 줄 수 있지만 누구에게나 다 해당하는 말은 아니다. 시간의 노예가 되지 마라. 시간 계획을 세워 인생을 허비하지 말고 해야 할 일에 몰입하는 자세가 중요하다.

지식을 갖고 싶거나 많은 돈을 벌고 싶다면 지금 당장 책을 펴놓고 읽어라. 그리고 돈을 벌기 위해 자신이 무엇을 해야 할지 고민만 하지 말고 사업을 구상하고 자기능력을 키워라. 당신이 이루고자 하는 꿈과 목표는 기회를 만들기 위한 몰입에서 시작한다는 사실을 잊지 마라.

직업을 얻는다는 건

| 기회를 잡는 매력을 품어라

매력 있는 사람에게 기회는 찾아온다.

성적이 우수하고 회사에서 좋은 평가를 받는 사람이 매력 있는 사람이라고 볼 수 있을까? 매력 있는 사람이란 자신이 하는 일에 애정이 있는 사람이다. 하지만 매력적이지 못한 사람들을 보면 비판이나 험담을 늘 하고 다닌다. 이런 부류의 사람들은 자기편이 아니라면 흉보고 구성원들의 의욕을 상실하게 하게 만든다. 직장에서 편 가르기를 하는 부류의 사람은 만나지마라.

동료나 상사가 꼴 보기 싫어도 험담이나 비판할 필요가 없으며, 중요한 것은 자신이 최고의 구성원이 되기 위해 빛나는 다이아몬드처럼 매력 있는 사람으로 일하라.

예전 직장에서 함께 일하던 동료들 중에는 믿고 맡길 수 있는 분들이 많았다. 지금은 마케팅 분야에서 활동적으로 일하는 친구인데 2008년도 당시 경기도에서 종합일자리센터를 개소하고 시범적으로 운영을 해야 해서 직원을 채용해야 했다. 첫 시범사업이라 좀 더 도전적이고 자신감이 있는 친구가 필요했는데 마침 면접에서 그 친구는 자신감이 넘쳤고 좋은 평가를 받아 채용이 되어 함께 일하게 되었다. 젊은 친구답지 않게 생각이 깊었고 홀로 계시는 아버지를 모시면서 추진력이 아주 강한 친구였다. 마케팅 분야에 꿈을 갖고 있다며 직원들이 요구하지 않아도 모든 일을 처리해 줄 정도로 센터에서 분위기 메이커였다. 나중에 알게 되었는데 마케팅 분야 취업하여 인정받는 상사로 일하고 있다는 소식을 전해 들었다. 매력적인 사람은 인정받고 싶지 않아도 인정받는다는 게 무엇인지 안다. 마음으로 사람을 대하고 사람을 기분 좋게 만든다.

당신은 매력을 품을 준비가 되어 있는가?

매력이란 무엇인가에 이끌리는 힘이다. 매력이 넘치는 사람과 함께 있으면 기분이 좋아진다. 오랫동안 담소하고 정감을 나누며 서로가 원하든 원하지 않든 매력이 넘치는 사람과 있으면 오랫동안 머물러도 싫증이 나지 않는다. 특히 직장생활에서 매력이 넘치는 사람은 솔선수범한다. 그리고 자신의 이익을 목적으로 사람을 만나지 않는다. 이것이 기회를 잡는 매력의 힘이다.

90년대 포크송의 전설인 해바라기의 〈사랑으로〉란 노래는 우리에게 감동을 준다. 감동을 주는 노래들은 참 많다. 이처럼 매력 있는 사람은 사람들에게 감동을 준다. 변치 않는 힘은 사랑으로 서로를 대하는 마음에서 출발한다. 서로를 대하는 마음이 사랑이라면 그것은 곧 매력이다.

그렇다면 매력이 없는 사람은 어떤 유형일까?

먼저, 자기가 최고라고 떠드는 사람이다. 모든 잘못은 자기가 아니라 '당신이 잘못해서 그런 거야'라고 넘겨버리는 사람이다. 자기만이 최고라고 떠드는 사람이다. 주변을 의식하지 않고 '나만 잘났다'고 허풍을 떠는 사람이다. 입만 벌리면 침을 튀기며 자기와 의견이 다르거나 위치가 낮거나 힘이 약한 상대일 경우 비난과 비방하는 사람들이다. 자신은 비겁하고 흠이 없는 완벽한 인격체인 것처럼 다른 사람을 쉽게 대한다. 매력이 없는 사람들의 특징 중 하나는 책을 읽어도 머리로 이해하지만 깨달음이 없다. 늘 자기

직업을 얻는다는 건

의 힘을 믿고 갑질을 하거나 모든 일에 부정적이고 비관적이며 다른 사람의 말이나 글을 읽어도 자기 삶의 변화가 없는 사람들이다.

공자의 말 중 '擇其善者而從之, 其不善者而改之(택기선자이종지 기불선자이개지)'라는 말이 있다. '세 사람이 길을 가더라도 그중에 반드시 내 스승이 될 만한 사람이 있다. 그들 중 좋은 점을 가진 사람의 장점을 본받고, 좋지 않은 점은 나를 바로잡는다'는 말이다. 매력 있는 사람은 세상의 모든 것으로부터 배움을 얻고 긍정적인 것만 얻는 것이 아니라 부정적인 것들에서라도 배우는 자세를 지닌다.

나보다 힘이 약하고 배움이 적더라도 타산지교(他山之石)의 마음으로 대하면 배울 것이 있다. 혹시 나에게 잘못하고 있는 점이 있는지 되돌아보고 부족한 점이 있다면 고치기에 힘써야 한다.

외면의 힘이 강한 사람 즉, 매력이 없는 사람을 조심하라. 그런 사람들은 지혜롭지 못하고, 늘 지식의 자랑을 일삼아 잘난 체하며 나대고, 갑질하는 사람으로 내면의 힘이 없기 때문에 열등감으로 살아가는 사람들이다. 매력을 가진 사람이 되고 싶은가? 매력 있는 사람은 외로움과 고통, 고난, 슬픔을 이겨낸 과정이 있었기에 다른 사람으로부터 인정받을 수 있다. 직업을 얻는다는 것도 기회를 잡는 매력을 품을 때 얻어지는 것이다.

<매력 있는 사람들의 특징 5가지>

1. 자신의 마음을 사랑한다

－지금 자신의 모습을 순수하게 사랑하고 다른 사람에게 화려한 것으
로만 포장하지 않는다. 중간쯤 되는 지식과 능력, 부족함이 있더라도
자신을 사랑할 줄 아는 사람이다.

2. 현실을 인정하고 노력한다

－꿈과 현실을 구분할 줄 안다. 꿈은 누구나 이루고 싶은 인생의 바람이
다. 그러나 꿈은 바라는 미래일 뿐 현재가 아니다. 꿈과 현실을 연결
해 주는 것은 밤하늘 북극성을 찾아 끊임없이 찾으려고 노력하는 것
이다. 인간의 위대함이 단지 유명한 대학을 나오거나 사회적 지위, 비
싼 자동차를 몰고 다니는 것으로 취급해서는 안 된다. 사람들은 다양
한 꿈과 목표를 가지고 있다. 매력적인 사람은 무턱대고 성공이 오기
를 기다리지 않고 현실을 인정하고 어느 정도 수용한다.

3. 다른 사람을 우선시한다

－그들은 항상 모든 사람을 우선적으로 돕는다. 그들은 혼자 성공할 수
없다는 것을 잘 안다. 함께 일하는 동료가 무엇이 필요하거나 도움을
요청하면 우선순위를 거기에 둔다. 매력적인 사람은 늘 적절한 시기를
놓치지 않고 베푸는 법을 안다.

직업을 얻는다는 건

4. 늘 책임을 다한다

−그래서 늘 최선을 다해 동료들을 미소 짓게 한다. 항상 모든 사람이 불안하지 않도록 안심을 준다. 늘 책임을 다하는 자세는 사람을 미소 짓게 만드는 능력이다. 솔선수범을 통해 긍정적인 마인드로 일하는 사람이다.

5. 노력해야 한다는 사실을 안다

−고통과 가난 없이는 성공이 있을 수 없다는 사실을 안다. 성공하기 위해 노력하고, 자신의 열망을 충족하기 위해 그들은 포기하지 않기 때문에 성공한다.

| 우물 안에서 벗어나 세상 밖으로 나와라

우리가 살아가는 인생엔 정답이 없다. 직업을 얻는다는 것도 마찬가지다. 사람마다 추구하는 가치관에 따라 정답이 아닌 길을 갈 수도 있다. 좋은 직업을 선택하는 것에 과연 정답이 있을까?

흥미와 적성이 일치해야 사람은 그 일에서 만족감을 얻고 행복과 삶의 의미를 찾는다. 그래서 학창시절 적성, 흥미검사 등을 해보면서 자신에게 적합한 직업을 찾으려고 하고 결정하려고 한다. 자신이 평생 추구하고자 하는 주제를 향해 정진하다 보면 직업을 얻기 위한 기회는 누구에게나 열려 있다. 그런데 사람이 직업을 얻는 과정에서 일정한 규칙에 따라 직업을 평가하여 선택하게 하는 것은 참 어려운 일이다. '틀린' 것은 없다. '다름'을 인정해야 한다. 우리가 인생의 길을 나아가는 데 정답이 없다기보다는 우리가 가야 할 길이 너무나 다양하다고 강조하고 싶다. 그렇기 때문에 인간다운 자신만의 가치를 발견하고 직업을 얻는 것이 중요하다.

학교 교수님들 중에는 진로교육이라고 하면 학생들이 전공역량을 갖춰 직장에 취업하는 것으로만 생각하는 경우가 있다. 그러다 보니 우리 학과 학생들은 진로가 모두 확실하고 명확하여 진로교육이 필요 없다는 말을 하곤 한다. 전공분야의 역량을 갖춰 취업하는 게 어찌 보면 가장 바람직하다. 4년간 노력한 결과를 사회에서 활용할 수 있어야 하니까. 하지만 모든 학생들이 일에 대한 인간다운 가치를 발견하고 소명을 갖게 하기 위해서는 직업에 대한 인식교육이 필요하다. 직업을 단지 아침에 출근하여 저녁에 퇴근하고 월급을 받는 것으로만 생각하는 일차적인 편견에서 벗어나야 한다.

직업을 얻는다는 건

'우물 안 개구리'는 흔히 견문이 좁아 세상 형편을 모르는 사람을 일컫지만, 그 근거가 등장하는 〈장자〉의 '추수(秋水)' 편(篇)을 보면 다른 관점에서 해석할 수 있다. 장자에 나오는 '정와불가이언해(井蛙不可以語海)'에서 기원한 속담으로 우물 안 개구리가 자라에게 우물을 자랑하자, 자라는 짧은 다리 탓에 우물 턱을 넘지 못하고 우물 밖에서 바다의 크고 넓음을 개구리에게 이야기해 준다. 개구리는 자라로부터 우물 밖에 있는 바다라는 세상 이야기를 듣고 놀라게 된다. 반면, 자라는 바다라는 세상을 알고 있지만 우물 안의 세상은 모른 채 바다만 알 뿐 우물 안에 대해 전혀 몰랐다. 이 고사는 모든 인간에게는 자신이 경험하고 배운 것에 명백한 한계가 존재하지만, 그러한 좁은 경험과 얄팍한 지식에 대해 편견과 집착이 생기기 쉽기 때문에 이를 주의하라는 의미로 해석되고 있다. 하지만 이 이야기는 우리에게 '우물 안 개구리'라는 편견이라는 교훈만을 이야기하지 않는다. 어떤 이는 개구리는 우물 안에서 벗어나지 못하지만 소확행을 누리고 있었는지 모른다고 말을 한다. 분명한 것은 직업을 얻는다는 건 우물 안 개구리나 우물 밖에 있는 자라처럼 편견을 벗어버릴 때 기회를 얻게 된다. 직업에 대한 얄팍한 앎과 집착이 생기기 쉽기 때문에 이를 벗어버릴 때 기회는 오는 법이다.

직업을 얻는다는 것도 우리가 좁은 세상으로 바라보면 당장에 그 직업에서 요구하는 능력과 자격증, 성공 가능성을 갖췄다 하더라도 실제 직업은 우리가 바라보는 것 이상의 애정과 가치, 마음의 자세를 요구한다.

실업률은 고공행진하고 젊은 세대들의 취업난이 심해져 장기 불황으로 꿈과 희망을 갖기 힘들어진 젊은이들은 오히려 커다란 성공보다는 작은 행복과 안정을 추구하는지 모른다. 우물 안 개구리는 우물 안에서 바다를 보며 행복했지만, 자라의 우물 밖 바다라는 말을 듣고 작은 우물 안 바다를 벗어나면 바로 커다란 목표(바다)를 가질 수 있다는 희망을 갖는다. 지금 인생이 틀렸고 더 큰 세상으로 나아가면 더 좋은 인생이 펼쳐질 거라는 환상과 기대를 품고 살아가는 것은 반드시 정답이 아니다. 직업을 얻는다는 건 지금 여기 당신의 소소한 행복을 추구할 때 얻어지기 때문이다.

　우물 안 개구리에서 편견을 벗어버리고 취업한 학생의 사례이다.

　3학년 1학기에 찾아온 여학생은 아버지가 공기업에 계시는 남부럽지 않은 환경에서 자랐다. 하지만 아이러니하게도 집에 TV 없이 자랐는데 언론광고를 전공하였다고 한다. 지금은 독립영화 제작에 관심 있는데 자신의 적성에 맞는지 고민이라는 것이다. 며칠 뒤 다시 찾아온 학생은 전주국제영화제에서 6개월간 일해 볼 수 있는 자리가 생겼다며 지원서를 어떻게 작성해야 하는지 도움을 요청하였다. 학생의 눈빛에는 기다림과 설렘이 가득해 보였다. 지원 서류를 꼼꼼히 지도해 주고 한동안 연락이 없어 서류에서 떨어졌나 보다 생각했는데 학생에게 전화가 왔다. 전국에서 1명을 선발하는 자리에 합격했다는 소식을 들려주었다. 그 후 학생은 휴학하고 독립영화에 대한 꿈을 이루기 위해 현장경험을 갖춰나갔고 졸업 후 영화제작사에 취업하게 되었다.

　우리는 늘 자신의 무한한 가능성을 가두어 두고 살지는 않은지? 많은 사람은 기회는 아직 오지 않았다고, 기회는 자신과 동떨어진 것이라고 생각한다. 농부가 밭에 물을 주지 않으면 열매를 맺지 못한다. 당신은 무수히 많은 기회를 얻을 수 있고, 기회를 통해 자신의 가능성을 엿볼 수 있다.

　인터넷에서 이런 글을 읽은 적이 있다. 어느 95세 노인이 65세 퇴직 후 '이제 다 살았다, 남은 인생은 그냥 덤이다'라는 생각으로 죽기만을 기다렸던 삶을 후회하고 남은 인생의 10년을 후회하지 않기 위해 다시 인생에서 목표를 가지고 삶을 시작했다는 기사다.

'해봐야 소용없어, 어차피 해봐야 안 될 거야!'라는 부정적이고 현실 도피적인 생각에서 벗어나라. '세상 모든 일은 자신이 마음먹은 대로 이루어진다', '꿈은 이루어진다'는 말도 믿지 마라. 이 말은 누구나 알고 있는 좋은 메시지일 뿐 다른 사람이 만들어 놓은 세상만 믿고 따라가지 말라는 것이다. 직업을 얻기 위한 기회는 두려움, 막연함, 실패에 대한 좁은 편견에서 벗어나야 얻어지는 것이다.

| 믿음의 강철검으로 승부하라

살아가면서 늘 기회가 찾아오고 행운이 따르는 사람은 행복한 사람이다.
그런데 기회는 자신이 얼마나 어려움과 장애물을 넘어서려는 믿음 여부
에 달려 있다.

'오늘 왠지 잘할 수 있을 것 같다'라는 느낌과 감정이 아니라 자신이 하고
자 하는 노력에 대한 의지와 믿음 말이다.

나는 고등학교를 졸업하고 성적에 따라 내 적성에도 맞지 않는 전공을 선
택하였다. 당연히 관심 분야가 아닌 학문을 좋아할 리 없었고 성적도 썩
좋지 않았다. 성적에 대해 관심이 없었던 이유는 여러 이유가 있으나 우선
장교로 임관하면 성적은 내게 큰 의미가 없다고 생각했기 때문이다. 하지
만 전역하고 취업해야 하는 상황에 마주치면서 학점이 낮아 취업에 걸림돌
이 되었다. 특히 직장을 옮겨 다니면서 이직할 경우 왜 성적이 낮은지, 성적
에 대한 질문을 꼭 받게 되었다. 성적으로 다시 후회하지 않기 위해 석사
과정만큼은 학점에 신경을 써 수석졸업을 할 수 있었다.

학점이 낮다고 해서 내가 무능력하다는 생각은 하지 않았다. 오히려 다시
는 후회하지 않는 삶을 살기 위해 나를 채찍질하여 강하게 만들었다. 역경
앞에서 늘 담대했고 포기하지 않는 태도는 어려서 어머니에게 배운 신앙
의 강철검 같은 정신에서 비롯되었다. 암으로 돌아가신 순간까지 자식들에
게 피해를 주지 않으려는 강인함을 보여주셨다. 아버지 또한 욕창으로 인
해 살이 썩어가는 고통 속에서도 아들에게 늘 걱정하지 말라는 무언의 손

214

직업을 얻는다는 건

짓으로 돌아가시기 전까지 자식을 아끼셨다.

낙관론자와 비관론자의 차이는 바로 자기 믿음의 차이에 있다.

대부분의 심리학 연구를 살펴보면 자신의 처지를 비관하는 사람은 우울과 불안에 시달릴 가능성이 크고 대학교에서 낮은 학점을 받을 확률이 높다고 한다. 또한, 직장에서도 늘 성과가 낮은 사람으로 취급되어 버린다. 사람의 표정을 보더라도 복이 있는 사람과 복이 달아나는 사람의 차이는 주름에 나타난다고 한다. 늘 투정부리거나 인생을 부정적으로 생각하거나 행동하는 사람은 복이 달아나는 주름을 지닌다.

실제로 메트라이트 보험회사의 보험설계사를 대상으로 연구를 해보니 낙관론자들이 비관론자들보다 직장에 남을 확률이 높을 뿐만 아니라 업무성과에서도 비관론자들보다 25% 성과가 높다는 결과를 보였다.

우리가 살다 보면 어려움과 짜증 나는 일도 많다. 남들이 알아주지 않는 회사에 입사하여 계약직으로 일할 수도 있고, 대학을 나와 취업이 제대로 되지 않을 수도 있다. 때로는 대학에서 원하는 학점이 나오지 않을 수도 있다. 그것은 어려움과 장애물을 객관적인 사실에 의해 개선하려고 하지 않고 주관적 감정과 행동으로 해석하려고 하기 때문이다.

그릿 연구 발판을 마련한 〈그릿〉의 저자 말콤 글래드웰은 사람들이 세상일을 대처하려는 마음에는 두 가지 방식의 이론이 있다는 사실을 발견하였다.

하나는 고정형 사고방식(Fixed Mindset)이다. 고정형 사고방식을 지닌 사람은 부모님의 재산과 타고난 재능에 의지해 성공에 대한 환상에 사로잡혀 성공을 위한 배움과 기술습득에 대해 안일한 생각을 하는 사람이다.

이런 사람들은 늘 성적이 낮고, 취업과 승진에서도 실망스러운 결과를 보게 된다. 반면에 성장형 사고방식(Growth Mindset)을 지닌 사람은 역경에 부딪히면 자신이 할 수 있는 최대한의 노력으로 극복하려고 하기 때문에 늘 기회를 얻는다.

수업을 진행하면 늘 뒷자리에 앉아 수업시간에 조는 학생이 있다. 가정 형편이 어려워 새벽까지 아르바이트하느라 힘든 학생도 있지만, 대부분은 열등감이 높고 자신의 인생에 대해 실망하고 낮은 자존감을 가진 학생들이다. 하지만 성장형 사고방식의 학생을 보면 늘 앞자리에 앉아 수업을 경청하고 필기한다. 성장형 사고방식의 사람은 늘 회의시간이나 수업시간에 지각하지 않으며 직장생활에서도 다른 사람들보다 더 수고하여 성과를 올린다.

우리는 어려서 실패에 대한 주변 반응에 너무 익숙한 환경과 문화에서 자랐다. 수업시간에 질문하거나 발표하면서 실수하면 지나친 반응으로 다시는 그 순간, 불쾌한 역사 속에 기억되지 않는 사람으로 성장하기 위해 살다 보니 고정형 사고방식이 형성되어 버렸다.

당신은 어려서 부모님, 친구, 선생님으로부터 칭찬받아 본 경험이 있는가? 당신은 늘 칭찬에 익숙하지 않은가? 때로는 지지와 격려 속에 훈계를 받아 자신이 성장해 온 것을 잊지는 않았는가? 단지 그 순간에 주관적 감정으로 다시는 그 순간으로 돌아가고 싶지 않아서 피하는 비겁한 사람은 아닌가?

기회를 달아나게 하는 사람은 이렇게 말한다. '적어도 노력은 했잖니! 그 정도면 된 거야.' 기회를 불러와 투지를 갖게 만드는 말은 '결과가 좋지 않았구나! 어떻게 하면 더 나아질지 고민해 보자'라고 말하는 사람이다.

우리는 실패하는 것에 두려움이 있다. 실패조차 하지 않겠다는 절대적 믿

직업을 얻는다는 건

음은 아무 시도조차 하지 않겠다는 의미이다. 기회는 실패를 통해 오기 때문에 자신의 강한 마음을 믿고 실패하면 모든 것이 끝이라는 생각에서 벗어나야 한다.

니체는 '죽을 만큼의 시련은 나를 더 강하게 만든다'고 했다. 사람은 역경과 어려움이 닥칠수록 좌절하거나 포기하지 말고 그 순간을 받아들이는 낙관적인 환상을 해야 한다. 지난 어려움과 역경은 죽지 않을 만큼의 시련이었다는 사실을 알게 된다. 한 걸음씩 조금씩 노력하다 보면 기회는 오는 법이다. 기회는 믿음의 강철검으로 승부할 때 얻어지는 것이다.

| 때로는 혼자 가야 할 때가 있다

　여행이 주는 즐거움엔 단순히 맛집을 찾아다니고 유명한 곳을 구경하는 것 이상의 이로움이 있다.

　기회를 얻기 위해서는 우리에게 주어진 삶을 성실하게 맞이해야 한다. 또한, 살아가면서 깨달음을 통해 내가 중요하게 생각하는 일에 대한 가치와 평생 매진해야 할 주제(Calling)는 무엇인지 스스로 질문해야 한다.

　어느 책에서 이런 글을 읽어보았다. '여행이란 사람을 변하게 하는 것이 아니라 바닷속 깊은 곳에 가라앉아 있던 자신의 모습을 수면 위로 떠올리는 과정이다.' 이 말을 되새기면 가끔 홀로 여행을 떠나고 싶은 욕구가 생긴다. 구본형 씨가 20여 년간 직장생활을 끝내고 지리산으로 단식 여행을 떠났던 것처럼 나 혼자 하는 여행을 떠올린다.

　1년에 두 번 연휴 기간에 늘 가족과 함께 여행을 간다. 장모님, 처남, 그리고 우리 네 가족이 평소에 가보지 못한 이곳저곳을 다녀본다. 여행하다 보면 확 트인 자연과 오랜 시간을 지나온 역사 속의 명소를 보면서 평소 쌓인 마음의 복잡함이 어느새 밀려 나가는 기분이 든다. 인생도 마찬가지다. 여행을 떠나는 것처럼 설렘이 있다. 우리는 혼자이든 여럿이든 여행을 통해 자신의 숨겨져 있는 마음을 다시 떠올려 보게 된다.

　여행을 떠나서 목적지에 도착하기 전에 계획하지 않았던 여행지에 푹 빠졌던 경험이 있을 것이다. 목적지에 이르기 위해 여러 곳을 둘러보기 마련이다. 목적지에 가기 전에 이곳저곳을 여행하다 보면 우리가 생각하지 못했

직업을 얻는다는 건

던 경이로움과 감동을 주는 여행지는 많다. 살다 보면 계획만큼 잘 풀리는 일도 있고, 생각하지 못했던 우연한 행운과 마주치기도 한다. 때로는 시련과 아픔, 이별이라는 여행지를 거쳐야 하는 경우도 있다. 그래서 여행은 우리에게 많은 질문과 생각을 하게 한다.

'나는 누구인가? 왜 내가 그렇게 잘해주지 못했을까?' 평소 서운했던 서로의 마음을 이어주고 자신을 되돌아보게 하는 것이 여행의 맛이다. 멀리 떠나는 여행도 좋고 늘 가던 곳에서 다시 가보면서 여행의 소중함을 느껴보는 것도 좋다. 예전에는 여행을 위한 여행을 했다면 이젠 나를 위한 여행을 떠나라.

질문 있는 여행은 우리에게 깨달음을 준다. 그런데 여행엔 혼자 떠나는 여행이 있고 뜻이 맞는 사람들과 하는 여행도 있다. 그리고 단체 활동을 통한 여행도 있고, 학생들은 MT 등의 목적으로 여행하기도 한다. 그런데 혼자 떠나는 여행은 우리에게 질문하게 만들고 평소 생각하지 못한 자신의 세계를 경험하게 한다. 전 직장에서 늘 출장이 많았던 나는 출장을 떠나면서 지나쳐가는 사람들의 모습, 바쁘게 살아가는 사람들의 발걸음을 보면서 나를 내려놓고 생각에 잠기게 됐다. 내가 일한다는 생각보다는 뭔가 혼자 여행하는 느낌이라고 해야 할까? 혼자 떠나는 여행도 그리 나쁘지 않은 것 같다.

요즘 주변 사람들을 보면 혼자 하는 여행을 통해 자신의 모습을 솔직하게 표현하곤 한다. 여행엔 단순히 주변 관광지를 둘러보고 유명한 맛집을 찾아가는 이상의 즐거움이 있어야 한다. 한비야는 서른넷에 직장을 그만두고 홀로 여행했고, 구본형 씨는 마흔세 살에 지리산으로 가 한 달간 단식 여행을 했다.

한비야는 여행을 이렇게 표현한다. 여행을 인생에 비유하면서 '배의 선장

은 바로 나라는 것, 누구도 대신할 수 없고 대신하게 해서는 안 된다는 것'
이라고. 인생의 주인공은 바로 우리 자신임을 전해준다. 외로움의 사전적
정의는 혼자되어 쓸쓸한 마음이나 느낌이다. 즉, 무엇인가에 의존하는 것
에서 단절되어 고립되었거나 소통의 부재로부터 느끼는 감정이다. 외로움
이 지속되면 우울증으로 이어지기도 하며 심각한 문제가 발생한다. 시골에
홀로 계시는 장모님은 자식과 떨어져 지내신다. 아침에 일어나면 밭을 매
고, 점심이 되면 식사를 혼자 챙겨 드시고 오후에는 낮잠을 주무신다. 그
러다가 시골 문화센터에서 어르신들을 위한 춤, 노래, 장구 등 취미생활을
하시면서 바쁘게 사신다.

인간은 낯선 환경에서 혼자 적응해야 하거나, 주변 친구들과 헤어질 때,
사랑하는 사람과 이별하거나 가족과 멀리 떨어져 있을 때, 소중한 사람이
하늘나라로 갔을 때 외로움을 느낀다. 대학교에 있다 보니 많은 학생을 마
주치고 새 학년이 되면 신입생을 만난다. 수능을 마치고 대학이라는 낯선
환경에 노출된 학생들은 외롭고 친구 사귀는 것에 어색하다. 늘 혼자 밥을
먹는 학생이 종종 있다. 이런 친구들을 염려하며 수업시간에 신입생들에게
꼭 하는 말이 있다. 졸업하기 전에 같이 밥 먹을 수 있는 한 사람이라도 사
귀고, 졸업하기 전에 꼭 친구들과 여행을 다녀오라고. 하지만 여행을 한다
고 해서 우리가 외로움으로부터 벗어나는 것은 아니다. 혼자 떠나는 여행
에는 질문이 있어야 한다. 질문은 우리 마음을 성장하게 한다. 여행이 끝나
면 다시 질문에 대한 자기통찰을 경험하며 외로움, 독한 감정의 울타리에
벗어날 수 있는 법을 배워야 한다.

직업을 얻는다는 것도 때로는 혼자 떠나야 하는 여행과 같다.

외로울 때 우리는 스스로에게 질문을 하고 질문은 우리에게 무언가를 행
동하게 하는 신호이다. 신호를 감지해야 우리는 움직인다. 외로움은 혼자

있는 고통에서 느끼는 감정이지만 외로움은 우리에게 평소 생각하지 못했던 자신의 모습을 발견하게 하고 이기심, 교만, 욕심, 집착 등을 객관적으로 바라보게 한다. 그렇기에 외로움을 겪어봐야 직업의 소중함, 직업의 가치를 발견하게 된다. 어려움 없이 직업을 얻는 사람은 없다. 직업을 얻기 위해 혼자만의 여행을 떠나라. 외로움의 여행은 나를 바라보는 거울이 되기 때문이다. 지금 여행할 준비가 되어 있는지는 어쩌면 중요하지 않다. 준비된 여행보다 준비되지 않은 여행 속에서 다가오는 설렘을 직접 느껴보기 위해 지금 가방을 챙겨라.

| 이직은 다시 일어서려는 투지에 달렸다

이직은 자신이 살아가면서 목표를 이루기 위한 과정이며 평생직장 개념이 사라진 지금은 선택이 아닌 필수가 되어 버렸다. 급변하는 노동시장에서 흐름을 재빨리 파악하고 소명의식을 갖고 있는 사람만이 자신의 가치를 인정받고 조직에서 자신의 능력을 능동적으로 기여할 수 있다.

대학교를 졸업하고 나는 늘 행운이 없는 사람이라고 생각하고 살아왔다. 그 이유는 수원에서 서울로, 수원에서 평택, 의정부까지 출근하면서 목적 살기에 힘든 시절을 보내면서 계약직 컨설턴트와 늘 불안정한 직장에 다녔기 때문이다. 누군가 나에게 '최 선생은 인생 꼬였다'는 말을 해주곤 하였으니까.

하지만 난 직장을 자주 옮겨 다니면서 깨달은 것이 있다. 이직은 소명(Calling)이 무엇인지 알게 해준다는 사실을 알게 되었다.

남들보다 앞서려는 노력은 힘없는 물거품이 되어 버린다. 직업의 뜻이 있어야 자신의 삶의 가치를 이룰 수 있다. 이직하기 위해서는 다른 세계로 들어가서 살펴보는 마음이 있어야 한다. 새로운 세계로 들어가 그 세계를 당신 삶의 일부로 만들기 위해 도전해야 한다. 이직은 괜찮은 포지션이 생겨 스카우트될 때나 함께 일하는 사람들과의 갈등이 있거나 개인 사정으로 인해 어쩔 수 없을 때 하게 된다. 때로는 특별한 이유 없이 현실에서 도피하려는 생각에 이직을 결심하게 된다. 나 역시 좋은 기회가 생겨 이직하기보다는 미래에 대한 불안으로 현실에서 도피하고자 했던 마음이 강했던 것 같다. 대부분의 직장인은 아마 직장상사와의 관계나 동료 관계에서 원

직업을 얻는다는 건

만하지 못할 때 이직하게 되는 가장 큰 이유일 것이다.

이직의 첫 번째 원인은 조직원과의 갈등이다. 상사의 무조건적인 충성요구나 동료와의 역할문제 갈등 등이 주원인이다. 낯선 환경에 적응하는 것은 쉽지 않기 때문에 큰 결심을 해야 이직하는데 갈등을 버티다 못해 자신의 한계를 극복하지 못했을 때 행동으로 옮기게 된다. 둘째, 연봉 수준, 조직의 분위기 등도 이직의 요인이다. 자신의 기대와 회사의 성장가능성과의 차이가 커버리면 밖으로 시선을 돌리게 된다. 셋째, 자신의 성장가능성을 조직에서 인정받지 못할 때 이직을 결심한다. 자신의 위치를 확고하게 할 수 있다는 믿음이 약해질 때 자신을 인정해 주는 곳으로 이직한다. 마지막으로 회사의 정리해고 및 구성원의 이탈로 인해 동요될 경우 이직한다.

그런데 1990년대와 지금 이직에 대한 시각은 어떠할까 고민해 볼 필요가 있다. 이직은 지금보다 더 나은 능력을 발휘할 수 있는 곳으로 이행하여 보상받기 위한 수단이다. 한 직장에 오래 남는 경우 조직에서 능력을 인정받았거나 아니면 오고 갈 데가 없어 어쩔 수 없이 남아 있는 경우라 생각해 볼 수 있다. 어떤 것이 옳고 그른지 정답은 없다. 그런데 아직 우리 사회는 이직을 곱지 않은 시선으로 바라보는 게 현실이다. 그래서 조직의 쓴맛을 보면서 버텨야 하는 경우가 많다. 이직을 하는 사람에게 잘 되기를 바라는 마음으로 응원해 주기보다는 배신한 사람으로 취급해버린다.

요즈음은 취업 경쟁률이 높은 만큼 한번 취업하면 낙오되지 않기 위해 직장생활에서 살아남기 위해 몸부림쳐야 한다. 그래서 직장생활을 하다 보면 일부 사람들은 한 직장에서 뭔가 이루고자 하는 목표도 없이 눌러앉아 있는 경우가 종종 있다. 결코 한 직장에서 오래 일하는 것이 잘못은 아니다. 오래 근속하면서 조직에 충성하고 미래 자신의 커리어를 개발하는 사람들도 많아졌기 때문이다.

평생직업이라는 말을 자주 듣곤 한다. 과연 평생직업과 평생직장의 차이는 무엇일까? 자신의 하고자 하는 일이 있다면 그것이 직장이고 일터이다. 내가 생각하는 직장이라는 표현은 일거리라는 표현이 오히려 평생직업을 지속적으로 해야 하는 시대에서는 현실적인 표현이지 않을까? 직장이 아니라 일을 하고 있는지가 중요한 시대로 바뀌었다. 자신의 참된 가치를 실현하고 뜻을 두고자 하는 곳에서 가능성을 믿고 일하고 있다는 것은 행복이다.

대학생들도 대기업만 지원하던 시대에서 이제는 자신의 가치와 일에 대한 균형을 더 중요하게 생각하여 괜찮은 기업에 들어가는 시대로 변화되고 있다. 다운사이징 시대에서 이제 종신직장은 평범한 일이 되었다. 평생직장은 '미래의 세상'처럼 낯설어지고 있다. 기업이 지속적으로 경쟁우위를 확보하는 것은 앞으로 더욱 어려워질 것이다.

미국의 노동력 중 약 35%는 프리랜서로 일하고 있다. 원하는 시간에 원하는 사람과 원하는 돈을 받는 프리 에이전트(Free Agent) 직업으로 변화되고 있다. 프리에이전트는 개인의 전문화된 지식과 기술, 축적된 노하우를 활용하여 조직에 얽매이지 않고 창의적으로 일하는 개인을 말한다. 급변하는 시대에 정보 기술의 발달과 함께 어느새 성큼 우리 앞에 다가온 것이다.

그래서 한번 선택한 직장이라도 자신의 기대와 가능성에 따라 30대까지 직장생활을 하는 동안 5~7번 정도 직장을 옮기는 것은 당연한 일이 되었다.

기업 차원에서도 정규직보다는 계약직으로 직원을 채용하는 경우가 많아졌고 정규직으로 입사했더라도 더 나은 직장으로 쉽게 이직하도록 고용구조가 변하고 있다.

대학생들도 첫 직장은 자신의 목표를 이루기 위한 발판이 되고 더 나은 직장으로 옮겨가기 위한 징검다리로 삼는 것이 일반적인 삶의 흐름이 됐다. 그래서 이직이란 자신의 소명에 따라 인생의 목표를 정하고 도약하는 긍정

직업을 얻는다는 건

적 신호로 받아들여야 한다. '나'라는 상품을 시장에 팔 수 있는지 질문해
보라.

당장은 매달 월급을 받을지 모르지만 회사 내에서 언제까지 자신의 능력
만을 믿고 경쟁할 수는 없다. 소비자들도 새로운 상품에 관심을 가지기 마
련이다. 상품가치를 높이기 위해서는 늘 기회가 되는대로 전문성을 갖춰야
한다. 그리고 나를 환영해주는 곳이 있다는 것은 내게 상품가치가 있다는
것이다. 자신의 몸값만 올리기 위한 이직이나, 경제적 이득을 위한 이직은
조직이나 동료들 간에 갈등만 부추길 수 있다. 한 곳에 머물기보다는 '나'라
는 상품을 인정해 주는 곳, 직업을 얻기 위한 소명의식을 갖고 이직하는 것
이 바람직하다.

이직에 있어 중요한 것은 자신의 투지와 믿음을 갖고 미래 가능성을 위
해 도전하는 사람의 것이다.

| 전직의 기회는 운이 따르는 사람에게 찾아온다

"사람들은 행복과 불행은 모두 운명에 달렸다고 생각한다.

그러나 실제로는 운명은 우리에게 그 기회와 재료와 씨를 제공할 따름이다."

- 몽테뉴

모 기관에서 면접관으로 종종 활동한다.

면접관 활동을 하다 보면 전에 일했던 분야와 다른 전직을 희망하는 분들을 만나게 된다. 면접에 합격한 사람들은 관련 분야의 경력자들과 전혀 다른 분야에서 일을 하다가 전직을 하려고 하는 지원자, 갓 졸업한 대학생 등까지 다양하다.

정년을 앞둔 지원자들에게 지원이유를 물어보면 직장에서 30년 정도 일하다 보니 가족을 부양해야 하는 가장으로서의 의무보다는 그 의무에서 벗어나 돈 욕심 부리지 않고 할 수 있는 일을 하고 싶어서 지원했다고 한다. 한 직장에서 오래 일하다 보니 이제 홀가분하게 내가 하고 싶은 일에 욕심부리지 않고 하고 싶다는 게 가장 큰 이유이다.

전직은 나처럼 장교로 전역하거나 공무원으로 근속하다가 퇴직하여 사회에 나와야 하는 경우와 한 직장에서 오래 일을 하다가 일찍 퇴직하여 새로운 일을 도전하는 경우로 나눌 수 있다. 어떤 경우든 전직할 때는 새로운 분야의 직업을 갖기 위한 시장의 흐름을 알아야 하고 익숙해져야 하는데 오랫동안 다른 분야의 업무를 해온 탓에 새로운 환경에서 일한다는 것은 익숙하지 못하다.

직업을 얻는다는 건

나는 장교라는 직업군인을 하다가 사회에 나와 전혀 다른 일을 해야 한다는 막연함에 어려움도 많았다. 젊은 세대와 함께 어울려 일해야 하고, 새로운 환경에 적응하기가 쉽지 않았다. 그런데 요즈음은 60세 넘어서도 젊은 세대와 어울려 일하는 분들도 종종 보게 된다. 예전에 독일 출장을 갔을 때 한 패스트푸드점에서 할머니, 할아버지가 청소하고 매장 관리하는 모습을 본 적이 있다. 일하시는 분과 사진 촬영을 하고 잠시 대화를 나누면서 알게 된 것은 일은 나이와 상관없이 할 수 있는 일이라는 것이다. "왜 나이가 들어도 일합니까?" 물어보자 그분들은 "나이가 들어도 일할 수 있다는 것은 행복"이라고 말한다. 특히, 젊은 친구들과 어울려 일하다 보면 더 젊어진다며 할 수 있는 나이까지 일하겠다고 한다.

퇴직하더라도 전직을 통해 직업을 얻는다는 건 전혀 이상한 일이 아니다. 퇴직자 입장에서 보면 앞으로 30~40년은 더 활동해야 할 것처럼 생각한다. 면접에 오는 분들을 보면 기업에서 실무경력과 노하우를 겸비하고 있는 분들이다. 하지만 면접관 입장에서 보면 젊은 세대들과 잘 어울려 일할 수 있을지, 동료들과 함께 팀워크를 잘 발휘할 수 있을지 걱정한다. 하지만 정년이 정해져 있기에 제도적 개선이 없는 한 사실상 60세 정년 이후 전직을 한다는 것은 어려운 일이다. 그래서 퇴직 후 전직하는 경우는 서둘러서 일자리를 찾기보다는 사회적 기여활동이나 봉사, 취미활동을 통해 은퇴 후 삶을 유지시켜 나가는 게 중요하다.

그 외 전직의 경우 30~40대 사회적 정착을 해야 하는 시기에 어쩔 수 없이 직업을 전환하거나 제2의 직업을 얻어 새로운 출발을 하려는 경우이다. 전직하기 위해서는 충분한 일자리 정보가 있어야 하고 노동시장 진입을 위한 교육과 훈련도 필요하다. 필요한 교육과 훈련을 받았다 하더라도 전직은 개인의 사정에 따라 일정한 수입이 있어야 할 경우 어느 정도 급여가 보장받을 수 있는 직장을 구해야 하기 때문에 부담이 크다. 그렇지 않을 경우 자발적인 참여와 공익활동을 통해 시민사회활동을 하는 것도 방법이다. 나도 장교를 제대하고 여기저기 일을 하다가 운 좋게 커리어코칭 분야에서 일하게 되었는데 전직은 충분한 정보교류와 정부에서 지원해 주는 제도를 잘 활용하는 것도 중요하다는 사실을 잊지 마라. 전직은 각오를 해야 한다. 직장을 나오기 전에 충분한 정보와 교육과 훈련이 뒷받침되어야 운도 따라온다. 걱정만 한다고 해결되지 않으니 지금 전직을 준비하고 있다면 제2의 인생을 펼쳐 나갈 계획만 세우지 말고 배움을 통해 실력을 갖춰라.

그렇다면 운이 없는 사람과 운이 있는 사람은 어떤 사람일까?

행운은 마음의 모순이라는 차이에서 온다는 말이 있다. 행운이 오기를 바라며 조급해하고 욕심을 부리는 자에게는 행운이 오지 않는다. 하지만 여유를 갖고 욕심을 버리고 사는 자에게는 행운이 찾아온다. 전직의 기회는 운이 따르는 사람에게 찾아오기 마련이다.

2006년 지방에서 서울로 취업해 수원 성균관대학 근처에 집을 마련했을 때, 세상을 얻은 것처럼 좋아했던 아내는 지금도 작은 연립주택에서 살았던 추억을 되살리며 행복했던 시절이라 떠올리곤 한다. 어려울 때 작은 공간을 마련하고, 새 출발을 한 곳이기 때문에 더욱 그러했던 것 같다.

미국 보스턴에 사는 조안 긴더라는 60대 여성은 네 번 복권 당첨의 행운을 얻었다고 한다. 1983년에 540만 달러(66억 원)에 당첨되고, 네 번째에는 최고 금액인 1,000만 달러(122억 원)에 당첨되는 행운을 얻었다고 한다. 우리 주변에서도 갑자기 행운의 주인공이 되는 경우를 본다.

영국의 심리학자 리처드 와이즈먼 박사의 실험에서도 운이 따르는 사람의 특징은 '불확실성을 즐기는 사람'이라고 강조한다. 운이 좋은 사람들을

직업을 얻는다는 건

보면 지금은 확실하지 않더라도 늘 기회를 찾는 사람이라고 한다. 앞에서 말했듯이 기다림은 인내와 끈기, 끊임없는 열정을 통해 기회를 얻는 과정이다. Passion(열정)이 라틴어의 Passus(고통)에서 유래되었듯이, 열정이라는 항아리에 들어가려면 고통과 실패를 맛봐야 한다. 늘 좋은 일만 있을 수는 없다.

동전을 사람들에게 주고 앞쪽이 나오면 이기는 게임을 했을 때 승부의 차이는 없었다고 한다. 주사위를 던져 높은 숫자가 나오는 게임을 하더라도 결과는 똑같다. 승부는 50%이다. 운이 따를 확률과 운이 따르지 않을 확률은 반이다.

인생의 행운과 불행은 번갈아가며 찾아온다. 동양학에서는 10년을 주기로 운이 오간다는 말이 있다. 서울대학교 동양사학과를 나온 연준혁 저자는 〈보이지 않는 차이〉에서 음중양(陰中陽), 양중음(陽中陰)의 이치를 설명하며 60세 인생주기를 볼 때 운은 10년 터울로 왔다 간다고 했다.

늘 행운이 오지 않는다는 말은 있을 수 없다. 운이 없는 사람에게도 늘 행운이 오는 법이다. 단지 행운이 오는 문을 열지 못하는 것이다. 문이 열려도 내가 보는 문만 보려고 하기에 행운의 문이 열리지 않는 것처럼 보인다. 헬렌 켈러는 '행복의 문 하나가 닫히면 다른 문들이 열린다'라는 명언을 남기기도 했다. 우리는 늘 기다리며 살아가지만 대개 닫힌 문들을 멍하니 바라보며 행운을 바라기만 한다.

전직의 기회도 운만 따르기를 바라기보다는 노력하는 사람에게 따라온다. 하지만 아무리 노력만 한다고 해서 사회생활에서 운이 따르는 것은 아니다. 때론 예기치 않은 불행에 맞닥뜨리기도 한다.

미국 스탠퍼드대학의 존 크롬볼츠 교수는 한 실험에서 성공했다고 주장하는 사람의 특징을 조사하였다. 계획적인 노력을 통해 성공한 사람은 단지 25%에 지나지 않았고, 75%는 우연한 기회를 통해 성공하였다는 결과가 나왔다. 정말 행운은 노력과 인내만을 통해 얻을 수 없다. 인생에서 기다리며, 고통과 어려움을 겪다 보면 언젠가는 행운이라는 녀석이 찾아온다.

학생들을 상담하다 보면 열심히 공부해도 성적이 오르지 않는다는 학생이 많다. 자신에게 행운이 찾아오게 하는 법은 노력을 통해 실력을 키우는 것이다. 진로에 대한 막막함을 호소하는 학생들의 특징을 보면 조급하다. 한 번에 자신이 좋아하고 잘하는 일을 찾으려고 무리한 욕심을 부린다. 그런데 그런 학생을 잘 살펴보면 실제 하고 싶은 일에 대한 충분한 정보와 일 경험이 없는 친구들이 대부분이다. 단지 지금 성적이 좋고 스펙이 좋을 뿐이다.

직장생활을 하다 보면 운이 없는 사람들을 볼 수 있는데 상사에게 인정을 받고 짧은 시간에 고속승진을 위해 수단과 방법을 가리지 않는 사람을 보면 참 안타깝다. 결국 그런 부류의 사람들은 보면 운이 달아나 버린다. 행운은 욕심을 내려놓는 것에서부터 시작된다. 운이 없는 사람은 늘 살얼음을 걷는 것처럼 인생을 산다. 얼음이 깨지지 않을까 걱정만 하느라 멀리 있는 정말 중요한 것은 보지 못한다.

아산에 있는 외암마을을 가보면 전통 고택이 있다. 한옥의 대문을 보면 손님이 찾아오면 빗장을 풀고 안쪽으로 열어 손님을 맞이하는 구조다. 손님을 맞이할 땐 복을 들어오게 하고 나갈 때는 반대로 문을 닫아 복이 달아나지 못하도록 한다. 대문만 봐도 조상의 지혜가 담겨 있다.

지금 조금 힘들다고 쉽게 포기하지 말자. 지금 일이 많다고 해서 지금 일을 포기하면 당신에게서 행운은 빗겨 나간다. '운(運)'은 천천히 걸어갈 착(辶)과 덮을 멱(冖), 수레바퀴 차(車)의 뜻을 지녔다. 다시 말해서 수레 위에 싣고 덮은 뒤 천천히 이동해 간다는 의미를 담고 있다. 전직의 기회는 어려움을 이기려는 자세가 중요하다. 욕심을 버리고 노력하면 언젠가는 기회가 찾아온다.

| 마르지 않는 인생의 스토리를 위해 펌프질하라

작은 나를 버린다는 말은 무슨 뜻일까? 내 안에 나를 버린다는 것은 앎을 버리고 깨달음을 얻어야 한다는 말이다. 자기 안에 있는 큰 자아를 일깨워 함축적인 나의 모습을 볼 수 있어야 한다. 함축적인 나의 모습이란? 자신의 색깔이 무엇인지 보여주는 상징을 의미한다. 파란색은 긍정과 연관성이 많지만 신뢰, 안전 및 권위를 대표하며 평화롭고 평온한 것으로 간주되는 색이다. 반면에 우울증, 외로움, 슬픔으로 표현되기도 한다.

빨간색은 서양 문화에서 흥분, 에너지, 열정, 행동, 사랑, 위험을 상징하기도 한다. 특히, 아시아 문화에서는 행운, 즐거움, 번영, 축하, 행복 및 장수를 상징하기도 한다. 색깔마다 상징성이 있듯이 자신의 상징성은 내가 누구이고 앞으로 무엇에 관심이 있는 사람인지 보여주는 이미지와 같다. 자신을 상징하는 것은 무엇인가 생각해 보자. 상징엔 그 사람의 인생 스토리가 담겨 있다.

백종원은 요식업계의 대부이다. 그런데 백종원의 화려한 모습 뒤엔 실패를 딛고 일어선 노력이 있었다. 백종원은 중고차를 팔면서 업체 말만 믿고 판 자동차가 허위 매물인 게 드러나 고객에게 따귀를 맞은 적도 있고, 호프집에서 일하며 얻은 치킨 배달 아이디어로 사업도 해보았다. 거기에 그치지 않고 막연한 꿈을 꾸며 인테리어 사업에서 요식업을 하기까지 수많은 실패와 역경을 거쳤다. 1997년 외환위기에 17억의 빚과 사람에 대한 실망으로 죽음까지 생각했다고 한다. 요식업을 하게 된 계기를 들어보면 맛있

직업을 얻는다는 건

는 음식을 맛보며 생각이 달라졌기 때문이라고 한다. 그러다가 쌈밥집에 매진했고 포장마차까지 확장했다. 장보기부터 서빙까지 하루 4시간만 잤던 백종원은 부를 누려서가 아니라 이자를 갚아나가면서 행복이라는 것을 배웠다고 한다. 이러한 인생의 롤러코스터가 없었다면 요식업계 대부가 되지 못했을 것이다.

나도 한 달 생활비가 90만 원이던 시절이 있었다. 처자식을 먹여 살리기 어려운 상황에서 직업의 귀천 없이 모든 기회를 찾아 펌프질하듯이 일해 보았다. 우리의 인생도 열심히 살아가면서 만들어 내는 자신만의 이미지와 같다. 수퍼는 진로발달은 인간의 전 생애에 걸쳐 이루어지며 사람은 자아의 이미지와 일치하는 직업을 선택한다고 하였다. 자아 이미지는 상징적, 심리적, 개인의 선호와 능력, 사회적 요인 등에 의해 죽을 때까지 발달한다. 또한, 수퍼는 사람이 살아가는 인생을 공간이라고 표현하였는데 공간은 곧 마음이며 마음은 곧 사람이 살아가는 인생의 이미지와 같다.

직업을 얻는 과정도 마찬가지다. 욕심을 얻으려는 마음을 버리고, 열등감에 가득 차있는 마음도 버려야 한다. 자신의 신념과 인간다운 삶의 가치관이라는 이미지를 마음에 품어야 한다. 어떤 사람이 고통받는 것은 어떤 사건 때문이 아니라 일의 걸림돌이 바로 자신의 마음 때문일 가능성이 높다.
공자가 한 말 중 견리사의(見利思義)라는 말이 있다. '이익이 되는 일을 보면 그것이 의로운지를 먼저 생각하라'는 뜻과 '군자는 의리에 밝고 소인은 이익에 밝다'라는 뜻이다. 즉, 당장 눈앞에 보이는 이익만을 위해 미래를 설계하고 직업을 선택한다면 원한이 되고 후회하는 일이 생길 뿐이라고 질타한다. 〈명심보감〉에 실려 있는 '사람은 재물 즉, 돈 때문에 죽고 새는 먹이 때문에 죽는다(人爲財死 鳥爲食亡)'라는 말은 돈에 대한 탐욕과 무절제한 욕망을 경계하라는 메시지이다. 사람이 지나치게 부에 집착하는 것은 인생을 망하게 하는 지름길이고 기회를 놓치게 한다. 새들이 먹이를 얻기 위해 위험에 빠지듯이 말이다.

나는 어려서 도시 근교 시골에서 자랐는데 동네에 우물 하나가 있었다. 그때만 해도 우물펌프가 있어 열심히 펌프질해야 물을 사용할 수 있었다. 사람들이 물을 퍼가는 데엔 한계가 있다. 물이 바닥나면 기다려야 한다. 만약 만족할 줄 모르는 욕심으로 가득 찬 부(富)에 집착한다면, 돈에 대한 욕심은 커져만 가서 결국엔 파멸의 길로 들어설 것이다.

> "인(仁)은 사람의 마음이요. 의(義)는 사람이 걸어가야 할 길이다."
>
> - 맹자, 〈고자장구 상〉

사랑이 부모에게 미치면 효가 되고, 형제에게 미치면 우(友)가 되며, 남의 부모에게 미치면 제가 되고, 나라에 미치면 충이 된다.

좋은 화살은 갑옷을 뚫고 사람을 죽인다. 반대로 좋은 갑옷은 화살이나 칼을 막아서 사람을 지키는 역할을 한다. 관을 만드는 사람은 사람이 죽어야 관을 만들고 직업으로 생계를 유지한다. 언뜻 모순적으로 보이지만, 그렇기에 직업을 얻고 직업을 이행하는 과정은 의로움으로 결정해나가야 한다. 직업에 인을 담아 일 자체의 의미와 가치를 찾을 때 우리는 일을 사랑하고 사랑은 곧 나의 마음을 비우게 한다. 마음을 비운다는 것은 군자가 의를 구하는 것과 같다. 소인이 되지 말자. 기회를 얻는다는 것은 마음의 먹구름에서 벗어나는 일이다. 아무리 좋은 경험과 자격과 능력을 갖춘다 하더라도 과거를 후회하고 미래의 자신을 걱정하고 현재의 자신을 원망한

직업을 얻는다는 건

다면 그 사람은 마음에 먹구름이 가득 차 있어 기회를 쫓아내는 사람이다. 당장에 없어질 후회와 걱정을 벗어 버리고 새로운 마음으로 마르지 않는 물가에 가서 인생을 멋지게 그려볼 수 있는 펌프질을 하라.

| 꾸준함이 기회를 가져다준다

〈순간포착 세상에 이런 일이〉는 1,000회를 넘긴 장수 프로그램이다. 이 프로그램은 현장에 있는 보통 사람들의 이야기를 통해 땀과 노력으로 삶을 살아가는 모습을 엿볼 수 있다. 임성훈 씨는 이 프로그램을 시작할 때 6개월 정도를 생각했다고 말한다. 그렇게 생각했던 프로그램이 20년을 지나 1,000회에 도달했다. 임성훈이 늘 방송에서 신뢰를 받는 이유는 바로 출연자에 대한 배려와 빠른 상황판단, 상대방의 말을 경청하는 자세를 지녔기 때문이다. 자신보다 출연자, 동료 MC를 먼저 생각하는 자세가 오랜 세월 장수하는 방송을 만드는 계기가 되었다. 우공이산(愚公移山)이란 말이 있다. 어떤 일이든 꾸준히 열심히 하다 보면 산을 옮긴다는 뜻이다. 자신이 하는 일에 최선을 다해 꾸준히 정진하다 보면 기회는 찾아온다.

1학년 지도학생의 사례이다. 늘 고개를 숙이고 다니고 친구들과도 잘 어울리지 못하는 남학생이었다. 수업을 마치고 따로 불렀다. 자초지종을 들어보니 자신은 성격이 너무 내성적이라서 친구 사귀는 것이 가장 힘들고 어렵다고 한다. 같은 전공친구들과도 수업시간이 달라 혼자 밥을 먹고 학교 동아리 활동도 하지 못하고 집에 간다고 한다. '밥은 어떻게 먹니?'라는 말에 학생은 편의점에서 삼각 김밥을 사서 인적이 드문 화장실에서 먹곤 한다고 한다. 얼마나 외롭고 힘들었을까?

나는 혼자 밥을 먹는 그 친구를 따로 불러 가정 형편과 개인 문제에 대해 조용히 상담을 진행했다. 다른 친구들과 마찬가지로 평범한 가정에서 자랐

직업을 얻는다는 건

고, 친구들을 사귈 기회가 없었기에, 지금 바라는 것은 친한 친구와 밥을 함께 먹고 싶다는 게 가장 큰 바람이라고 한다. 그렇게 그 친구를 상담하고 종종 문자로 주고받으며 잘 지내는지 격려해가며 가끔은 식당에서 함께 밥을 먹기도 하였다. 그렇게 꾸준히 학생을 지켜보며 한 학기가 지나고 2학년 되었다.

꾸준히 뭔가 하다 보면 무슨 일이든지 이루어진다는데, 어느새 2학년이 된 그 친구는 군대 문제로 휴학을 위해 지도교수 서명을 받으러 왔다. 그런데 뭔가 할 이야기가 있는 듯 말을 건넸다. "교수님 1학년 때 기억나세요? 군대 가기 전에 꼭 밥을 같이 먹을 수 있는 친구를 사귀라고 해서 약속을 지켰습니다"라고 쑥스러운 듯 이야기하였다. 대단한 용기였다. 순간 학생을 보니 너무 기특했다. 군대를 잘 다녀오라는 말과 함께 정말 잘했다고 칭찬해 주었고 학생의 모습을 보고 나니 왠지 내 자식을 보는 것처럼 안심이 되었고 군대에 가더라도 어려움을 잘 이겨낼 수 있을 거라는 믿음이 생겼다.

사람들은 늘 자신의 성격이 소심하거나 조용해서 다른 사람들처럼 활발한 성격이었으면 좋겠다고 말한다. 성격이라는 것은 조용하든 활발하든 나쁜 성격은 없다. 오히려 사회생활을 하면서 사람들과 소통하는 기술을 배워가는 과정이 중요하다고 생각한다. 나도 고등학교 시절 몇몇 친구와 교류하는 걸 제외하고는 늘 혼자 다니기 좋아했고 집에 오면 혼자였다. 그런 성격이 대학에 가서 동아리 활동을 시작하면서 친구 관계를 넓혀 나갈 수 있었던 것은 꾸준함이었다. 한 번에 모든 게 바뀔 수는 없다. 성격이든 인생이든 꾸준함 속에 기회를 갖게 된다.

그렇다! 기회는 사람이 살아가면서 주변 사람들과 얼마나 원만한 인간관계를 맺느냐에 따라 찾아온다. 행복이라는 단어에는 기회(Chance)라는 의미도 담겨 있다고 한다. 행복은 복된 운수를 말하고 운은 늘 사람과 사람

사이에서 오는 법이다. 그동안 진로상담을 하면서 꾸준히 관련 분야의 사람들을 만나지 못했다면 성장할 수 없었을 것이다.

꾸준함이 가져다주는 기회는 자기를 이해하고 삶에 대해 감사할 줄 아는 사람에게 찾아온다. 또한, 끊임없는 배움의 자세와 기다릴 줄 아는 자에게 오는 법이다.

우리는 꾸준함의 기회를 맛보기 위해 자신을 이해하고 자기계발에 힘써야 한다. 그리고 일에 대한 감사하는 마음을 가져야 한다.

첫째, 기회는 자신을 잘 아는 사람에게 찾아오는 법이다.

무엇을 좋아하고 무엇을 잘하는지, 무엇에 관심이 있는지에 따라 찾아온다. 자신이 하고 싶은 직업이 아니라 자신의 직업을 선택하기 위해 그동안 무엇에 관심을 두고 실천해 왔는지를 탐색해야 한다. 직장인들이 대학 졸업 후 가장 후회하는 7가지 중에서 첫 번째가 바로 학생 시절 적성 파악을 제대로 하지 않은 것이라고 한다. 인생은 짧지 않다. 평생 자신에게 어울리는 직업을 선택하여 지속적으로 할 수 있는 일을 찾아라. 그리고 평생 한 직장에 있기를 바라지 말고 한 분야에서 꾸준히 할 수 있는 일거리를 찾아라. 직업을 찾다 보면 사람은 실망과 후회를 하지만, 직업이 아닌 일거리를 찾기 위해 노력하다 보면 자신이 할 수 있는 일이 많다는 것을 알게 될 것이다.

둘째, 기회는 끊임없이 자기계발을 통해 노력하는 사람에게 찾아온다.

수업시간에 늘 학생들에게 강조한다. "고민은 더 깊어지기 마련이다. 지금 당장 무엇을 해야 하는지 아는 것이 중요하다." 진로상담을 시작하면서 늘 외부 교육에 관심을 갖게 되어 지금도 주말, 평일에 수업이나 일정이 비는

직업을 얻는다는 건

날에는 자기계발을 위한 교육과 외부 평가심사위원 등의 활동을 한다. 교육이나 외부활동을 하다 보면 각각 다른 분야에서 활동하는 사람들을 만나고 정보를 얻고 교류하게 된다. 서로의 마음을 열어 사람들이 살아온 과정을 이야기하게끔 돕는 장이므로, 모임은 늘 활기가 넘친다. 다른 사람의 모습 속에서 나의 모습을 되돌아볼 때 부족한 것은 무엇인지 알게 된다.

셋째, 기회는 감사하는 자에게 찾아온다.

지금 조금 부족한 돈, 부족한 외모, 부족한 환경일지라도 오늘을 살아가게 하는 일이 있다는 사실에 감사하자. 우리는 늘 감사하다는 조건보다 부족하고 열등하다는 것에 관심을 둔다. 지금 주변을 둘러보면 감사할 조건들이 많다는 사실을 알게 된다. 직장이 있어 행복하고, 함께 밥을 먹을 수 있는 가족이 있어 행복하고, 아프지 않고 건강하게 하루를 보낼 수 있다는 게 감사의 조건이다.

넷째, 기회는 기다림을 통해 얻는 것이다.

앞서 말했듯이 기다림엔 고통과 인내와 끈기가 필요하다. 지금 어렵고 힘들더라도 참고 기다리고 작은 행동을 실천하는 삶으로 나아가다 보면 소소한 행복의 맛을 느낄 수 있다. 복잡한 세상을 살아가는 힘은 기다림의 지혜를 아는 사람에게 찾아온다. 주변에 성공한 사람들과 자신을 비교하지 말고 자신을 초라하게 바라보지 마라. 어렸을 때, 성적이 높은 옆집 친구들과 비교당하면 기분이 좋지 않듯이 오늘도 일터에서 고생한 당신에게 위로해 주고 오늘 하루를 잘 이겨내고 기다렸던 자신에게 박수를 보내라.

| 내가 나답게 멋지게 살아가는 힘

　나답다는 것은 무엇일까?

　소신껏 살아간다는 것일까? 아니면 어디서든 자기주장을 떳떳하게 하며 살아가는 것을 말할까? 나답다는 것은 본디 타고남을 깨달아 어디로 가야 할지 어떻게 가야 할지를 아는 것이다. 나는 어려서부터 자기관리가 철저한 어머니의 가르침 속에 자랐다. 늘 칭찬받기보다는 엄격한 가정에서 자랐다. 공부에 대해서는 너그러웠던 어머니는 정직하지 못하거나 게으름에 대해서는 엄격하셨다.

　내 어린 시절은 평범한 가정에서 자랐다. 학교 갔다 오면 친구들과 노는 게 최고의 기쁨이었다. 방학이 되면 일기며, 숙제는 몰아서 하듯 나는 공부와는 거리가 멀었다. 하지만 지금 내가 하는 일에 소명의식을 갖게 된 것은 어려서 어머니가 보여주신 신앙의 모습을 보며 얻은 것이며, 장교를 전역하고 나서 이런저런 일을 하면서 일에 대한 소명의식도 가질 수 있었다. 지금도 나는 커리어코치로 활동하면서 끊임없는 배움을 통해 진짜 나의 모습을 찾기 위해 노력한다. 그동안 교수, 면접관, 정부기관 평가활동, 다문화 프로그램 진행 등 다양한 활동을 하면서 더 깊이 있게 성찰하도록 해주었고 글을 쓰도록 동기를 부여해 준 분은 윤영돈 코치님이다. 우리는 가고자 하는 길을 잘 가고 있는지 주변 사람들에게 피드백을 받아야 성장할 수 있고 나답게 삶을 살 수 있다.

　이 책은 첫 장부터 지금까지 열심히 달려왔다. 직업을 얻는다는 건, 직업의 본질, 기회를 얻기 위해 우리가 어떻게 삶을 펼쳐나가야 하는지.

부름의 메시지를 듣고 자신의 본디 타고난 소질과 소명의식을 갖는다는 것은 나답게 살아가는 위한 것이다. 우리가 살아가는 삶의 방향을 어디에 두느냐에 따라 인생이 바뀐다. 소명의식이 낮은 사람과 높은 사람의 특징은 자존감이 높은 사람과 낮은 사람이라고 볼 수 있다.

다른 사람들이 잘 되는 것만 보면 자신도 모르게 자신이 초라해지고 왠지 자기 자신이 정체되어 있는 것만 같고 다른 사람들과 비교된 자신의 처지가 잘 풀리지 않는 것처럼 보일 수 있다. 자존감이 낮은 사람들의 특징은 늘 부정적이며 사회와 제도에 대해 비판하고 자신을 스스로 격려하지 않는다. 때로는 이기적이며 남들에게 인정받지 못할 경우 인정받기 위한 몸부림을 친다. 인정받는다는 것에 대한 욕심은 누구에게나 있지 않을까?

우리는 어렸을 적 자신의 감정과 생각을 표현하다가 부모에게 거절당한 경험으로 자기주장을 하지 않는 자존감이 낮은 어른으로 성장할 수 있다. 그렇다고 자기주장을 모두 받아주는 부모가 옳은 것은 아니다. 하지만 자식의 주장과 욕구, 생각을 들어준다면 그것은 자식의 자존감을 높일 수 있다.

김태형의 〈가짜 자존감 권하는 사회〉는 우리에게 가짜 자존감이 무엇인지 일깨워 준다. 무수리라는 말이 있다. 무수리는 고려와 조선시대에 궁중에서 일하던 여자 종을 일컫는다. 무수리처럼 사는 사람은 타인에게 복종하고 순종하면서 자신의 생각, 욕구를 내려놓는다. 다른 사람이 이야기하는 주장과 논쟁거리에 혹시라도 자신이 이상한 사람으로 보일까 봐 자기 생각을 주장하지 못한다. 또한, 강압적으로 업무를 지시하거나 주말에 전화해서 일하게 하는 상사의 말에 자신의 생각을 이야기하지 못하고 수긍한다. 착한 것처럼 보이지만 남들에게 질책받거나 무시당하면 자존감이 낮아서 부정적 감정을 소유할 확률이 높다.

가짜 자존감은 남들에게 잘 보이기 위해서, 남들에게 더 잘난 사람으로 인정받기 위해서, '남들이 혹시 나를 인정해 주지 않고 비난하면 어떻게 하나'라는 걱정으로 자신을 초라하게 만드는 감정이다.

저항할 수 있는 자기 욕망은 어디에 있는가? 숨겨진 자존감은 어디에 있는가? 질문해 보자. 자신이 하고자 하는 일이나 하는 일에 대한 직업소명을 갖는 것은 나답게 살아가는 것이다. 나답게 살기 위해서는 자신을 신뢰하고 인정하는 마음의 자세로부터 시작되어야 하기 때문이다.

작은 실패를 두려워하여 타협하고 온갖 수단과 방법으로 성과를 내는 결과 중심적 사고에서 과정 중심적 사고로 바꿔야 한다. 성공 뒤에 비겁한 모습을 숨기지 않기 위해서이다. 자존감이 높은 사람은 늘 자신의 꿈과 일에 대한 직업소명을 갖고 일한다. 직업소명이 낮은 사람은 일에 대한 자기 열정과 욕구가 자신을 위한 것이 아니라 타인을 향해 있는 사람이다. 부모님의 기대나 사회적 평판이 중요하기 때문에 자신은 늘 뒷전이다.

그렇다고 나르시시스트가 되어 자기주장만 하는 사람으로 살아가라는 의미는 아니다. 잘난 척하는 것과 자기욕구를 주장하는 것은 다른 의미이다. 상황에 따라 지혜롭게 자기주장을 하는 사람은 자존감이 높고 현명한 사람이지만, 자기주장만 하는 사람은 상황을 무시하고 자신이 그 상황에서 뭘 잘못한 것인지조차 모른다. 소명의식이 뚜렷한 사람은 자기과시를 하지 않는다. 자존감이 낮아 힘이 강한 사람들과 친하게 지내며 자신의 초라한 열등감을 가리려고 노력한다. 왜냐하면 자신의 성공을 위해서는 주변에 잘 나가는 사람들을 알고 지내야 주변 사람들이 자신을 알아주고 체면이 서기 때문이다. 그뿐만 아니라 열등감이 없는 사람처럼 보이려고 노력하며 늘 외모와 비싼 가방 등 자랑거리를 조심스럽게 내놓는다. 이런 부류의 사

직업을 얻는다는 건

람들은 늘 다른 사람으로부터 자신이 명성을 얻기를 바라고 돈에 대한 욕심이 강하다. 성공해야만 더 높은 자리에 올라갈 수 있고 다른 사람이 자신을 인정해 줄 것이라고 믿는다. 그래서 늘 거짓말과 함께 겸손한 척을 하면서 온갖 이익과 성공을 위한 수단과 방법을 가리지 않는다. 이런 사람은 당연히 조직에서는 쓸모없는 사람으로 퇴출 1순위이다.

또한 직업소명 의식이 낮은 사람들은 자기주장만 내세우는 사람이다. 다른 사람의 비판과 충고를 받아들이지 않고 오로지 자신의 생각과 의견만 강하게 주장한다. 자신이 했던 행동과 말에 대한 실수를 인정하지 않고 도리어 상대방의 실수를 강조하여 비판하고 공격적으로 화를 낸다. 자신보다 약한 사람을 만나거나 무언가 이득이 되지 않는 상황에 직면하면 본 모습을 드러낸다. 직업을 얻는다는 건 직업소명을 통해 자기를 되돌아볼 줄 아는 마음이 우선되어야 한다. 자신의 모습을 보지 못하는데 다른 사람의 모습을 볼 수 있겠는가? 나답게 산다는 것은 자신의 본디 타고남은 무엇이고 인생의 분기점에서 어디로 가야 할지 어떻게 가야 할지를 아는 것이다.

에필로그

직업을 얻는다는 건 인생의 단맛, 쓴맛을 보는 것이다.

사람들은 인생이 꼬였다는 말을 참 잘한다.

사회적으로 볼 때 별 볼 일 없는 위치에 있거나 돈벌이를 잘하지 못하면 그렇게들 생각한다. 사람들이 사는 인생은 직업을 선택하는 과정의 연속이다. 그러니 인생을 이야기하기 전에 먼저 직업을 얻는 의미에 대해 생각해야 할 문제가 아닐까?

우리는 직업을 갖는 가장 큰 기준을 사회적 체면, 사회가 요구하는 성공의 기준(평균)에 얼마나 일치하는지를 먼저 생각한다. 그래서 우리는 하루 중 가장 많은 시간을 보내는 직장에서 행복하지 않고 출근하는 시간은 의무감으로 고통스럽기만 하다. 사람들이 직업에 대해 느끼는 만족감은 돈, 명예, 사회적 체면이 인생을 좌우한다는 생각에서 비롯된다. 따라서 직업을 가지려고 할 때 우리에게 행운과 행복이 없는 것처럼 느끼기 쉽다. 하지만 직업을 얻는다는 의미는 아래에 정리된 몇 가지로 이해해야 한다.

첫째, 직업을 얻는다는 건 부름의 메시지에 귀 기울여 어떻게 삶을 살아가야 할지 자신을 되돌아보는 것에서부터 시작해야 한다.

소질(Calling)은 본디 타고난 사람의 본질이다. 직업을 갖기 전에 업(業)에 대한 본질을 알아야 한다. 직업은 개인적 삶의 목적을 실현하고 사회적으로 의미 있는 일을 하며 살아감을 뜻한다. 직업을 얻는다는 건 인생의 드라마에서 멋진 주연이 되는 일이 아니다. 멋진 조연을 하다 보면 주연을 할 기회도 오는 법이다. 직업은 본디 자신이 가진 성질이며, 자신의 근본을 알아 삶이 우리에게 주는 부름에 따라 인생의 명령을 따르는 것이다. 직업을 얻는다는 건 바람(Wishes)과 가능성(Possibility) 간의 타협(Compromise)으로 연속적인 과정이다. 사람은 유년시절에는 비현실적인 꿈을 갖지만 청소년기와 성인기를 거치면서 현실이라는 벽에 부딪혀 타협하면서 현실을 배운다. 단순히 돈을 벌기 위해서나 입신양명을 위해 일하는 사람은 인생에서 돈과 명예를 얻지만 자신에게 주어진 일에 대한 소명의식으로 일하는 사람은 주변 사람들에게 선한 영향력을 미친다. 직업을 얻는다는 건 삶이 우리에게 주는 부름에 따라 자신의 본디 타고난 소질과 소명의식에 따른 것이라는 걸 자각해야 한다.

둘째, 직업의 본질은 열등감에서 해방되는 것이다.
보통 우리는 일이 바라는 대로 잘 안 되거나 어려움이 있을 때 실망하고 긍정적인 생각보다는 열등감을 갖는다. 또한, 직업의 본질은 기다림이다. 우리가 원하는 길을 가기 위해서는 잘 풀리지 않을 때 오히려 기회가 찾아온다는 믿음을 가져야 한다. 성공의 위대함은 한 번에 이루어지지 않는다. 때로는 적당한 돈, 적당한 명예, 적당한 사랑을 통해 이루어지는 과정이다. 인생의 꿈은 남이 만들어 주는 것이 아니다. 그렇다고 가만히 기다리는 것도 더더욱 아니다. 직업의 본질은 인생을 대하는 바른 마음가짐이 중요하다. 자신만이 할 수 있는 일과 하고 싶은 일이 있다면 다른 사람들이 만들어 놓은 인생의 기준에 자신을 비교하지 말고 지금 이 순간 간절함으로 미친 듯이 달려보라.

셋째, 직업을 얻는다는 건 연애하는 것처럼 연애의 맛을 느껴야 한다.

누군가에게 호감을 느낄 때 상대가 자신을 좋아하지 않으면 어떻게 하나 고민하지만, 상대도 마찬가지이다. 누군가 자신을 좋아한다는 확신이 있기까지 애정 관계는 깊어지지 않는다. 어떠한 연애의 시도와 스킨십도 이루어지지 않는다. 연애에는 스킨십이 있어야 한다. 같이 손을 잡고 가슴 뛰는 감정도 느껴봐야 지속적인 만남으로 발전해 간다. 직업을 얻는 과정도 마찬가지이다. 직업을 얻는다는 건 사랑하는 마음 즉, 직업에 대한 호감이 없으면 얻을 수 없다. 행동으로 먼저 표현하라는 말이다. 아무리 직업에 대한 좋은 감정과 호감이 있더라도 행동하지 않으면 상대방의 마음을 알 거나 얻을 수 없듯이 직업을 얻는다는 것도 마찬가지다. 때로는 적극적인 스킨십으로 매력을 느껴야 한다. 마주쳐 봐야 서로의 마음을 얻고 성적 호기심을 갖듯이 직업을 얻는 과정 역시 경험을 통해 매력을 주고받는 과정을 거쳐야 한다.

넷째, 행운을 바라지 말고 시도해 보라.

사회에 나갈 대학생들, 직장생활을 하는 직장인들에게 꼭 필요한 건 바로 자신의 관심사에 늘 귀를 기울여 기회를 찾는 여행을 떠나는 것이다. 자신의 성격과 흥미, 가치관을 정확하게 알고 직업을 얻는 것은 중요한 일이다. 하지만 더 중요한 것은 기회를 얻기까지 밤을 새워도 질리지 않을 만큼의 시도를 해보았는지 스스로 묻는 일이다. 지금 끌리는 것이 무엇인지 안다면 해보는 것이다. 우리의 삶은 우리가 품은 목표의식에 따라 함께 움직인다. 우리 삶의 크기는 목적에 연결된 우선순위의 힘과 정비례한다고 한다.

우리가 목표를 세워 계획에 따라 살려고 노력해야 하는 것은 바로 인생

직업을 얻는다는 건

을 살아가면서 마주치는 순간순간 우연치 않은 행운을 만나기 위해서이다.

다섯째, 욕심을 버리고 후회하지 않을 길을 가라.

사람이 살아가는 인생은 자신이 그려나가는 공간이다. 공간은 곧 마음이며 마음은 곧 사람이 살아가려는 인생의 이미지와 같다. 직업을 얻는 과정도 마찬가지다. 욕심을 얻으려는 마음을 버리고, 열등감에 가득 차있는 마음도 버려야 한다.

어떤 사람이 고통받는 것은 어떤 사건 때문이 아니라 내 인생의 걸림돌이 자신이기 때문일 가능성이 크다. 자신이 그려놓은 인생의 공간은 무엇인가 물어보자.

15년 동안 진로분야 관련 일을 해오면서 많은 청소년, 대학 청년, 사회 직장인을 만났고, 직업을 얻는다는 건 무엇일까? 끊임없는 질문과 답을 해보았다. '직업을 얻는다는 건' 자신의 본디 타고난 소질을 알고 직업소명을 갖는 것이다. 이 책이 첫 직장을 구하고자 하는 청년층들에게 희망을 주고, 가정에서 다시 사회로 나가려는 여성들, 직장생활을 하면서 새로운 둥지를 찾아가려는 직장인, 제2의 인생을 준비하는 은퇴자들에게 직업이 주는 행운과 행복의 힘을 회복하게 하는 계기가 되었으면 좋겠다.

참고문헌

《가짜 자존감 권하는 사회》, 김태형 저, 갈매나무, 2018

《고도를 기다리며》, 사무엘 베케트 저, 민음사, 2000

《고요한 폭풍, 스피노자》, 손기태 저, 글항아리, 2016

《고도를 기다리며》, 사무엘 베케트 저, 민음사, 2000

《고요한 폭풍, 스피노자》, 손기태 저, 글항아리, 2016

《기다림의 힘》, 오구라 히로시 저/정현옥 역, 부키, 2014

《당신이 원하는 기회는 아직 오지 않았다》, 홀름 프리베 저/배명자 역, 비즈니스북스, 2014

《다산의 마지막 공부》, 조윤제 저, 청림출판, 2018

《보이지 않는 차이》, 한상복·연준혁 저, 위즈덤하우스, 2012

《습관의 재발견》, 스티븐 기즈 저/구세희 역, 비즈니스북스, 2014

《위대한 멈춤》, 박승오·홍승완 저, 열린책들, 2016

《욕망하는 힘, 스피노자 인문학》, 심강현 저, 을유 문화사, 2016

《원씽 THE ONE THING》, 게리 켈러·제이 파파산 저/구세희 역, 비즈니스북스, 2013

《천 개의 성공을 만든 작은 행동의 힘》, 존 크럼볼츠·라이언 바비노 저/이현정, 프롬북스, 2014

《평균의 종말》, 토드 로즈 저/정미나 역/이우일 감수, 21세기북스, 2018

《행복의 기원》, 서은국 저, 21세기북스, 2014